자료통역사의 통하는 자료해석

②권 풀이편 :· PART Ⅲ 체크리스트

김은기(자료통역사)

도서출판 오스틴북스

풀이편 사용 설명서

Q 통하는 자료해석 - 풀이편은 어떻게 구성됐나요?

통하는 자료해석 - 풀이편 총 3개의 파트로 구성됩니다.

파트.1 관점 익히기

: 설명의 정오판단의 계산량을 줄이기 위해 필요한 4가지 관점에 대해 학습합니다.
곱셈과 분수에 4가지 관점을 적용하여 만들어지는 3가지 비교 테크닉에 대해 학습합니다.
곱셉 비교 테크닉: 배수 테크닉, 사각 테크닉, 합차 테크닉
분수 비교 테크닉: 배수 테크닉, 기울기 테크닉, 뺄셈 테크닉

파트.2 관점 적용하기

: 4개의 설명의 유형에 관점 익히기에서 배운 4가지 관점을 적용합니다.
설명의 유형 1) 폭폭폭과 율율율: 증가와 감소에 대해 학습하며 폭과 율간의 관계에 대해 학습합니다.
설명의 유형 2) 비중: 비중에 대해 학습하며, 전체와 부분, 부분과 부분사이의 관계에 대해 학습합니다.
설명의 유형 3) 총합과 평균: 총합과 평균에 대해 학습하며, 총합과 평균 사이의 관계에 대해 학습합니다.
설명의 유형 4) 극단으로: 범위성 정보에 대한 처리 방법에 대해 학습합니다.

파트.3 체크리스트

: 자료를 구성하는 3가지 요소와 그림 자료의 함정과 힌트 다중 자료의 관계를 학습합니다.
외적구성: 외적구성에서 체크해야 할 리스트에 대해 학습하고, 비중과 지수에 대해서 학습합니다.
내적구성: 내적구성에서 힌트와 함정일 수 있는 리스트에 대해 학습합니다.
추가정보: 발문의 정의와 그에 따른 각주의 접근 방법에 대해 학습합니다.
그림자료: 꺾은선과 막대, X-Y평면, 원형, 순서도등에서 체크해야 할 리스트에 대해 학습합니다.
다중자료: 다중자료에서 관계를 파악에 필요한 체크리스트를 학습합니다.

Q 통하는 자료해석 - 풀이편의 목차는 어떻게 구성됐나요?

Part.1 - 관점 익히기	Ⅰ. 목표 및 복습 Ⅱ. 관점 익히기
Part.2 - 관점 적용하기	Ⅲ. 관점 적용하기
Part.3 - 체크리스트	Ⅳ. 체크리스트

체크리스트 사용 설명서

Q 체크리스트는 어떻게 학습해야 하나요?

체크리스트 파트는 총 2개의 학습 요소로 구성됐습니다.

학습 요소.1 이론과 예제 :
자료의 각각요소별로 체크리스트, 그리고 이것을 이용하는 풀이법과 함정적 요소를 알려주는 부분입니다.
단순히 이론만으로는 습득이 어려울 만한 부분에는 예제도 추가해놨습니다.
이론과 예제를 통해서 체크리스트를 숙지하시고, 적용 문제에 체크리스트를 적용해보세요.

학습 요소.2 적용문제 :
이론과 예제를 통해 체크리스트를 잘 숙지했다면, 적용문제에 체크리스트를 적용해보세요.
아는것만으로는 적용이 미숙할 수 있습니다. 그래도 괜찮습니다.
지속적인 적용만이 진정한 체크리스트를 완성시켜 줍니다.
추가적으로 체크리스트를 이용한 풀이법과 함정적 요소도 꼭 적용해주세요.
만약, 풀이법 사용에 어려움이 있거나, 함정적 요소에 걸렸다면, 꼭! 이론과 예제를 복습해주세요.
또한, 관점 적용하기에 체크리스트가 적혀있으니, 자신의 체크리스트와 비교하며 학습해주세요.

Ⅳ 체크리스트

01 체크리스트 ········ 8

02 외적구성

1) 외적구성 ········ 12
2) 상대치 - 비중 ········ 20
3) 상대치 - 지수 ········ 38

03 내적구성

1) 내적구성 ········ 60
2) 단위 ········ 68
3) 시계열 ········ 76
4) 합계 ········ 82
5) 기초통계 ········ 88
6) 순위 ········ 96
7) 분수구조 ········ 102

04 추가 정보

1) 발문 ········ 112
2) 공식 ········ 124
3) 공식(배경지식) ········ 136
4) 설명형각주 ········ 158

05 그림 자료

1) 꺾은선과 막대 ········ 168
2) X-Y평면 ········ 174
3) 원형 ········ 194
4) 순서도 ········ 198
5) 인포그래픽 ········ 204

06 다중 자료

1) 다중 자료 ········ 212

• **PartⅢ용 계산연습** ········ 235

• **베타테스터의 리뷰** ········ 257

※ 자료통역사 카페: 관통하는 자료해석 [https://cafe.naver.com/7psatdata]
※ 강의 수강 사이트: 메가피셋 [https://www.megapsat.co.kr/]

주별 학습 진도 3주

Day 11 P006~P057
1교시 외적구성 P8~P19
2교시 상대치 - 비중 P20~P37
3교시 상대치 - 지수 P38~P57

Day 12 P058~P105
1교시 내적구성 ~ 단위 P58~P75
2교시 내적구성 - 시계열~기초통계 P76~P95
3교시 내적구성 - 순위~분수구조 P96~P109

Day 13 P106~P145
1교시 추가정보 - 발문 P110~P123
2교시 추가정보 - 공식 P124~P135
3교시 추가정보 - 배경지식형 공식 P136~P143

Day 14 P146~P189
1교시 추가정보 - 배경지식형 공식 P144~P157
2교시 추가정보 - 설명형 각주 P158~P165
3교시 그림자료 - 막대와 꺾은선~X-Y평면 P166~P193

Day 15 P190~P229
1교시 그림자료 - 원형~인포그래픽 P194~P209
2교시 다중자료 P210~P222
3교시 다중자료 P223~P234

IV

체크리스트

01 체크리스트
02 외적구성
03 내적구성
04 추가 정보
05 그림 자료
06 다중 자료

출제자는 자료에 여러 가지 장치를 숨겨둔다.
해당 장치는 우리의 풀이를 더욱 쉽게 만들어주는 '힌트'로 이용되기도,
우리를 오답으로 이끄는 '함정'으로도 이용되기도 한다.
따라서, 우리는 장치를 미리 '체크'하여 힌트는 얻고, 함정은 피해야 한다.
이렇듯 미리 체크 할 리스크를 '체크리스트'라고 한다.

1 체크리스트

Q 체크리스트란 무엇인가요?

출제자는 자료에다가 여러 가지 장치들을 숨겨둔다.
장치는 여러분의 풀이를 쉽게 만들어 주기도 하고, 오답으로 유도하기 위한 함정이 되기도 한다.
따라서 우리는 이러한 장치를 미리 '체크'해서 풀이는 쉽게 만들고, 오답을 피할 수 있도록 만들어야 한다.

자료에서 장치들을 '체크'하기 위해서는 자료의 구성에 대해서 잘 알아야 한다.

☑ 예시 자료

〈표〉 A국 농축수산물 생산액 상위 10개 품목

(단위: 억원)

연도 / 구분 / 순위	2012		2013		2014	
	품목	생산액	품목	생산액	품목	생산액
1	쌀	105,046	쌀	85,368	쌀	86,800
2	돼지	23,720	돼지	37,586	돼지	54,734
3	소	18,788	소	31,479	소	38,054
4	우유	13,517	우유	15,513	닭	20,229
5	고추	10,439	닭	11,132	우유	17,384
6	닭	8,208	달걀	10,853	달걀	13,590
7	달걀	6,512	수박	8,920	오리	12,323
8	감귤	6,336	고추	8,606	고추	9,913
9	수박	5,598	감귤	8,108	인삼	9,412
10	마늘	5,324	오리	6,490	감귤	9,065
농축수산물 전체		319,678		350,889		413,643

☑ 자료

설명 부분을 풀기 위한 정보를 제공함.
자료는 ① 외적구성, ② 내적구성, ③ 추가정보로 구성됨.

① 외적구성: 대표적으로 제목을 의미하며,
포장지와 같은 역할을 함.

② 내적구성: 표의 내부의 내용을 의미하며,
실질적으로 담고 있는 내용을 의미함.
내적구성은 특히 '구분'에 집중해야함.

③ 추가정보: ①과 ②를 제외한 곳에서의 정보를 의미함.
주로 '각주'를 통하여 정보를 제공하며,
복수의 자료간의 관계를 통한 정보추론,
발문을 통해 제공되는 정보 등이 있음.

예제

다음 〈표〉는 '갑'시리즈의 판매 추청치를 나타낸 것이다. 이에 대한 〈설명〉의 정오는?

〈표〉 2023년 '갑'시리즈의 판매 추청치

(단위: 천권, %, 천원)

구분 시리즈명	판매량	구성비	판매단가
세팅편	16.1	20.0	1.80
풀이편	18.2	22.6	4.05
전략편	17.5	21.7	1.80
모의편	15.3	19.0	1.50
마무리편	13.5	16.7	1.50
합계	80.6	100.0	-

※ 판매단가 = $\frac{\text{판매액}}{\text{판매량}}$

설명

1. 해당 자료의 제목은 무엇인가?
   (외적구성)

2. 해당 자료에서 담겨 있는 정보는 무엇일까?
   (외적구성)

3. 해당 자료의 단위는 무엇인가?
   (내적구성)

4. 해당 자료의 구분에는 어떠한 단어들이 있는가?
   (내적구성)

5. 해당 자료의 각주를 이용하여 추가적으로 추론 할 수 있는 정보는 무엇인가?
   (추가정보)

✓ 자료(체크리스트)

관점 적용하기

1. 자료의 제목: '갑' 시리즈의 판매추정치
2. 담겨 있는 내용: '갑' 시리즈의 판매에 관련된 내용
3. 자료의 단위: 판매량 = 천권, 구성비 = %, 판매단가 = 천원
4. 구분에 있는 단어: 판매량, 판매단가, 그리고 여러 가지 편들
5. 각주를 통해 추가적으로 추론가능한 정보: 판매액 = 판매단가 × 판매량

IV

체크리스트

01 체크리스트
02 외적구성
03 내적구성
04 추가 정보
05 그림 자료
06 다중 자료

포장상자만 봐도 음식을 파악할 수 있다.
그러나 상자를 열기 전까지 정확한 메뉴명은 알 수 없다.
이처럼 외적 구성이란
자료가 담고 있는 내용 자체를 보여주지는 않지만
어떠한 종류의 정보를 담고 있는지를 알려준다.

외적구성

Q 외적구성이란 무엇인가요?

〈표〉 '갑'국의 연도별 대졸 취업률
Q. 위 〈표〉를 통해서 '을'국의 고졸 취업률에 대해서 알 수 있을까?
자료가 완벽하게 주어지지 않았음에도 우리는 위 Q의 대한 답을 할 수 있다.
'을'국의 고졸 취업률은 알 수 없다.
어떻게 이런 대답을 할 수 있을까?
그것은 자료의 외적구성의 역할 덕분이다.
외적구성이란 해당 자료가 담고 있는 내용이 무엇인지 대략적으로 알려준다.
즉, 외적구성은 음식의 포장상자 같은 것이다.
우리는 포장상자만 봐도, 해당 음식이 피자인지, 치킨인지 대강 어떤 음식인지 판단 할 수 있다.

Q 외적구성에서 체크해야할 체크리스트는 무엇인가요?

외적구성을 통해서 체크 해야 할 것은 아래의 2가지이다.

1) 자료가 담고 있는 내용의 범위
외적 구성에 적혀 있는 것에 따라서 담고 있는 내용의 범위가 달라진다.
예를 들어 '갑'국의 연도별 대졸 취업률이라는 외적 구성을 지녔다면,
해당 자료는 '갑'국이라는 범위안에서 각 연도에 따른 대졸취업률에 대한 정보를 지니고 있을 것이다.
단, 대졸 취업률의 정의가 다음과 같기 때문에,
대졸 취업률(%) = $\frac{\text{취업인구(대졸자)}}{\text{노동력인구(대졸자)}} \times 100$ 추가적으로 인구에 관한 정보까지 내포 할 수도 있다.
하지만, 뜬금없이 을국에 대한 고졸 취업률이나, 월별 취업률들에 대한 정보를 제시하지는 않을 것이다.

2) 자료가 담고 있는 내용의 특성
내용적 특성을 알기 위해서는 ① 형식적 분류와 ② 수치적 분류 2가지를 생각해야 한다.

① 형식적 분류

일반	일반적인 정보의 나열을 의미하며, 나열방식은 주로 내림차순, 또는 오름차순을 이용함. 내림차순: 큰 것에서 작은 것으로, ex) 100→1, Z→A ㅎ→ㄱ 오름차순: 작은 것에서 큰 것으로, ex) 1→100, A→Z ㄱ→ㅎ
순위	특정한 A를 기준 잡아 그에 따른 순위를 매겨 나열한 형태. 자료에서 기준과 순위를 제시하여 알 수 있음.
주요	알 수 없는 A를 기준 잡아 그에 따라 중요도에 따라 나열한 형태 자료에서 기준과 중요도를 제시하지 않아 알 수 없음.
누적	현재의 데이터 뿐만 아니라 과거의 데이터까지 누적하여 보여주는 형태

② 수치적 분류

<table>
<tr><td>절대치</td><td colspan="3">총량, 규모등의 절대적인 수치</td></tr>
<tr><td rowspan="2">상대치</td><td colspan="3">특정 값을 기준으로한 상대적인 수치 $\frac{\text{해당 자료의 수치}}{\text{특정값}}$ ex) 비중, 지수, 폭폭폭, 율율율…</td></tr>
<tr><td>1) 비중 = $\frac{\text{해당값(부분)}}{\text{전체값}}$</td><td>2) 지수 = $\frac{\text{해당값}}{\text{기준값}}$</td><td>3) 율율율 = $\frac{\text{폭폭폭}}{\text{과거값}}$</td></tr>
</table>

Q 예시를 보여주세요.

다음 자료들이 담고 있는 내용을 파악해보자.

1) 〈표〉 '갑'국의 2015년~2016년 국방비 현황

(단위: 백만원)

2014년	2015년	2016년
1,158,120	1,230,950	1,557,821

① 형식적 분류 - 일반 자료
② 수치적 분류 - 절대치 자료

2) 〈표〉 'A'사 연도별 성비

2014년	2015년	2016년
108	115	117

※ 성비 = $\frac{\text{남성인구}}{\text{여성인구}}$

① 형식적 분류 - 일반 자료
② 수치적 분류 - 상대치 자료

3) 〈표〉 노령화지수 상위 5개국의 노인 현황

순위	국가명	노령화지수	노인비중 (%)	노인인구수 (천명)
1위	A	132.1	33.0	2137.7
2위	B	128.3	33.5	3230.9
3위	C	126.2	31.6	6227.2
4위	D	124.3	29.1	1223.7
5위	E	117.2	28.6	9211.0

※ 1) 전체 인구 = 유소년 인구 + 생산가능 인구 + 노인 인구
2) 노령화지수 = $\frac{\text{노인 인구}}{\text{유소년 인구}}$

① 형식적 분류 - 순위 자료 [순위의 기준 = 노령화지수]
② 수치적 분류 - 절대치 + 상대치 자료 (상대치 = 노령화지수, 노인비중)

적용문제-01 (5급 16-21)

다음 〈표〉는 2007 ~ 2013년 동안 '갑'국의 흡연율 및 금연계획률에 관한 자료이다. 이에 대한 〈설명〉의 정오는?

〈표 1〉 성별 흡연율

(단위: %)

성별 \ 연도	2007	2008	2009	2010	2011	2012	2013
남성	45.0	47.7	46.9	48.3	47.3	43.7	42.1
여성	5.3	7.4	7.1	6.3	6.8	7.9	6.1
전체	20.6	23.5	23.7	24.6	25.2	24.9	24.1

〈표 2〉 소득수준별 남성 흡연율

(단위: %)

소득수준 \ 연도	2007	2008	2009	2010	2011	2012	2013
최상	38.9	39.9	38.7	43.5	44.1	40.8	36.6
상	44.9	46.4	46.4	45.8	44.9	38.6	41.3
중	45.2	49.6	50.9	48.3	46.6	45.4	43.1
하	50.9	55.3	51.2	54.2	53.9	48.2	47.5

〈표 3〉 금연계획률

(단위: %)

구분 \ 연도	2007	2008	2009	2010	2011	2012	2013
금연계획률	59.8	56.9	( )	( )	56.3	55.2	56.5
단기 금연계획률	19.4	( )	18.2	20.8	20.2	19.6	19.3
장기 금연계획률	40.4	39.2	39.2	32.7	( )	35.6	37.2

※ 1) 흡연율(%) = $\frac{\text{흡연자 수}}{\text{인구 수}} \times 100$수

2) 금연계획률(%) = $\frac{\text{금연계획자 수}}{\text{흡연자 수}} \times 100$ = 단기 금연계획률 + 장기 금연계획률

설명

1. 매년 남성 흡연율은 여성 흡연율의 6배 이상이다. (O, X)

2. 2007 ~ 2010년 동안 매년 소득수준이 높을수록 여성 흡연자 수는 적다. (O, X)

자료(체크리스트)

① 형식적 분류

② 수치적 분류

설명

▸ 목적 파트는?

▸ 정보 파트는?

▸ 정오 파트는?

간단 퀴즈

Q 설명 2번에서 여성 흡연자가 남성 흡연자로 바뀌면 정답은 무엇인가?

A 여전히 구할 수 없다.

관점 적용하기

① 형식적 분류 – 일반 자료 [〈표 1〉 성별, 〈표 2〉 소득수준별 남성 〈표 3〉 금연]
② 수치적 분류 – 상대치 자료

1. (X) 2012년의 경우, $\frac{\text{남성 흡연율}}{\text{여성 흡연율}} = \frac{43.7}{7.9}$이므로 6배 이하이다.
2. (X) 소득수준에 따른 여성 흡연자에 대한 정보는 존재하지 않는다.

답 (X, X)

적용문제-02 (입 06-06)

다음 〈표〉는 '갑'국의 노인들의 세대구성에 관한 자료이다. 이에 대한 〈설명〉의 정오는?

〈표〉 65세 이상 인구의 세대구성별 분포

(단위: %)

연도 / 가구	1990년	2000년	65~69세	70~79세	80세 이상
계	100.0	100.0	100.0	100.0	100.0
1세대 가구	16.9	28.7	35.5	27.5	12.8
2세대 가구	23.4	23.9	27.3	19.9	26.5
3세대 이상 가구	49.6	30.8	23.2	33.3	45.1
1인 가구	8.9	16.2	13.7	18.9	15.0
비혈연 가구	1.2	0.4	0.4	0.5	0.5

설명

1. 1990년과 2000년 모두 '갑'국에서 3세대 이상 가구가 세대구성 형태 중에서 가장 큰 비중을 차지하고 있다.

(O, X)

자료(체크리스트)

① 형식적 분류

② 수치적 분류

설명

▸ 목적 파트는?

▸ 정보 파트는?

▸ 정오 파트는?

관점 적용하기

① 형식적 분류 - 일반 자료 [〈표〉 65세 이상 인구의 세대구성]

② 수치적 분류 - 상대치 자료

1. (X) 주어진 자료는 65세 이상에 대한 내용이므로 3세대 이상 가구에 대한 정보는 알 수 없다.

답 (X)

적용문제-03 (입 14-09)

다음 〈표〉는 2013년 주요 광역철도 예산집행 현황의 일부이다. 이에 대한 〈설명〉의 정오는?

〈표〉 2013년 주요 광역철도 예산집행 현황

(단위: 백만원)

구 분	국 비		지방비	
	예산액	집행액	예산액	집행액
전체 광역철도	366,629	269,622	103,449	70,920
용산-문산 복선전철	77,629	56,455	25,876	13,743
수원-인천 복선전철	75,000	57,476	35,971	26,471
오리-수원 복선전철	97,000	69,691	13,269	2,373
신분당선(정자-수원)	85,000	85,000	28,333	28,333

※ 1) 각 항목의 총 예산액과 총 집행액은 국비와 지방비로만 이루어짐.

2) 국비(지방비) 집행률 = $\frac{\text{국비(지방비)집행액}}{\text{국비(지방비)예산액}} \times 100$

3) 국비(지방비) 지원율 = $\frac{\text{국비(지방비)예산액}}{\text{총 예산액}}$

설명

1. 2013년 전체 광역철도 중 국비 집행률이 가장 낮은 것은 오리-수원 복선전철이다.

(O, X)

자료(체크리스트)

① 형식적 분류

② 수치적 분류

설명

▸ 목적 파트는?

▸ 정보 파트는?

▸ 정오 파트는?

간단 퀴즈

Q 국비 지원율이 가장 높은 전철은 알 수 있을까?

A 없다.

관점 적용하기

① 형식적 분류 - 주요 자료 [〈표〉 광역철도 예산 집행, 단, 주요이기에 기준은 없다.]
② 수치적 분류 - 절대치 자료

1. (X) '주요' 광역철도(4개)에 대한 내용이다.
단, 주요는 기준과 중요도를 제시하지 않아 알 수 없다.
따라서, '전체' 광역철도 중 국비 집행률이 가장 낮은 복선전철에 대한 정보는 알 수 없다.

답 (X)

적용문제-04 (제작 문제)

다음 〈표〉는 회사 규모에 따른 직급별 1인당 평균소득에 대한 자료이다. 이에 대한 〈설명〉의 정오는?

〈표〉 회사 규모에 따른 직급별 1인당 인건비

(단위: 백만원)

직급 \ 회사 규모	중소기업	중견기업	대기업
대리급 이하	200	250	300
과장	250	300	350
차장급 이상	300	350	400

설명

1. 회사 규모와 상관없이 직급이 올라갈수록 전체 인건비는 커진다.

(O, X)

자료(체크리스트)

① 형식적 분류

② 수치적 분류

설명

▸ 목적 파트는?

▸ 정보 파트는?

▸ 정오 파트는?

관점 적용하기

① 형식적 분류 - 일반 자료 [〈표〉 회사 규모에 따른 직급별 1인당 인건비]
② 수치적 분류 - 상대치 자료

1. (X) 상대치(1인당 인건비)에 대한 자료이므로 절대치인 인건비에 대한 정보는 자료만으로 알 수 없다.

답 (X)

적용문제-05 (5급 17-16)

다음 〈표〉와 〈그림〉은 2013년 '갑'국의 자동차 매출에 관한 자료이다. 이에 대한 〈설명〉의 정오는?

〈그림〉 2013년 I 자동차 누적매출액

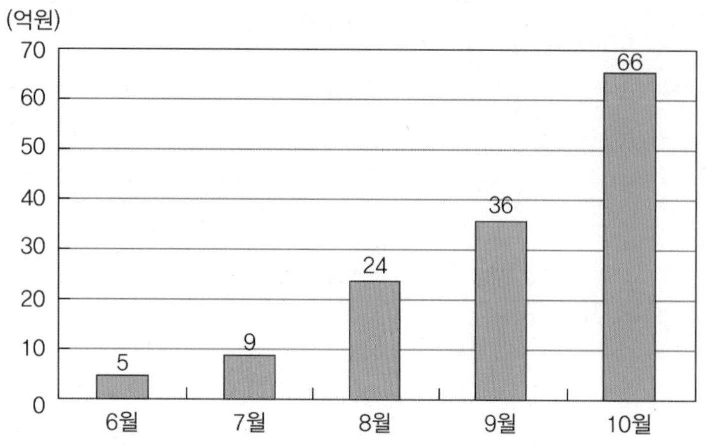

※ 월매출액은 해당 월 말에 집계됨.

설명

1. 2013년 6월부터 2013년 9월 중 I 자동차의 월매출액이 가장 큰 달은 9월이다.

(O, X)

자료(체크리스트)

① 형식적 분류

② 수치적 분류

설명

▸ 목적 파트는?

▸ 정보 파트는?

▸ 정오 파트는?

간단 퀴즈

Q 2013년 월매출액이 가장 작은 달은 언제인가?

A 알 수 없다.

관점 적용하기

① 형식적 분류 - 누적 자료 [〈표〉 I자동차 매출액]
② 수치적 분류 - 절대치 자료

1. (X) 누적 자료, 따라서 현재의 데이터 뿐만 아니라 과거의 데이터도 누적된 형태이다.
따라서, 해당 월매출액 = 해당 월 누적 매출액 - 직전 월 누적 매출액
9월 월매출액: 36 - 24 = 12 8월 월매출액: 24 - 9 = 15 따라서 9월이 가장 크지 않다.

답 (X)

적용문제-06 (5급 18-32)

다음 〈그림〉은 기계 100대의 업그레이드 전·후 성능지수 향상폭에 관한 자료이다. 이에 대한 〈설명〉의 정오는?

〈그림〉 성능지수 향상폭 분포

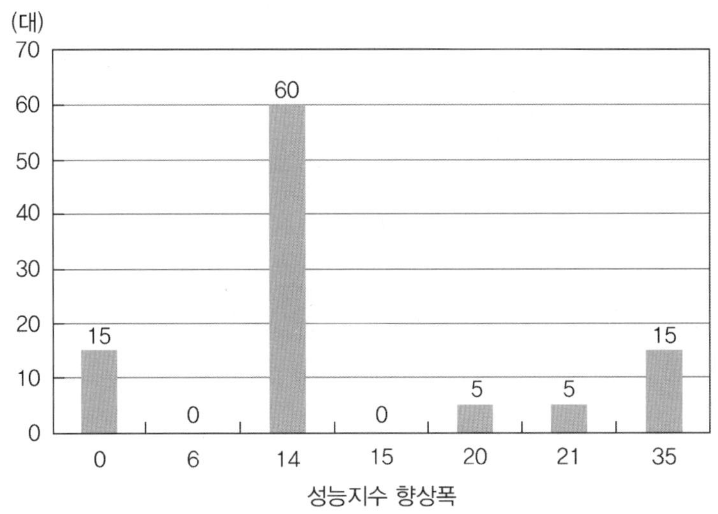

※ 1) 업그레이드를 통한 성능 감소는 없음.
2) 성능지수 향상폭 = 업그레이드 후 성능지수 - 업그레이드 전 성능지수

설명
1. 업그레이드 후 1대당 성능지수는 업그레이드 전 1대당 성능지수에 비해 20 이상 향상되었다. (O, X)

자료(체크리스트)

① 형식적 분류

② 수치적 분류

설명

▸ 목적 파트는?

▸ 정보 파트는?

▸ 정오 파트는?

간단 퀴즈

Q 업그레이드 후 성능이 가장 높은 기계를 알 수 있을까?

A 알 수 없다.

관점 적용하기

① 형식적 분류 - 일반 자료 [〈표〉 성능지수 향상폭 분포]
② 수치적 분류 - 상대치 자료 [폭폭폭과 동일]

1. (X) 분포에 대한 자료이므로 막대그래프의 크기는 각 성능폭의 기계의 대수를 의미한다.
즉, 성능지수가 0만큼 향상된 기계는 15대, 14만큼 향상된 기계는 60대이다.
20을 기준으로 넘치는 것이 부족한 것을 채워준다고 생각해보자. (※ 가중평균처럼 생각하기)
넘치는 것(향상폭 21,35)이 부족한 것(향상폭 0,14)을 채워주지 못하므로 20 이하 향상되었다.
※ 넘치는 넓이 = 1×5 + 15×15 부족한 넓이 = 20×15 + 6×60

답 (X)

2 상대치 - 비중

Q 비중이란 무엇인가요?

아래와 같은 자료를 비중 자료라고 부른다.

〈표〉 연도별 'A'국 인구 구성

(단위: %)

구분 \ 연도	2018년	2019년	2020년
유소년	15.3	14.2	13.8
노인	17.0	17.3	17.6

Q. 〈표〉를 통해서 노인 인구의 증감에 대해서 알 수 있을까?
A. 알 수 없다. 알 수 있는 것은 오직 노인 인구 비중이 증가하고 있다는 것 뿐이다.

예를 들어 A국에 전쟁이 발발하여 전체 인구가 2018년 4000만, 2019년 3800만, 2020년 3600만으로 감소하고 있다고 생각해면, 노인 인구는 매년 감소하게 된다.

즉, 비중(=$\frac{\text{해당값}}{\text{전체값}}$)자료에서 주는 정보는 비중이지 해당값이 아니다.
(단, 전체값을 같이 주는 경우라면 해당값을 추론할 수 있다.)
그러나, 전체값이 동일한 경우에는 비중과 해당값이 비례하는 특징을 지니고 있다.
→ 해당값 = 비중 × 전체값 → 전체값이 동일하다면, 해당값 ∝ 비중
따라서 〈표〉를 통해서 노인 간의 해당값 비교는 불가능하지만, 유소년과 노인 간의 해당값 비교는 가능하다.

Q 비중 자료에서 체크해야 할 체크리스트는 무엇인가요?

비중 자료에서는 전체값의 크기가 주어지지 않는다면 해당 값을 정확한 값을 알 수 없다는 특징 때문에 [① 비중 자료인지 ② 전체가 무엇인지]를 파악하는 것이 중요하다.

① 비중 자료의 파악

제목	제목에 비중/구성비/비율 등 비중을 의미하는 단어 파악
단위	비중 자료의 단위는 %이므로, % 파악
내적구성	1) 내적구성에 비중, 비율, 구성비 등 비중을 의미하는 단어 파악 2) 부분과 전체로 구성됐는지 파악

② 전체가 무엇인지 파악

외적구성	자료의 제목을 통한 추론 ex) 연도(x)별 인구의 구성비 → 연도(x)끼리 전체가 동일함
내적구성	1) 합이 100%가 되는 방향을 통한 파악 2) 부분과 전체를 통한 파악
추가 정보	각주에 식이 주어졌다면 분모가 전체를 의미함

비중 자료의 함정 요소는 비교 가능 여부에 대한 것이다.
분명 정확한 값을 알 수는 없지만 '약분'이라는 것을 통해서 비교가 가능한 설명도 존재한다.
따라서 '비중'이기에 해당값의 비교가 불가능하다고 판단해서는 안된다.
또한, 가중평균을 통해 전체값이 추론되는 경우도 존재하기에 주의가 필요하다.

어떤 설명이 비교가 가능한지 궁금합니다.

각 설명 유형에 따른 비교의 가능 여부는 다음과 같다.

case.1 $A_{해당값} = A_{비중} \times A_{전체값}$

① 해당값간 비교	$A_{전체값}=B_{전체값}$인 경우에만, 비중을 이용하여 해당값끼리 대소 비교가 가능하다.
② 특정값과 비교	해당값 또는 전체값이 주어지지 않으면 비교할 수 없다.

case.2 $A_{해당값} \pm B_{해당값} = (A_{비중} \times A_{전체값}) \pm (B_{비중} \times B_{전체값})$

① 해당값끼리 비교	$A_{전체값}=B_{전체값}$인 경우에만, 비중을 이용하여 해당값끼리 대소 비교가 가능하다.
② 특정값과 비교	해당값 또는 전체값이 주어지지 않으면 비교할 수 없다.

case.3 $A_{해당값} \times B_{해당값} = (A_{비중} \times A_{전체값}) \times (B_{비중} \times B_{전체값})$

① 해당값끼리 비교	양변의 $(A_{전체값} \times B_{전체값})$이 약분됨, 비중을 이용하여 해당값끼리 대소 비교가 가능하다.
② 특정값과 비교	해당값 또는 전체값이 주어지지 않으면 비교할 수 없다.

case.4 $\dfrac{B_{해당값}}{A_{해당값}} = \dfrac{B_{비중} \times B_{전체값}}{A_{비중} \times A_{전체값}}$

① 해당값끼리 비교	양변의 $\dfrac{B_{전체값}}{A_{전체값}}$이 약분됨, 비중을 이용하여 해당값끼리 대소 비교가 가능하다.
② 특정값과 비교	해당값 또는 전체값이 주어지지 않으면 비교할 수 없다 단, $A_{전체값}=B_{전체값}$인 경우, 전체값이 약분됨, 비중을 이용하여 특정값과 비교할 수 있다.

예제

다음 〈표〉는 '갑'사의 공장별 생산량 구성비에 관한 자료이다. 이에 대한 〈설명〉의 정오는?

〈표〉 '갑' 사의 공장별 생산량 구성비

(단위: %)

공장 \ 생산물품	박판	후판	H빔	I빔	환봉
A	35	25	20	15	5
B	5	10	15	20	50

※'갑'사는 A공장과 B공장 외의 공장은 없음.

설명

1. 박판 생산량은 A공장이 B공장보다 많다.
(O, X)

2. A공장의 생산량 차이는 박판과 후판이 H빔과 I빔보다 크다.
(O, X)

3. A공장 생산량 대비 B공장 생산량은 I빔이 H빔보다 크다.
(O, X)

4. '갑'사의 전체 생산량에서 박판의 비율이 20%이라면, A공장의 H빔 생산량과 B공장의 I빔 생산량은 같다.
(O, X)

자료(체크리스트)

① 전체값은 무엇인가?

② 전체값이 동일한 방향은?

설명

▸목적 파트는?

▸정보 파트는?

▸정오 파트는?

관점 적용하기

외적구성: 공장별 생산량 구성비 → 공장별로 전체값이 동일하다.

1. (X) 생산량(A)에 대한 대소비교이다. (case.1)
case.1 A와 B, 해당 값의 비교: 전체값이 동일한 경우에만 구성비를 통한 대소비교가 가능하다.
즉, 구성비를 이용한 A공장과 B공장의 생산물품 간의 대소비교는 불가능하다.
2. (O) 생산량 차이 (A±B)에 대한 대소비교이다. (case.2)
case.2 $A\pm B$, 해당 값의 비교: 전체값이 동일한 경우에만 구성비를 통한 대소비교가 가능하다.
즉, 구성비를 이용한 A공장 생산물품 간의 대소비교는 가능하다.
박판과 후판의 차이 = 35−25 = 10%p, H빔과 I빔의 차이 = 20−15 = 5%p이므로
박판과 후판의 차이가 더 크다.
3. (O) A공장 생산량 대비 B공장 생산량($\frac{B}{A}$)에 대한 대소비교이다. (case.4)
case.4 $\frac{B}{A}$, 해당값의 비교: 구성비를 이용한 대소비교가 가능하다.
I빔 = $\frac{20}{15}$, H팀 $\frac{15}{20}$, I빔이 H빔 보다 크다.
4. (O) 생산량(A)에 대한 대소비교이다. (case.1)
case.1 A와 B, 해당값의 비교: 전체값이 동일한 경우에만 구성비를 통한 대소비교가 가능하다.
A와 B의 전체값은 동일하지 않기에 전체값이 있어야 대소비교가 가능하다.
A공장, B공장 생산구성비(부분의 비)와 '갑'사 생산구성비(전체의 비)를 통해 전체값에 대한 추론이 가능하다.
박판의 생산 구성비가 A공장(35%), B공장(5%), 전체(20%)이므로
부족한 것이 넘치는 것을 채워준다고 생각하면(가중평균)
15×A공장 전체 = 15×B공장 전체이므로 A공장과 B공장의 전체 생산량은 같다.
A공장의 H빔 비중과 B공장의 I빔 비중도 동일하므로 생산량은 같다.

답 (X, O, O, O)

적용문제-01 (민 실-03)

다음 〈표〉는 지역별 및 연령대별 흡연율에 관한 자료이다. 이에 대한 〈설명〉의 정오는?

〈표〉 지역별 · 연령대별 흡연율

(단위: %)

지역	평균	연령대				
		20대	30대	40대	50대	60대 이상
A	24.4	28.4	24.8	27.4	20.0	16.2
B	24.2	21.5	31.4	29.9	18.7	18.4
C	23.1	18.9	27.0	27.2	25.4	17.6
D	23.0	28.0	30.1	27.9	15.6	2.7
E	21.8	30.0	27.5	22.4	10.8	9.1
F	19.9	24.2	25.2	19.3	18.9	18.4
G	17.8	13.1	25.4	22.5	19.9	16.5
H	17.5	22.2	16.1	18.2	18.2	15.8
I	16.4	11.6	25.4	13.4	16.2	13.9
J	15.6	14.0	22.2	18.8	11.6	9.4
전국 평균	22.9	25.5	29.6	24.9	19.8	12.3

설명

1. I지역은 J지역보다 20대와 30대 흡연자 수의 차이가 더 크다.

(O, X)

자료(체크리스트)

① 전체값은 무엇인가?

② 전체값이 동일한 방향은?

설명

▸ 목적 파트는?

▸ 정보 파트는?

▸ 정오 파트는?

간단 퀴즈

Q 출제자가 의도한 함정은 무엇일까?

A 비율과 수를 이용한 함정

관점 적용하기

체크리스트: 흡연율 (구성비) → 전체가 같은 것은 무엇인가? → 없다.

1. (X) 흡연자 수의 차이(A−B) 대한 대소비교이다. (case.2)

case.2 A±B (A±B = (A비중 × A전체값) − (B비중 × B전체값)), 해당값의 비교

: 전체값이 동일한 경우에만 비중을 통한 비교가 가능하다.

해당 자료의 경우, 각 흡연율의 전체값의 크기가 모두 다르므로 대소비교가 불가능하다.

답 (X)

적용문제-02 (5급 15-26)

다음 〈표〉는 통근 소요시간에 따른 5개 지역(A ~ E) 통근자 수의 분포를 나타낸 자료이다. 이에 대한 〈설명〉의 정오는?

〈표〉 통근 소요시간에 따른 지역별 통근자 수 분포

(단위: %)

소요시간 / 지역	30분 미만	30분 이상 1시간 미만	1시간 이상 1시간 30분 미만	1시간 30분 이상 3시간 미만	합
A	30.6	40.5	22.0	6.9	100.0
B	40.6	32.8	17.4	9.2	100.0
C	48.3	38.8	9.7	3.2	100.0
D	67.7	26.3	4.4	1.6	100.0
E	47.2	34.0	13.4	5.4	100.0

※ 각 지역 통근자는 해당 지역에 거주하는 통근자를 의미함.

설명

1. 통근 소요시간이 30분 이상인 통근자 수 대비 30분 이상 1시간 미만인 통근자 수의 비율이 가장 높은 지역은 C이다.

(O, X)

2. A ~ E지역 중 통근 소요시간이 1시간 이상인 통근자의 수가 가장 많은 지역은 A이다.

(O, X)

자료(체크리스트)

① 전체값은 무엇인가?

② 전체값이 동일한 방향은?

설명

▸ 목적 파트는?

▸ 정보 파트는?

▸ 정오 파트는?

관점 적용하기

체크리스트: 지역별 통근자 수 분포 (구성비) → 전체가 같은 것은 무엇인가? → 동일 지역끼리 전체값이 같다.

1. (X) 통근자수 대비 통근자수($\frac{B}{A}$)에 대한 대소비교이다. (case.4)

case.4 $\frac{B}{A}$ ($\frac{B}{A}=\frac{B_{비중}\times B_{전체값}}{A_{비중}\times A_{전체값}}$), 해당값의 비교: 비중을 이용한 대소비교가 가능하다.

C지역: $\frac{38.8}{38.8+9.7+3.2}$이고 D지역: $\frac{26.3}{26.3+4.4+1.6}$이므로 C지역이 가장 높지 않다.

(※ 뺄셈법으로 생각하자)

2. (X) 통근자수(A)에 대한 대소비교이다. (case.1)

case.1 A와 B (A = A비중 × A전체값), 해당값의 비교: 전체값이 동일한 경우에만 비중을 통한 비교가 가능하다. 다른 지역간의 대소비교는 불가능하다.

답 (X, X)

적용문제-03 (5급 12-33)

다음 〈표〉는 연도별 인구구성비 변화에 대한 자료이다. 이에 대한 〈설명〉의 정오는?

〈표〉 연도별 인구구성비 변화

(단위: %)

연령집단	연도							
	1960	1970	1980	1985	1990	1995	2000	2005
15세 미만	42.9	42.1	( )	( )	25.7	23.0	21.0	19.1
15~65세 미만	53.8	54.6	62.3	65.8	( )	( )	( )	( )
65세 이상	( )	( )	3.9	4.3	5.0	5.9	7.3	9.3
계	100.0	100.0	100.0	100.0	100.0	100.0	100.0	100.0

설명

1. 2000년 15세 미만 인구 100명당 65세 이상 인구는 30명 이상이다. (O, X)

2. 2005년 65세 이상 인구는 1985년 65세 이상 인구의 2배 이상이다. (O, X)

자료(체크리스트)

① 전체값은 무엇인가?

② 전체값이 동일한 방향은?

설명

▸ 목적 파트는?

▸ 정보 파트는?

▸ 정오 파트는?

관점 적용하기

체크리스트: 인구 구성비 (구성비) → 전체가 같은 것은 무엇인가? → 동일 연도끼리 전체값이 같다.

1. (O) 15세 미만 인구 100명당 65세 이상 인구($\frac{B}{A}$)에 대한 특정한 값과의 비교이다. (case.4)

(※ 인구 n명당 x = $\frac{x}{인구/n} = \frac{x}{인구} \times n$)

case.4 $\frac{B}{A}$ ($\frac{B}{A} = \frac{B_{비중} \times B_{전체값}}{A_{비중} \times A_{전체값}}$), 특정값과 비교: 전체값이 동일한 경우에만 비중을 통한 비교가 가능하다.

2000년은 $\frac{7.3}{21.0} \times 100$이므로 30명 이상이다. (※ $\frac{7.3}{21.0} > \frac{1}{3}$)

2. (X) 인구수(A)에 대한 대소비교이다. (case.1)

case.1 A와 B (A = A비중 × A 전체값), 해당값의 비교: 전체값이 동일한 경우에만 비중을 통한 비교가 가능하다. 다른 연도 간 대소 비교는 불가능하다.

답 (O, X)

적용문제-04 (5급 10-26)

다음 〈표〉는 서울 및 수도권 지역의 가구를 대상으로 난방방식 현황 및 난방연료 사용현황에 대해 조사한 자료이다. 이에 대한 〈설명〉의 정오는?

〈표 1〉 난방방식 현황

(단위: %)

종류	서울	인천	경기남부	경기북부	전국평균
중앙난방	22.3	13.5	6.3	11.8	14.4
개별난방	64.3	78.7	26.2	60.8	58.2
지역난방	13.4	7.8	67.5	27.4	27.4

〈표 2〉 난방연료 사용현황

(단위: %)

종류	서울	인천	경기남부	경기북부	전국평균
도시가스	84.5	91.8	33.5	66.1	69.5
LPG	0.1	0.1	0.4	3.2	1.4
등유	2.4	0.4	0.8	3.0	2.2
열병합	12.6	7.4	64.3	27.1	26.6
기타	0.4	0.3	1.0	0.6	0.3

설명

1. 지역난방을 사용하는 가구수는 서울이 인천의 2배 이하이다.

(O, X)

2. 경기북부지역의 경우, 도시가스를 사용하는 가구수가 등유를 사용하는 가구수의 20배 이상이다.

(O, X)

자료(체크리스트)

① 전체값은 무엇인가?

② 전체값이 동일한 방향은?

설명

▸ 목적 파트는?

▸ 정보 파트는?

▸ 정오 파트는?

간단 퀴즈

Q 서울지역에서는 개별난방의 가구 수와 도시가스의 가구 수의 비교가 가능한가?

A 가능하다.

관점 적용하기

체크리스트: 난방 방식과 연료사용, % (구성비) → 전체가 같은 것은 무엇인가? → 동일지역끼리 전체값이 같다.

1. (X) 가구수(A)에 대한 대소비교이다. (case.1)
   case.1 A와 B (A = A비중 × A 전체값), 해당값의 비교: 전체값이 동일한 경우에만 비중을 통한 대소비교가 가능하다.
   다른 지역간의 대소비교는 불가능하다.
2. (O) 가구수(A)에 대한 대소비교이다. (case.1)
   case.1 A와 B (A = A비중 × A 전체값), 해당값의 비교: 전체값이 동일한 경우에만 비중을 통한 대소비교가 가능하다.
   동일 지역이므로 비중을 통한 대소비교가 가능하다.
   경기 북부 지역에서 도시가스 비율은 66.1%, 등유 비율은 3.0%이므로 20배 이상이다.

답 (X, O)

적용문제-05 (5급 12-33)

다음 〈표〉는 A국 전체 근로자의 회사 규모 및 근로자 직급별 출퇴근 소요시간 분포와 유연근무제도 유형별 활용률에 관한 자료이다. 이에 대한 〈설명〉의 정오는?

〈표 1〉 회사 규모 및 근로자 직급별 출퇴근 소요시간 분포

(단위: %)

규모 및 직급 \ 출퇴근 소요시간		30분 이하	30분 초과 60분 이하	60분 초과 90분 이하	90분 초과 120분 이하	120분 초과 150분 이하	150분 초과 180분 이하	180분 초과	전체
규모	중소기업	12.2	34.6	16.2	17.4	8.4	8.5	2.7	100.0
	중견기업	22.8	35.7	16.8	16.3	3.1	3.4	1.9	100.0
	대기업	21.0	37.7	15.3	15.6	4.7	4.3	1.4	100.0
직급	대리급 이하	20.5	37.3	15.4	13.8	5.0	5.3	2.6	100.0
	과장급	16.9	31.6	16.7	19.9	5.6	7.7	1.7	100.0
	차장급 이상	12.6	36.3	18.3	19.3	7.3	4.2	1.9	100.0

〈표 2〉 회사 규모 및 근로자 직급별 유연근무제도 유형별 활용률

(단위: %)

규모 및 직급 \ 유연근무제도 유형		재택 근무제	원격 근무제	탄력 근무제	시차 출퇴근제
규모	중소기업	10.4	54.4	15.6	41.7
	중견기업	29.8	11.5	39.5	32.0
	대기업	8.6	23.5	19.9	27.0
직급	대리급 이하	0.7	32.0	23.6	29.0
	과장급	30.2	16.3	27.7	28.7
	차장급 이상	14.2	26.4	25.1	33.2

설명

1. 출퇴근 소요시간이 120분 이하인 과장급 근로자 중에는 원격근무제를 활용하는 근로자가 있다.

(O, X)

자료(체크리스트)

① 전체값은 무엇인가?

② 전체값이 동일한 방향은?

설명

▸ 목적 파트는?

▸ 정보 파트는?

▸ 정오 파트는?

간단 퀴즈

Q1 〈표 2〉의 경우 전체값이 동일한 방향의 비율의 합이 100%가 아니다. 왜 그럴까?

A 무응답이 존재하기 때문이다.

Q2 교집합을 구하는 다른 방법은 어떤 것이 있을까?

A 여집합을 이용하자.

관점 적용하기

체크리스트: 분포와 활용률, % (구성비) → 전체가 같은 것은 무엇인가? → 동일규모와 동일직급끼리 전체값이 같다.

1. (O) 〈표 1〉과 〈표 2〉에서 동일한 직급 간 전체값은 동일하다.
전체값이 동일한 방향에서는 비율과 근로자수가 비례한다. → 비율에 최소교집합을 적용하자.
120분 이하 = 100− 5.6−7.7−1.7 = 85%, 원격 근무제 = 16.3%이므로 최소교집합이 0보다 크다.
즉, 120분 이하인 과장급 근로자 중 원격근무제를 활용하는 근로자가 있다.

답 (O)

적용문제-06 (5급 15-01)

다음 〈표〉는 2009년과 2010년 정부창업지원금 신청자를 대상으로 직업과 창업단계를 조사한 자료이다. 이에 대한 〈설명〉의 정오는?

〈표〉 정부창업지원금 신청자의 직업 구성

(단위: 명, %)

직업	2009년		2010년		합계	
	인원	비율	인원	비율	인원	비율
교수	34	4.2	183	12.5	217	9.6
연구원	73	9.1	118	8.1	191	8.4
대학생	17	2.1	74	5.1	91	4.0
대학원생	31	3.9	93	6.4	124	5.5
회사원	297	37.0	567	38.8	864	38.2
기타	350	43.6	425	29.1	775	34.3
계	802	100.0	1,460	100.0	2,262	100.0

설명

1. '기타'를 제외한 직업별 2010년 정부창업지원금 신청자수의 전년대비 증가율이 두번째로 높은 직업은 대학생이다.

(O, X)

자료(체크리스트)

① 전체값은 무엇인가?

② 전체값이 동일한 방향은?

설명

▸ 목적 파트는?

▸ 정보 파트는?

▸ 정오 파트는?

간단 퀴즈

Q 비율을 이용하여 증감율또는 감소율을 비교할 수 있을까?

A 없다.

관점 적용하기

체크리스트: 직업 구성, % (구성비) → 전체가 같은 것은 무엇인가? → 동일 연도끼리 전체값이 같다.

1. (O) 증가율($\frac{B}{A}$)에 대한 대소비교이다. (case.4)

case.4 ($\frac{B}{A}=\frac{B_{비중}\times B_{전체값}}{A_{비중}\times A_{전체값}}$) 해당값의 비교: 비중을 이용하여 대소비교가 가능하다.

대학생이 두 번째로 높다 → 대학생보다 높은 직업은 1개뿐인가?

비율을 이용한 비교: 대학생 $\frac{5.1}{2.1}$ ≒ 2.5, 2.5보다 높은 직업 1개뿐이야? 교수($\frac{12.5}{4.2}$) 1개뿐이다.

인원을 이용한 비교: 대학생 $\frac{74}{17}$ = 4↑ 4보다 높은 직업 1개뿐이야? 교수($\frac{183}{34}$) 1개뿐이다.

답 (O)

적용문제-07 (5급 15-01)

다음 〈표〉는 2013년 '갑'국의 식품 수입액 및 수입건수 상위 10개 수입상대국 현황을 나타낸 자료이다. 이에 대한 〈설명〉의 정오는?

〈표〉 2013년 '갑'국의 식품 수입액 및 수입건수 상위 10개 수입상대국 현황

(단위: 조원, 건, %)

수입액				수입건수			
순위	국가	금액	점유율	순위	국가	건수	점유율
1	중국	3.39	21.06	1	중국	104,487	32.06
2	미국	3.14	19.51	2	미국	55,980	17.17
3	호주	1.10	6.83	3	일본	15,884	4.87
4	브라질	0.73	4.54	4	프랑스	15,883	4.87
5	태국	0.55	3.42	5	이탈리아	15,143	4.65
6	베트남	0.50	3.11	6	태국	12,075	3.70
7	필리핀	0.42	2.61	7	독일	11,699	3.59
8	말레이시아	0.36	2.24	8	베트남	10,558	3.24
9	영국	0.34	2.11	9	영국	7,595	2.33
10	일본	0.17	1.06	10	필리핀	7,126	2.19
-	기타 국가	5.40	33.53	-	기타 국가	69,517	21.33

설명

1. 식품의 총 수입액은 17조원 이상이다. (O, X)

2. 식품 수입건수당 식품 수입액은 중국이 미국보다 크다. (O, X)

자료(체크리스트)

① 전체값은 무엇인가?

② 전체값이 동일한 방향은?

설명

▸ 목적 파트는?

▸ 정보 파트는?

▸ 정오 파트는?

간단 퀴즈

Q1 2번의 경우 점유율과 해당 값을 동시에 이용 비교 가능할까?

A 가능하다.

Q2 수입건수당 수입액이 가장 큰 국가 또는 가장 작은 국가를 구할 수 있을까?

A 없다.

관점 적용하기

체크리스트: 수입액, 건수 점유율 (구성비) → 전체가 같은 것은 무엇인가? → 수입액, 건수끼리 전체값이 같다.

1. (X) 수입액(A)에 대한 특정한 값에 대한 비교이다. (case.1)
   case.1 A와 B (A = A비중 × A 전체값), 특정값과의 비교: 해당값 또는 전체값에 대한 정보가 필요하다.
   해당값에 대하여 알고 있으므로 비교가 가능하다.
   점유율 ∝ 해당값이고, 총 수입액은 점유율이 100%인 경우를 의미한다.
   일본의 경우 수입액은 0.17인데, 점유율은 1% 이상이므로 점유율이 100%일 때의 수입액은 17조 이하이다.
2. (X) 수입건당 수입액($\frac{B}{A}$)에 대한 대소비교이다. (case.4)
   case.4 ($\frac{B}{A}=\frac{B_{비중}\times B_{전체값}}{A_{비중}\times A_{전체값}}$), 해당값의 비교: 점유율을 이용하여 대소비교가 가능하다.
   중국 = $\frac{21.06}{32.06}$ 미국 = $\frac{19.51}{17.17}$이므로 중국이 미국보다 작다.

답 (X, X)

적용문제-08 (민 16-08)

다음 〈표〉와 〈그림〉은 수종별 원목생산량과 원목생산량 구성비에 관한 자료이다. 이에 대한 〈설명〉의 정오는?

〈표〉 2006 ~ 2011년 수종별 원목생산량

(단위: 만㎥)

수종 \ 연도	2006	2007	2008	2009	2010	2011
소나무	30.9	25.8	28.1	38.6	77.1	92.2
잣나무	7.2	6.8	5.6	8.3	12.8	(　)
전나무	50.4	54.3	50.4	54.0	58.2	56.2
낙엽송	22.7	23.8	37.3	38.7	50.5	63.3
참나무	41.4	47.7	52.5	69.4	76.0	87.7
기타	9.0	11.8	21.7	42.7	97.9	85.7
전체	161.6	170.2	195.6	(　)	372.5	(　)

〈그림〉 2011년 수종별 원목생산량 구성비

(단위: %)

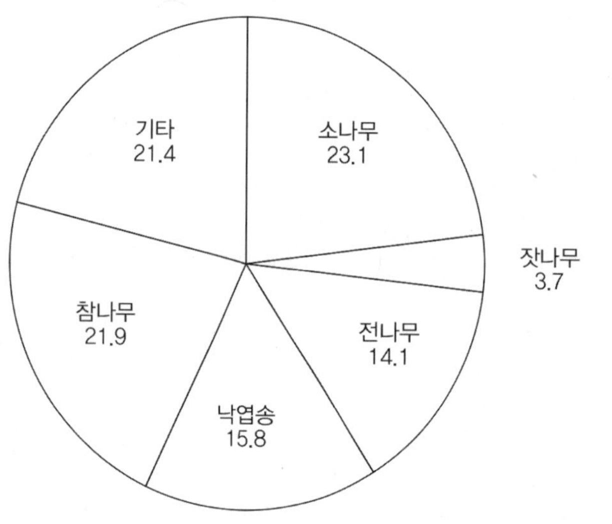

설명

1. '기타'를 제외하고 2006년 대비 2011년 원목생산량 증가율이 가장 큰 수종은 소나무이다. (O, X)

2. 전체 원목생산량 중 소나무 원목생산량의 비중은 2011년이 2009년보다 크다. (O, X)

자료(체크리스트)

① 전체값은 무엇인가?

② 전체값이 동일한 방향은?

설명

▸ 목적 파트는?

▸ 정보 파트는?

▸ 정오 파트는?

간단 퀴즈

Q 감소율이나 변화율도 구성비를 이용하여 비교할 수 있을까?

A 없다.

관점 적용하기

체크리스트: 〈그림〉 원목 (구성비) → 전체가 같은 것은 무엇인가? → 주어진 구성비는 모두 전체값이 같다.

1. (O) 증가율($\frac{B}{A}$)에 대한 대소비교이다. (case.4)

case.4 $\frac{B}{A}$ ($\frac{B}{A}=\frac{B_{비중}\times B_{전체값}}{A_{비중}\times A_{전체값}}$): 비중을 이용한 대소비교가 가능하다.

소나무($\frac{2011년\ 비중}{2006년\ 값}$) = $\frac{23.1}{30.9}$ = 70%↑으로 가장 크다.

(※ 분모나 분자중 하나만 비율인 경우의 간단 증명)

$\frac{B_{1의비중}\times B_{전체값}}{A_1} \geq ?\ \frac{B_{2의비중}\times B_{전체값}}{A_2}$ → $B_{전체값}$이 약분 → $\frac{B_{1의비중}}{A_1} \geq ?\ \frac{B_{2의비중}}{A_2}$

2. (X) 2009년 소나무의 비중이 23.1% 보다 작은가?

2009년 소나무(38.6)를 1덩이라고 생각했을 때, 2009년 전체 생산량은 적어도 5덩이 이상이다.
즉, 소나무의 비중은 커봐야 20% 이하이므로 23.1% 보다 작다.

답 (O, X)

적용문제-09 (5급 15-10)

다음 〈표〉는 A국 기업의 회계기준 적용에 관한 자료이다. 이에 대한 〈설명〉의 정오는?

〈표 1〉 A국 기업의 회계기준 적용 현황

(단위: 개, %)

회계기준 \ 구분 \ 연도		2011		2012	
		기업수	비율	기업수	비율
국제회계기준		2,851	15.1	3,097	15.9
	의무기업(상장기업)	1,709	9.1	1,694	8.7
	선택기업(비상장기업)	1,142	6.0	1,403	7.2
일반회계기준(비상장기업)		16,027	84.9	16,366	84.1
전체		18,878	100.0	19,463	100.0

※ 상장기업은 국제회계기준을 의무적용해야 하며, 비상장기업은 국제회계기준과 일반회계기준 중 하나를 적용해야 함.

〈표 2〉 2011년 A국 비상장기업의 자산규모별 회계기준 적용 현황

(단위: 개, %)

자산규모 \ 구분 \ 회계기준	국제회계기준		일반회계기준		합	
	기업수	비율	기업수	비율	기업수	비율
2조원 이상	38	73.1	14	26.9	52	100.0
5천억원 이상 2조원 미만	80	36.9	137	63.1	217	100.0
1천억원 이상 5천억원 미만	285	18.8	1,231	81.2	1,516	100.0
1천억원 미만	739	4.8	14,645	95.2	15,384	100.0
계	1,142	-	16,027	-	17,169	-

설명

1. 2011년 국제회계기준을 적용한 비상장기업의 80% 이상이 자산규모 5천억원 미만이다.

(O, X)

2. 2012년 전체 기업 대비 국제회계기준을 적용한 기업의 비율은 2011년에 비해 증가하였다.

(O, X)

3. 2012년 비상장기업 중 국제회계기준을 적용한 비상장기업이 차지하는 비율은 전년에 비해 2%p 이상 증가하였다.

(O, X)

✔ 자료(체크리스트)

① 전체값은 무엇인가?

② 전체값이 동일한 방향은?

✔ 설명

▸ 목적 파트는?

▸ 정보 파트는?

▸ 정오 파트는?

간단 퀴즈

Q 1번에서의 출제자의 의도는 무엇일까?

A 비율을 이용한 함정

관점 적용하기

체크리스트: 구성비 → 전체가 같은 것은 무엇인가?

→ 〈표 1〉 동일연도끼리 전체값이 같다. 〈표 2〉 동일 회계기준끼리 전체값이 같다.

1. (O) 2011년 국제회계 기준을 적용한 비상장기업 중 자산규모가 5천억원 미만인 기업

   $\frac{285+739}{1,142}$ 〉 80%이다.

2. (O) 전체 기업에서 국제 회계기준을 적용한 기업 → case.1(A)에 대한 대소비교이다.

   → 비중을 통한 대소비교가 가능하다.

   → 2011년(15.1%) → 2012년(15.9%) 증가하였다.

3. (X) 비상장 기업중 국제회계기준을 적용한 비상장기업($\frac{B}{A}$)의 특정한 값에 대한 비교이다.

   전체값이 동일한 방향이므로 비중을 이용한 비교가 가능하다.

   2011년($\frac{6.0}{84.9+6.0}=\frac{6.0}{90.9}\fallingdotseq\frac{6.6}{100}$) 2012년($\frac{7.2}{84.1+7.2}=\frac{7.2}{91.3}\fallingdotseq\frac{7.9}{100}$)이므로

   2%p 이상 증가하지 않았다.

   (※ 90.9을 100으로 만들기 위해 약 1.1을 곱하면 된다. 따라서 2011년과 2012년의 분자에 약 1.1을 곱한 값이다.)

답 (O, O, X)

적용문제-10 (5급 19-12)

다음 〈표〉는 세계 지역별 의약품 시장규모에 관한 자료이다. 이에 대한 〈설명〉의 정오는?

〈표〉 2013 ~ 2014년 세계 지역별 의약품 시장규모

(단위: 십억 달러, %)

연도 / 구분 / 지역	2013		2014	
	시장규모	비중	시장규모	비중
북미	362.8	38.3	405.6	39.5
유럽	219.8	( )	228.8	22.3
아시아(일본 제외), 호주, 아프리카	182.6	19.3	199.2	19.4
일본	80.5	8.5	81.6	7.9
라틴 아메리카	64.5	( )	72.1	7.0
기타	37.4	3.9	39.9	3.9
전체	947.6	100.0	( )	100.0

설명

1. 2014년 의약품 세계 전체 시장규모에서 유럽이 차지하는 비중은 전년대비 감소하였다.

(O, X)

2. 2014년 의약품 세계 전체 시장규모는 전년대비 5% 이상 증가하였다.

(O, X)

자료(체크리스트)

① 전체값은 무엇인가?

② 전체값이 동일한 방향은?

설명

▸ 목적 파트는?

▸ 정보 파트는?

▸ 정오 파트는?

간단 퀴즈

Q 설명 1에서 다른 지역을 이용 방법은 없을까?

A 많다.

관점 적용하기

체크리스트: 비중(구성비) → 전체가 같은 것은 무엇인가? → 동일연도끼리 전체값이 같다.

1. (O) 2013년 유럽의 비중 = $\frac{219.8}{947.6} = \frac{223-3.2}{1000-52.4}$ 〉 22.3%

   2014년 유럽의 비중은 전년대비 감소하였다.

2. (O) 증가율($\frac{B}{A}$)에 대한 특정한 값과의 비교이다.

   전체값이 같지 않으므로 비중만을 이용한 비교가 불가능하다.
   2013년 아시아와 2014년의 아시아의 비중의 크기가 매우 유사하다.
   비중 ∝ 시장규모이므로, 2014년 아시아의 증가율이 5% 이상이라면 전체의 증가율도 5% 이상이다.
   $\frac{199.2}{182.6}$ 〉 1.05이므로, 5% 이상 증가하였다.
   즉, 전체 시장규모도 전년대비 5% 이상 증가하였다.

답 (O, O)

적용문제-11 (5급 18-38)

다음 〈표〉는 '갑'국의 인구 구조와 노령화에 대한 자료이다. 이에 대한 〈설명〉의 정오는?

〈표 1〉 인구 구조 현황 및 전망

(단위: 천 명, %)

연도	총인구	유소년인구 (14세 이하)		생산가능인구 (15 ~ 64세)		노인인구 (65세 이상)	
		인구수	구성비	인구수	구성비	인구수	구성비
2000	47,008	9,911	21.1	33,702	71.7	3,395	7.2
2010	49,410	7,975	( )	35,983	72.8	5,452	11.0
2016	51,246	( )	( )	( )	( )	8,181	16.0
2020	51,974	( )	( )	( )	( )	9,219	17.7
2030	48,941	5,628	11.5	29,609	60.5	( )	28.0

※ 2020년, 2030년은 예상치임.

〈표 2〉 노년부양비 및 노령화지수

(단위: %)

구분 \ 연도	2000	2010	2016	2020	2030
노년부양비	10.1	15.2	( )	25.6	46.3
노령화지수	34.3	68.4	119.3	135.6	243.5

※ 1) 노년부양비(%) = $\frac{\text{노인인구}}{\text{생산가능인구}} \times 100$

2) 노령화지수(%) = $\frac{\text{노인인구}}{\text{유소년인구}} \times 100$

설명

1. 2020년 대비 2030년의 노인인구 증가율은 55% 이상으로 예상된다. (O, X)

2. 2016년 노년부양비는 20% 이상이다. (O, X)

자료(체크리스트)

① 전체값은 무엇인가?

② 전체값이 동일한 방향은?

설명

▸ 목적 파트는?

▸ 정보 파트는?

▸ 정오 파트는?

관점 적용하기

체크리스트: 〈표 1〉 (구성비) → 전체가 같은 것은 무엇인가? → 동일한 연도끼리는 전체값이 같다.

1. (X) 연도가 동일한 방향으로 전체값이 동일하므로 노인인구 = 해당 연도 전체인구 × 해당 연도 노인인구 구성비
   2020년(519×17.7) → 2030년(489×28.0)
   전체 인구(519→489)는 5%↑ 감소하였고, 구성비(17.7→28.0)는 60%↓ 증가하였으므로
   배수테크닉에 의하여 (1−0.05↑)×(1+0.6↓) = 0.95↓×1.6↓이므로 1.55 이하이다.
   (1에서 5% 감소 시, 0.05가 줄어든다. 따라서 1.6에서 5%가 빠지면 0.05보다 더 많이 줄어든다.)
2. (O) 극단으로 생각해보자. 노년부양비, 20% 이하일 수 있어?
   노년부양비가 20% 이하 → 20%↓ = $\frac{1}{5\uparrow}$ = $\frac{\text{노인인구}}{\text{생산가능인구}}$이므로 5↑ × 노인인구 = 생산가능인구
   연도가 동일한 방향으로는 전체값이 동일하므로 인구수 ∝ 구성비이다.
   인구를 통하여 확인하는 것이 아니라 구성비를 통하여 확인하자.
   5↑ × 노인인구 = 생산가능인구 → 5↑ × 노인구성비 = 생산가능구성비 = 80%↑ → 유소년 인구 비중 = 4%↓
   만약 유소년 인구 비중이 4%↓이라면 2016년 노령화 지수는 $\frac{16}{4\downarrow}$으로 400 이상이어야 한다.
   그러나 2016년 노령화지수가 119.3이므로 노년부양비는 20% 이하일 수 없다.

답 (X, O)

적용문제-12 (5급 20-36)

다음 〈표〉는 A시 초등학생과 중학생의 6개 식품 섭취율을 조사한 결과이다. 이에 대한 〈설명〉의 정오는?

〈표〉 A시 초등학생과 중학생의 6개 식품 섭취율

(단위: %)

식품	섭취 주기	초등학교			중학교		
		남학생	여학생	전체	남학생	여학생	전체
라면	주 1회 이상	77.6	71.8	74.7	89.0	89.0	89.0
탄산음료	주 1회 이상	76.6	71.6	74.1	86.0	79.5	82.1
햄버거	주 1회 이상	64.4	58.2	61.3	73.5	70.5	71.7
우유	매일	56.7	50.9	53.8	36.0	27.5	30.9
과일	매일	36.1	38.9	37.5	28.0	30.0	29.2
채소	매일	30.4	33.2	31.8	28.5	29.0	28.8

※ 1) 섭취율(%) = $\frac{\text{섭취한다고 응답한 학생 수}}{\text{응답 학생 수}} \times 100$

2) 초등학생, 중학생 각각 2,000명을 대상으로 조사하였으며, 전체 조사 대상자는 6개 식품에 대해 모두 응답하였음.

설명

1. 채소를 매일 섭취하는 중학교 남학생 수는 과일을 매일 섭취하는 중학교 남학생 수보다 적다.
(O, X)

2. 라면을 주 1회 이상 섭취하는 중학교 남학생 수와 중학교 여학생의 수는 같다.
(O, X)

3. 채소를 매일 섭취하는 여학생 수는 중학생이 초등학생보다 많다.
(O, X)

자료(체크리스트)

① 전체값은 무엇인가?

② 전체값이 동일한 방향은?

설명

▸ 목적 파트는?

▸ 정보 파트는?

▸ 정오 파트는?

관점 적용하기

체크리스트: 비중(구성비) → 전체가 같은 것은 무엇인가? → 동일학급의 동일성별끼리 전체값이 같다.

1. (X) 학생 수(A)에 대한 대소비교이다. (case.1)
   case.1 A와 B (A = A비중 × A전체값) 해당값의 비교
   : 전체값이 동일한 경우에만 비율을 통한 대소비교가 가능하다.
   전체값이 동일하므로 비중을 통한 대소비교가 가능하다. → 채소(28.5%)가 과일(28.0)보다 크다.
2. (X) 학생 수(A)에 대한 대소비교이다. (case.1)
   case.1 A와 B (A = A비중 × A전체값) 해당값의 비교
   : 전체값이 동일한 경우에만 비율을 통한 대소비교가 가능하다.
   전체값이 동일하지 않으므로 비중만으로 대소비교 불가능 → 전체값을 구해야 한다. → 가중평균의 이용
   숫자값이 깔끔한 채소를 이용하자. (남학생 28.5, 여학생 29.0 전체 28.8)
   공통을 소거하면 0.5×여학생 수 = 0.3×전체 학생 수 → 여학생 수는 전체 학생의 60%이다.
   라면 섭취율은 동일하지만 전체값은 동일하지 않으므로 같지 않다.
3. (O) 학생 수(A)에 대한 대소비교이다. (case.1)
   case.1 A와 B (A = A비중 × A전체값) 해당값의 비교
   : 전체값이 동일한 경우에만 비율을 통한 대소비교가 가능하다.
   전체값이 동일하지 않으므로 비중만으로 대소비교 불가능 → 전체값을 구해야 한다. → 가중평균의 이용
   초등학생 숫자값이 깔끔한 채소를 이용하자. (남학생 30.4, 여학생 33.2 전체 31.8)
   남학생, 여학생 모두 전체와의 차이가 1.4로 동일하므로 초등학교 여학생 수는 50%이다.
   중학교 여학생 채소 = 29.0×60×2,000, 초등학교 여학생 채소 = 33.2×50×2,000
   배수비교법에 따르면 섭취율은 1.2↓차이 나는데, 비율은 1.2배가 차이 난다. 따라서 중학교 여학생이 더 많다.

답 (X, X, O)

3 상대치 - 지수

Q 지수이란 무엇인가요?

아래와 같은 자료를 지수 자료라고 부른다.

〈표〉 국가별 물가와 빅맥지수

구분 \ 국가	한국	일본	미국
물가지수	107.61	109.66	108.32
빅맥지수	3.86	3.47	5.66

※ 1) 물가지수 = $\frac{\text{각국의 해당 연도물가}}{\text{각국의 기준 연도물가}}$

2) 빅맥지수는 빅맥의 1개의 가격을 달러로 표기한 것이며 물가를 비교하기 위한 지수임

Q. 한국과 일본의 물가를 비교 하고 싶다면 물가지수와 빅맥지수중 무엇을 이용해야 할까?
A. 빅맥지수를 이용해야 한다. 물가지수의 경우 각국가별로 기준이 다르다.
반면, 빅맥지수의 경우 빅맥 1개라는 동일한 기준을 가지고 있어 각 국가간의 비교에 용이하다.

지수(=$\frac{\text{해당값}}{\text{기준값}}$)을 의미한다. 따라서, 앞에서 배운 비중과 매우 유사한 특징을 지니고 있다.
즉, 지수도 비중처럼 지수만으로는 해당값을 추론할 수 없다.
기준값을 같이 준다면 해당값을 추론할 수 있다.
그러나, 기준값이 동일한 경우에는 지수와 해당값이 비례하는 특징을 지니고 있다.
→ 해당값 = 지수 × 기준값 → 전체값이 동일하다면, 해당값 ∝ 비중
따라서 기준값이 동일한 빅맥지수로는 물가를 비교할 수 있느나,
기준값이 다른 물가지수로는 물가를 비교 할 수 없던 것이다.

Q 지수 자료에서 체크해야할 체크리스트는 무엇인가요?

지수 자료에서는 전체값의 크기가 주어지지 않는다면 해당 값을 정확한 값을 알 수 없다는 특징 때문에 [① 지수 자료인지 ② 기준값이 무엇인지]를 파악하는 것이 중요하다.

① 지수 자료의 파악

제목	제목에 지수라는 단어의 파악
내적구성	내적구성에 지수라는 단어의 파악

② 기준값이 무엇인지 파악

내적구성	100이라는 지수값을 통한
추가정보	각주에 주어진 식의 분모를 통한 파악

지수 자료의 함정 요소는 비교 가능 여부에 대한 것이다.
분명 정확한 값을 알 수는 없지만 '약분'이라는 것을 통해서 비교가 가능한 설명도 존재한다.
따라서 '지수'이기에 해당값의 비교가 불가능하다고 판단해서는 안된다.
또한, 가중평균을 통해 기준값이 추론되는 경우도 존재하기에 주의가 필요하다.

어떤 설명이 비교가 가능한지 궁금합니다.

각 설명 유형에 따른 비교의 가능 여부는 다음과 같다.

case.1 $A_{\text{해당값}} = A_{\text{지수}} \times A_{\text{기준값}}$

① 해당값간 비교	$A_{\text{기준값}}=B_{\text{기준값}}$인 경우에만, 비중을 이용하여 해당값끼리 대소 비교가 가능하다.
② 특정값과 비교	해당값 또는 전체값이 주어지지 않으면 비교할 수 없다.

case.2 $A_{\text{해당값}} \pm B_{\text{해당값}} = (A_{\text{지수}} \times A_{\text{기준값}}) \pm (B_{\text{지수}} \times B_{\text{전체값}})$

① 해당값끼리 비교	$A_{\text{기준값}}=B_{\text{기준값}}$인 경우에만, 비중을 이용하여 해당값끼리 대소 비교가 가능하다.
② 특정값과 비교	해당값 또는 전체값이 주어지지 않으면 비교할 수 없다.

case.3 $A_{\text{해당값}} \times B_{\text{해당값}} = (A_{\text{지수}} \times A_{\text{기준값}}) \times (B_{\text{지수}} \times B_{\text{기준값}})$

① 해당값끼리 비교	양변의 $(A_{\text{기준값}} \times B_{\text{기준값}})$이 약분됨, 비중을 이용하여 해당값끼리 대소 비교가 가능하다.
② 특정값과 비교	해당값 또는 전체값이 주어지지 않으면 비교할 수 없다.

case.4 $\dfrac{B_{\text{해당값}}}{A_{\text{해당값}}} = \dfrac{B_{\text{지수}} \times B_{\text{기준값}}}{A_{\text{지수}} \times A_{\text{기준값}}}$

① 해당값끼리 비교	양변의 $\dfrac{B_{\text{기준값}}}{A_{\text{기준값}}}$이 약분됨, 비중을 이용하여 해당값끼리 대소 비교가 가능하다.
② 특정값과 비교	해당값 또는 전체값이 주어지지 않으면 비교할 수 없다 단, $A_{\text{기준값}}=B_{\text{기준값}}$인 경우, 전체값이 약분됨, 비중을 이용하여 특정값과 비교할 수 있다.

예제

다음 〈표〉는 '갑'국의 2020년 8월 지역별 농산물 가격지수에 관한 자료이다. 이에 대한 〈설명〉의 정오는?

〈표〉 농산물 가격 지수

(단위: %)

구분 \ 지역	A	B	C	D	전국
곡물 가격지수	130	60	110	100	100
채소 가격지수	115	90	80	130	100
농산물 가격지수	125	70	100	110	100

※ 1) 농산물은 곡물과 채소로만 구성됨.

2) 가격지수 = $\frac{\text{해당지역의 가격}}{\text{전국 가격}}$

〈설명〉

1. A지역의 곡물가격은 B지역의 2배 이상이다.

(O, X)

2. 채소가격 대비 곡물가격이 가장 비싼 지역은 C지역이다.

(O, X)

3. D지역의 채소가격은 B지역의 곡물가격보다 비싸다.

(O, X)

자료(체크리스트)

① 기준값은 무엇인가?

② 기준값이 동일한 방향은?

설명

▸ 목적 파트는?

▸ 정보 파트는?

▸ 정오 파트는?

관점 적용하기

체크리스트: 지수 → 기준값이 같은 것은 무엇인가? → 동일한 구분 지수끼리 기준값이 같다.

1. (O) 가격(A)에 대한 대소비교이다. (case.1)
   case.1 A와 B (A = A지수 × A기준값) 해당값의 비교
   : 기준값이 동일한 경우에만 지수를 통한 대소비교가 가능하다.
   지수를 통한 대소비교가 가능하다 → A지역(130), B지역(60)이므로 2배 이상이다.
2. (O) 채소가격 대비 곡물가격($\frac{B}{A}$)에 대한 대소비교이다. (case.4)
   case.4의 $\frac{B}{A}$ ($\frac{B}{A}=\frac{B_{지수}\times B_{기준값}}{A_{지수}\times A_{기준값}}$) 해당값의 비교: 지수를 이용하여 대소비교가 가능하다.
   C지역 = $\frac{110}{80}$으로 가장 크다.
3. (O) 가격(A)에 대한 대소비교이다. (case.1)
   case.1 A와 B (A = A지수 × A기준값) 해당값의 비교
   : 기준값이 동일한 경우에만 지수를 통한 대소비교가 가능하다.
   곡물, 채소 가격지수(부분의 비)와 농산물 가격지수(전체의 비)가 주어졌으므로 기준값을 추론할 수 있다.
   C지역의 경우 곡물(110), 채소(80), 농산물(100)로 구성되어 있으므로
   넘치는 것이 부족한 것을 채워준다고 생각하면(가중평균)
   10×전국 곡물가격 = 20×전국 채소가격이므로 전국 곡물가격은 전국 채소가격의 2배이다.
   D지역 채소가격 = 130×전국 채소가격이고, B지역 곡물가격은 60×전국 곡물가격이다.
   따라서 D지역 채소가격이 더 비싸다.

답 (O, O, O)

적용문제-01 (민 14-10)

다음 〈표〉는 2013년 11월 7개 도시의 아파트 전세가격 지수 및 전세수급 동향 지수에 대한 자료이다. 이에 대한 〈설명〉의 정오는?

〈표〉 아파트 전세가격 지수 및 전세수급 동향 지수

도시 \ 지수	면적별 전세가격 지수			전세수급 동향 지수
	소형	중형	대형	
서울	115.9	112.5	113.5	114.6
부산	103.9	105.6	102.2	115.4
대구	123.0	126.7	118.2	124.0
인천	117.1	119.8	117.4	127.4
광주	104.0	104.2	101.5	101.3
대전	111.5	107.8	108.1	112.3
울산	104.3	102.7	104.1	101.0

※ 2013년 11월 전세가격 지수 = $\frac{\text{2013년 11월 평균 전세가격}}{\text{2012년 11월 평균 전세가격}} \times 100$

설명

1. 2012년 11월에 비해 2013년 11월 7개 도시 모두에서 아파트 평균 전세가격이 상승하였다.

(O, X)

2. 중형 아파트의 2012년 11월 대비 2013년 11월 평균 전세가격 상승액이 가장 큰 도시는 대구이다.

(O, X)

자료(체크리스트)

① 기준값은 무엇인가?

② 기준값이 동일한 방향은?

설명

▸ 목적 파트는?

▸ 정보 파트는?

▸ 정오 파트는?

관점 적용하기

체크리스트: 전세 가격지수 → 기준값이 같은 것은 무엇인가? → 같은 도시, 같은 면적끼리 기준값이 같다.

※ 각주만으로 기준값을 파악하는 것이 어려울 수 있다.
그렇기에 항상 생각해야하는 것이 자료해석은 현실을 반영했다. 라는 것을 생각해야 한다.
서울의 소형(115.9)보다 중형(112.5)이 더 높다는 것을 볼 수 있다. 소형보다 중형이 비싼건 매우 이상한 것이다.
서울의 소형(115.9)보다 대구(123.0)이 더 높다는 것도 볼 수 있다. 대구가 서울보다 더 비싼 것은 이상한 것이다.
그렇기에, 같은 도시, 같은 면적끼리만 기준값이 같다고 추론할 수 있다.

1. (O) 평균전세가격(A)에 대한 대소비교이다. (case.1)
   case.1 A와 B (A = A지수 × A기준값) 해당값의 비교
   : 기준값이 동일한 경우에만 지수를 통한 대소비교가 가능하다.
   모두 해당지역의 해당 아파트 규모와 비교하고 있으므로 기준값이 동일하다.
   지수의 크기가 모두 100보다 크다. 따라서 7개 도시 모두 상승하였다.
2. (X) 평균전세가격 상승액 (A±B)에 대한 대소비교이다. (case.2)
   case.2 A±B (A±B = (A지수 × A기준값) ± (B지수 × B기준값)) 해당값의 비교
   : 기준값이 동일한 경우에만 지수를 통한 대소비교가 가능하다.
   다른 지역끼리 비교하고 있다. 따라서 비교할 수 없다.

답 (O, X)

적용문제-02 (7급 모의-09)

다음 〈그림〉은 OECD 회원국 중 5개국의 2018년 가정용, 산업용 전기요금 지수를 나타낸 것이다. 이에 대한 〈설명〉의 정오는?

〈그림〉 OECD 회원국 중 5개국의 가정용, 산업용 전기요금 지수

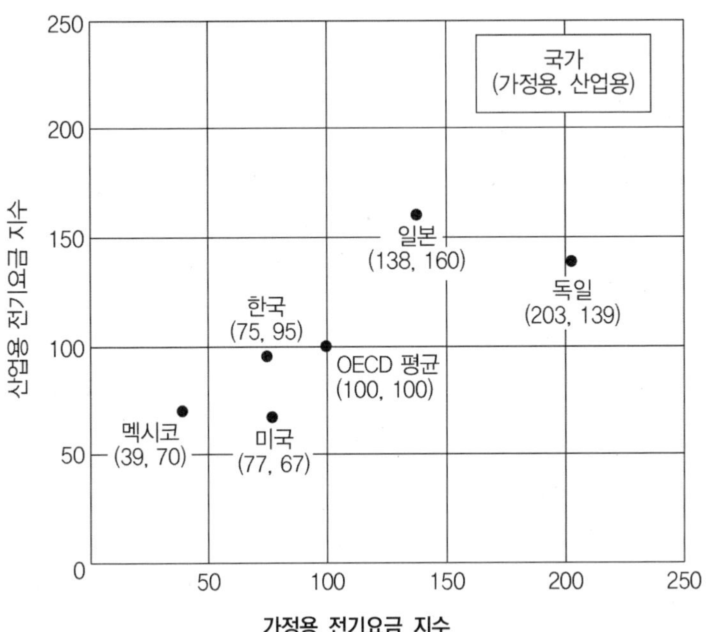

※ 1) OECD 각 국가의 전기요금은 100 kWh당 평균 금액($)임.

2) 가정용(산업용) 전기요금 지수 = $\frac{\text{해당 국가의 가정용(산업용) 전기요금}}{\text{OECD 평균 가정용(산업용) 전기요금}} \times 100$

3) 2018년 한국의 가정용, 산업용 전기요금은 100 kWh당 각각 $ 120, $ 95임.

설명

1. 산업용 전기요금은 일본이 가장 비싸고 가정용 전기요금은 독일이 가장 비싸다.

(O, X)

2. OECD 평균 전기요금은 가정용이 산업용의 1.5배 이상이다.

(O, X)

자료(체크리스트)

① 기준값은 무엇인가?

② 기준값이 동일한 방향은?

설명

▸ 목적 파트는?

▸ 정보 파트는?

▸ 정오 파트는?

관점 적용하기

체크리스트: 전기 요금지수 → 기준값이 같은 것은 무엇인가? → 같은 용도끼리 기준값이 같다.
각주를 통해서 기준값을 주진 않았지만, 한국의 해당값과 지수를 이용하면 기준값을 구해낼 수 있다.

1. (O) 가격(A)에 대한 대소비교이다. (case.1)
   case.1 A와 B (A = A지수 × A기준값) 해당값의 비교
   : 기준값이 동일한 경우에만 지수를 통한 대소비교가 가능하다.
   각각 기준값이 같은 산업용과 가정용중 가장 큰 것을 물어보므로, 지수가 가장 큰 것을 찾는다.
   지수가 가장 큰값은 산업용 = 일본, 가정용 = 독일이므로, 옳다.
2. (O) 산업용과 가정용의 기준값에 대해서 물어본다.
   산업용 전기요금: 한국 = 95$, 한국의 지수 = 95이므로, 산업용 전기요금의 기준값 = 100$이다.
   가정용 전기요금: 한국 = 120$, 한국의 지수 = 75이므로, 가정용 전기요금의 기준값 = 160$이다.
   따라서, 1.5배 이상이다.

답 (O, O)

적용문제-03 (민 15-14)

다음 〈표〉는 2013년 A시 '가' ~ '다' 지역의 아파트 실거래가격지수를 나타낸 자료이다. 이에 대한 〈설명〉의 정오는?

〈표〉 2013년 A시 '가' ~ '다' 지역의 아파트 실거래가격지수

월 \ 지역	가	나	다
1	100.0	100.0	100.0
2	101.1	101.6	99.9
3	101.9	103.2	100.0
4	102.6	104.5	99.8
5	103.0	105.5	99.6
6	103.8	106.1	100.6
7	104.0	106.6	100.4
8	105.1	108.3	101.3
9	106.3	110.7	101.9
10	110.0	116.9	102.4
11	113.7	123.2	103.0
12	114.8	126.3	102.6

※ N월 아파트 실거래가격지수 = $\frac{\text{해당 지역의 N월 아파트 실거래가격}}{\text{해당 지역의 1월 아파트 실거래가격}} \times 100$

설명

1. '가' 지역의 12월 아파트 실거래가격은 '다' 지역의 12월 아파트 실거래가격보다 높다.

(O, X)

2. 다' 지역의 1월 아파트 실거래가격과 3월 아파트 실거래가격은 같다.

(O, X)

3. '가' 지역의 1월 아파트 실거래가격이 1억원이면 '가' 지역의 7월 아파트 실거래가격은 1억 4천만원이다.

(O, X)

✓ 자료(체크리스트)

① 기준값은 무엇인가?

② 기준값이 동일한 방향은?

✓ 설명

▸ 목적 파트는?

▸ 정보 파트는?

▸ 정오 파트는?

간단 퀴즈

Q 보기 3번의 의도는 무엇일까?

A 단위 함정

관점 적용하기

체크리스트: 아파트 가격지수 → 기준값은 무엇인가? → 2013년 1월 각 지역이다. → 따라서 각 지역별로 기준값이 같다.

1. (X) 실거래가격(A)에 대한 대소비교이다. (case.1)
   case.1 A와 B (A = A지수 × A기준값) 해당값의 비교
   : 기준값이 동일한 경우에만 지수를 통한 대소비교가 가능하다.
   '가' 지역과 '다' 지역의 기준값은 동일하지 않으므로 지수를 통한 비교가 불가능하다.

2. (O) 실거래가격(A)에 대한 대소비교이다. (case.1)
   case.1 A와 B (A = A지수 × A기준값) 해당값의 비교
   : 기준값이 동일한 경우에만 지수를 통한 대소비교가 가능하다.
   '다' 지역간의 기준값은 동일하므로 지수를 통한 대소비교가 가능하다.
   1월의 지수는 100, 3월의 지수는 100이다. 따라서 실거래 가격은 같다.

3. (X) 실거래가격(A)에 대한 특정한 값과의 비교이다. (case.1)
   case.1 A와 B (A = A지수 × A기준값) 특정값과 비교
   : 해당값 또는 기준값에 대한 정보가 필요하다.
   기준값이 1억이므로 해당값 = 104×1억 = 1억 4백만이다. 따라서 옳지 않다.

답 (X, O, X)

적용문제-04(민 17-09)

다음 〈그림〉은 F 국제기구가 발표한 2014년 3월 ~ 2015년 3월 동안의 식량 가격지수에 대한 자료이다. 이에 대한 〈설명〉의 정오는?

〈그림〉 식량 가격지수

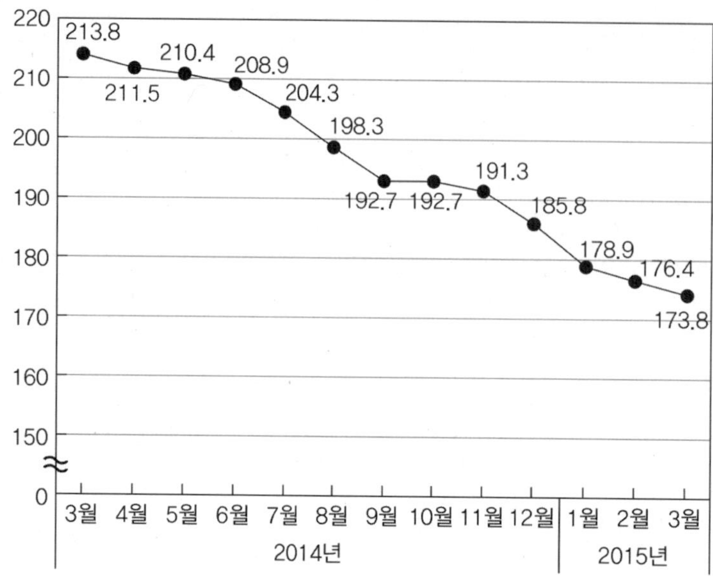

※ 기준년도인 2002년의 가격지수는 100임.

설명

1. 2015년 3월의 식량 가격은 2014년 3월에 비해 15% 이상 하락했다. (O, X)

자료(체크리스트)

① 기준값은 무엇인가?

② 기준값이 동일한 방향은?

설명

▸ 목적 파트는?

▸ 정보 파트는?

▸ 정오 파트는?

관점 적용하기

체크리스트: 식량 가격지수 → 기준값이 같은 것은 무엇인가? → 모두 기준값이 같다.

1. (O) 감소율($\frac{B}{A}$)에 대한 특정한 값과의 비교이다. (case.4)

case.4 $\frac{B}{A}$ $\left(\frac{B}{A} = \frac{B_{지수} \times B_{기준값}}{A_{지수} \times A_{기준값}}\right)$ 특정값과 비교: 기준값이 동일한 경우에만 지수를 통한 대소비교가 가능하다.

식량 가격지수의 기준값은 매년 동일하므로 지수를 통한 비교가 가능하다.

$\frac{173.8}{213.8} = \frac{170+3.8}{200+13.8}$ 〈 0.85 이므로 15% 이상 하락하였다.

답 (O)

적용문제-05 (5급 22-13)

다음 〈표〉는 '갑'국의 2017 ~ 2021년 소년 범죄와 성인 범죄 현황에 관한 자료이다. 이에 대한 〈설명〉의 정오는?

〈표〉 소년 범죄와 성인 범죄 현황

(단위: 명, %)

연도 \ 구분	소년 범죄			성인 범죄			소년 범죄자 비율
	범죄자수	범죄율	발생지수	범죄자수	범죄율	발생지수	
2017	63,145	1,172	100.0	953,064	2,245	100.0	6.2
2018	56,962	1,132	96.6	904,872	2,160	96.2	5.9
2019	61,162	1,246	106.3	920,760	2,112	94.1	( )
2020	58,255	1,249	( )	878,991	2,060	( )	6.2
2021	54,205	1,201	102.5	878,917	2,044	91.0	5.8

※ 1) 범죄는 소년 범죄와 성인 범죄로만 구분함.
2) 소년(성인) 범죄율은 소년(성인) 인구 10만 명당 소년(성인) 범죄자수를 의미함.
3) 소년(성인) 범죄 발생지수는 2017년 소년(성인) 범죄율을 100.0으로 할 때, 해당 연도 소년(성인) 범죄율의 상대적인 값임.
4) $\text{소년 범죄자 비율(\%)} = \left(\frac{\text{소년 범죄자수}}{\text{소년 범죄자수} + \text{성인 범죄자수}}\right) \times 100$

설명

1. 소년 범죄 발생지수와 성인 범죄 발생지수 모두 2021년이 2020년보다 작다.

(O, X)

2. 소년 범죄율이 2017년 대비 6.0% 이상 증가한 연도의 소년 범죄자 비율은 6.0% 이상이다.

(O, X)

자료(체크리스트)

① 기준값은 무엇인가?

② 기준값이 동일한 방향은?

설명

▸ 목적 파트는?

▸ 정보 파트는?

▸ 정오 파트는?

간단 퀴즈

Q 소년 범죄자 비율의 부분과 전체는 무엇일까?

A 부분: [소년,성인],
전체: [소년+전체]

관점 적용하기

체크리스트: 발생지수 → 기준값은 2017년 각각의 범죄율. 따라서, 해당값 = 각 연도의 범죄율

1. (O) 발생 지수(A)에 대해서 물어본다.
주어진 자료에는 발생 지수는 존재하지 않지만, 발생지수는 해당값인 범죄율과 비례하므로, (지수 ∝ 해당값) 범죄율을 확인하여 지수의 비교가 가능하다. 소년과 성인 모두 범죄율은 2021년이 2020년보다 작다.

2. (O) 기준값인 2017년 대비 범죄율이 6% 증가했다면, 범죄지수는 106보다 커야 한다.
따라서, 2019년과 2020년을 확인해야 한다. (2020년은 2019년보다 범죄율이 높으므로 범죄지수도 높다.)
2019년의 범죄자 비율 = $\frac{61162}{61162+920760}$ 〉 6%이고, 2020년의 범죄자비율이 6.0 % 이상이므로, 소년범죄율이 6% 이상 증가한 연도의 소년범죄자 비율은 6% 이상이다.

답 (O, O)

적용문제-06 (제작 문제)

다음 〈표〉는 A와 B국의 연도별 최저임금 지수에 대한 자료이다. 이에 대한 〈설명〉의 정오는?

〈표〉 연도별 최저임금 지수

국가 / 연도	A국	B국
2014	100	100
2015	105	108
2016	110	116
2017	115	120
2018	120	120
2019	130	125

※ 1) 최저임금 지수 = $\frac{\text{당해연도 해당국가의 최저임금}}{\text{2014년 해당국가의 최저임금}}$

2) 2014년 A국의 최저임금은 B국 보다 100원 많음.

설명

1. A국과 B국의 최저임금의 차이는 2016년이 2015년보다 크다. (O, X)

2. 2018년 A국과 B국의 최저임금 차이는 120원이다. (O, X)

자료(체크리스트)

① 기준값은 무엇인가?

② 기준값이 동일한 방향은?

설명

▸ 목적 파트는?

▸ 정보 파트는?

▸ 정오 파트는?

간단 퀴즈

Q 2019년의 A국과 B국의 차이값은 125원 이상일까?

A 그렇다.

관점 적용하기

체크리스트: 최저임금 지수 → 기준값은 무엇인가? → 각국의 2014년 최저임금이다.

1. (X) 최저임금 차이(A-B)에 대한 대소 비교이다. (case.2)
   case.2 A±B (A±B = (A지수 × A기준값) ± (B지수 × B기준값)) 해당값의 비교:
   기준값이 동일한 경우에만 지수를 통한 대소비교가 가능하다.
   기준값이 동일하지 않으므로 대소비교를 할 수 없다.

2. (O) 최저임금 차이(A-B)에 대한 특정한 값과의 비교이다. (case.2)
   case.2 A±B (A±B = (A지수 × A기준값) ± (B지수 × B기준값)) 특정값과 비교:
   해당값 또는 기준값에 대한 정보가 필요하다.
   이 경우는 A국과 B국의 지수의 증가율이 동일한 특별한 경우이다.
   A국과 B국의 최저임금의 차이가 100이라면 A-B = 100원이다.
   2018년의 지수는 120이므로 A국과 B국의 최저임금이 모두 20% 증가하였다.
   따라서 1.2×A - 1.2×B = 1.2×(A-B) = 120원이다.

답 (X, O)

적용문제-07 (민 17-20)

다음 〈표〉와 〈그림〉은 2009 ~ 2012년 도시폐기물량 상위 10개국의 도시폐기물량지수와 한국의 도시폐기물량을 나타낸 것이다. 이에 대한 〈설명〉의 정오는?

〈표〉 도시폐기물량 상위 10개국의 도시폐기물량지수

순위	2009년		2010년		2011년		2012년	
	국가	지수	국가	지수	국가	지수	국가	지수
1	미국	12.05	미국	11.94	미국	12.72	미국	12.73
2	러시아	3.40	러시아	3.60	러시아	3.87	러시아	4.51
3	독일	2.54	브라질	2.85	브라질	2.97	브라질	3.24
4	일본	2.53	독일	2.61	독일	2.81	독일	2.78
5	멕시코	1.98	일본	2.49	일본	2.54	일본	2.53
6	프랑스	1.83	멕시코	2.06	멕시코	2.30	멕시코	2.35
7	영국	1.76	프랑스	1.86	프랑스	1.96	프랑스	1.91
8	이탈리아	1.71	영국	1.75	이탈리아	1.76	터키	1.72
9	터키	1.50	이탈리아	1.73	영국	1.74	영국	1.70
10	스페인	1.33	터키	1.63	터키	1.73	이탈리아	1.40

※ 도시폐기물량지수 = $\frac{\text{해당년도 해당 국가의 도시폐기물량}}{\text{해당년도 한국의 도시폐기물량}}$

〈그림〉 한국의 도시폐기물량

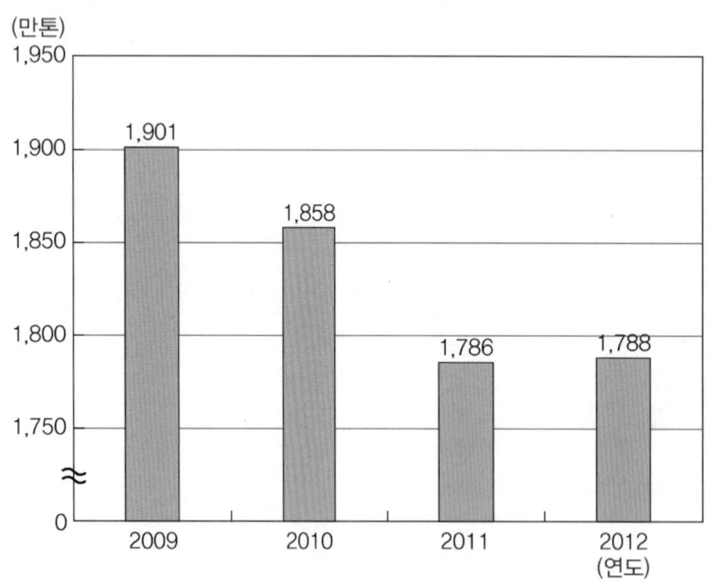

설명

1. 2011년 러시아의 도시폐기물량은 8,000만톤 이상이다. (O, X)

2. 2012년 도시폐기물량은 미국이 일본의 4배 이상이다. (O, X)

✓ 자료(체크리스트)

① 기준값은 무엇인가?

② 기준값이 동일한 방향은?

✓ 설명

▸ 목적 파트는?

▸ 정보 파트는?

▸ 정오 파트는?

관점 적용하기

체크리스트: 식량 가격지수 → 기준값은 무엇인가? → 각 연도의 한국의 도시폐기물량이다.

1. (X) 도시폐기물량(A)에 대한 특정한 값과의 비교이다. (case.1)
   case.1 A와 B (A = A지수 × A기준값) 특정값과 비교: 해당값 또는 기준값에 대한 정보가 필요하다.
   기준값 = 한국의 도시폐기물량
   2011년 러시아 = 3.87×1786 〈 8,000이므로 8,000만톤 이하이다.

2. (O) 도시폐기물량(A)에 대한 대소비교이다. (case.1)
   case.1 A와 B (A = A지수 × A기준값) 해당값의 비교
   : 기준값이 동일한 경우에만 지수를 통한 대소비교가 가능하다.
   기준값이 동일(2012년 한국의 도시폐기물량)하므로 지수를 통한 대소비교가 가능하다.
   따라서 미국(12.73)은 일본(2.53)의 4배 이상이다.

답 (X, O)

적용문제-08 (행 20-22)

다음 〈표〉는 일제강점기 8개 도시의 기간별 물가와 명목임금 비교지수에 관한 자료이다. 이에 대한 〈설명〉의 정오는?

〈표 1〉 일제강점기 8개 도시의 물가 비교지수

기간 \ 도시	경성	대구	목포	부산	신의주	원산	청진	평양
1910 ~ 1914년	1.04	0.99	0.99	0.95	0.95	1.05	1.06	0.97
1915 ~ 1919년	0.98	1.03	0.99	0.96	0.98	1.03	1.03	1.00
1920 ~ 1924년	1.03	1.01	1.01	1.03	0.96	0.99	1.05	0.92
1925 ~ 1929년	1.05	0.98	0.99	0.98	0.98	1.04	1.05	0.93
1930 ~ 1934년	1.06	0.96	0.93	0.98	1.06	1.00	1.04	0.97
1935 ~ 1939년	1.06	0.98	0.94	1.01	1.02	0.99	1.02	0.98

※ 기간별 각 도시의 물가 비교지수는 해당 기간 8개 도시 평균 물가 대비 각 도시 물가의 비율임.

〈표 2〉 일제강점기 8개 도시의 명목임금 비교지수

기간 \ 도시	경성	대구	목포	부산	신의주	원산	청진	평양
1910 ~ 1914년	0.92	0.83	0.89	0.96	1.01	1.13	1.20	1.06
1915 ~ 1919년	0.97	0.88	0.99	0.98	0.92	1.01	1.32	0.93
1920 ~ 1924년	1.13	0.93	0.97	1.05	0.79	0.96	1.32	0.85
1925 ~ 1929년	1.05	0.83	0.91	0.98	0.95	1.05	1.36	0.87
1930 ~ 1934년	1.06	0.86	0.84	0.96	0.96	1.01	1.30	1.01
1935 ~ 1939년	0.99	0.85	0.85	0.95	1.16	1.04	1.10	1.06

※ 기간별 각 도시의 명목임금 비교지수는 해당 기간 8개 도시 평균 명목임금 대비 각 도시 명목임금의 비율임.

설명

1. 경성보다 물가가 낮은 도시는 '1910 ~ 1914년' 기간에는 5곳이고 '1935 ~ 1939년' 기간에는 7곳이다.

(O, X)

2. '1910 ~ 1914년' 기간보다 '1935 ~ 1939년' 기간의 명목임금이 경성은 증가하였으나 부산은 감소하였다.

(O, X)

✔ 자료(체크리스트)

① 기준값은 무엇인가?

② 기준값이 동일한 방향은?

✔ 설명

▸ 목적 파트는?

▸ 정보 파트는?

▸ 정오 파트는?

간단 퀴즈

Q 5개와 7개를 더 쉽게 생각하는 방법은 없을까?

A 아닌 것의 개수를 확인하자.

관점 적용하기

체크리스트: 물가, 임금지수 → 기준값은 무엇인가? → 해당기간 8개도시 평균 → 따라서 기간별로 기준값이 같다.

1. (O) 물가(A)에 대한 대소 비교이다. (case.1)
   case.1 A와 B (A = A지수 × A기준값) 해당값과의 비교
   : 기준값이 동일한 경우에만 지수를 통한 대소비교가 가능하다.
   동일한 기간(기준값 동일)에 대한 비교이므로 지수를 통한 대소비교가 가능하다.
   10~14년, 경성 물가지수(1.04)보다 낮은 도시는 5개(대구, 목포, 부산, 신의주, 평양)
   35~39년, 경성 물가지수(1.06)보다 낮은 도시는 7개(대구, 목포, 부산, 신의주, 원산, 청진, 평양)

2. (X) 명목임금(A)에 대한 대소 비교이다. (case.1)
   case.1의 대소비교의 경우: 기준값이 동일한 경우에만 지수를 통한 대소비교가 가능하다.
   동일한 기준값 간의 비교가 아니다. 따라서 지수만으로는 비교할 수 없다.

답 (O, X)

적용문제-09 (행 16-30)

다음 〈표〉는 A국의 농·축·수산물 안전성 조사결과에 관한 자료이다. 이에 대한 〈설명〉의 정오는?

〈표 1〉 2014년 A국의 단계별 농·축·수산물 안전성 조사결과 (단위: 건)

단계 \ 구분	농산물		축산물		수산물	
	조사 건수	부적합 건수	조사 건수	부적합 건수	조사 건수	부적합 건수
생산단계	91,211	1,209	418,647	1,803	12,922	235
유통단계	55,094	516	22,927	106	8,988	49
총계	146,305	1,725	441,574	1,909	21,910	284

〈표 2〉 A국의 연도별 농·축·수산물 생산단계 안전성 조사결과 (단위: 건)

연도 \ 구분	농산물		축산물		수산물	
	조사 실적 지수	부적합 건수	조사 실적 지수	부적합 건수	조사 실적 지수	부적합 건수
2011	84	( )	86	( )	84	( )
2012	87	( )	92	( )	91	( )
2013	99	( )	105	( )	92	( )
2014	100	1,209	100	1,803	100	235

※ 1) 해당년도 조사실적지수 $= \frac{\text{해당년도 조사건수}}{\text{2014년 조사건수}} \times 100$

단, 조사실적지수는 소수점 첫째 자리에서 반올림한 값임.

2) 부적합건수비율(%) $= \frac{\text{부적합건수}}{\text{조사건수}} \times 100$

설명

1. 2011년 대비 2012년 생산단계 조사건수 증가량은 수산물이 농산물보다 많다.

(O, X)

2. 2012~2014년 동안 농·축·수산물 각각의 생산단계 조사건수는 전년대비 매년 증가한다.

(O, X)

3. 2013년 생산단계 안전성 조사결과에서, 농산물 부적합건수비율이 축산물 부적합건수비율의 10배라면 부적합건수는 농산물이 축산물의 2배 이상이다.

(O, X)

✓ 자료(체크리스트)

① 기준값은 무엇인가?

② 기준값이 동일한 방향은?

✓ 설명

▸ 목적 파트는?

▸ 정보 파트는?

▸ 정오 파트는?

간단 퀴즈

Q 가정형 설명은 어떻게 처리해야 할까?

A 가정을 맨 마지막에 생각한다.

관점 적용하기

체크리스트: 조사 실적 지수 → 기준값은 무엇인가? → 〈표 1〉의 2014년 조사실적건수 → 각 구분끼리 기준값이 같다.

1. (X) 증가량(A−B)에 대한 대소 비교이다. (case.2)
   case.2 A±B (A±B = (A지수 × A기준값) ± (B지수 × B기준값)) 해당값의 비교:
   기준값이 동일한 경우에만 지수를 통한 대소비교가 가능하다.
   지수만을 이용해서는 비교는 불가능하다.
   수산물 → 2012년(91×12,922), 2011년(84×12,922) → 증가량 7×12,922
   농산물 → 2012년(87×91,211), 2011년(84×91,211) → 증가량 3×91,211
   농산물의 증가량이 더 많다.
2. (X) 조사건수(A)에 대한 대소 비교이다. (case.1)
   case.1 A와 B (A = A지수 × A기준값) 해당값의 비교
   : 기준값이 동일한 경우에만 지수를 통한 대소비교가 가능하다.
   기준값이 동일한 경우의 비교이므로 지수를 이용 → 축산물은 105 → 100 감소하였다.
3. (O) 농산물이 축산물의 10배라면 $\frac{\text{농산물 부적합건수}}{\text{농산물 조사건수}} = 10 \times \frac{\text{축산물 부적합건수}}{\text{축산물 조사건수}}$
   $\rightarrow 10 = \frac{\text{축산물 조사건수}}{\text{농산물 조사건수}} \times \frac{\text{농산물 부적합건수}}{\text{축산물 부적합건수}}$
   2013년 축산물 조사건수(418,647×105)가 농산물 조사건수(91,211×99)의 5배↓이다.
   따라서 농산물 부적합건수는 축산물 부적합건수의 2배↑이어야 한다.

답 (X, X, O)

적용문제-10 (입 09-19)

다음 〈표〉는 각국의 물가지수에 대한 자료이다. 이에 대한 〈설명〉의 정오는?

〈표〉 연도별 각국의 물가지수

국가 \ 연도	2003	2004	2005	2006	2007
한국	100	100	100	100	100
일본	217	174	145	129	128
프랑스	169	149	127	127	143
터키	88	78	84	77	106
캐나다	138	124	126	114	131
멕시코	96	81	84	76	77
미국	142	118	116	106	107
체코	86	76	69	72	91
독일	168	149	128	128	139
헝가리	86	85	72	75	91
영국	171	145	127	132	141

※ 물가지수 = $\frac{\text{해당국가의 물가}}{\text{한국 물가}}$

| 설명 |

1. 2005~2006년 동안 한국과 프랑스의 물가변동률은 같다.

(O, X)

2. 2003~2007년 동안 헝가리와 영국의 물가의 변화 방향은 매년 동일하다.

(O, X)

3. 2003~2007년 동안 한국이 매년 3%의 물가상승률을 기록하였다면 2003년 대비 2007년에 한국보다 더 높은 물가상승률을 보인 나라는 3개국이다.

(O, X)

✔ 자료(체크리스트)

① 기준값은 무엇인가?

② 기준값이 동일한 방향은?

✔ 설명

▸ 목적 파트는?

▸ 정보 파트는?

▸ 정오 파트는?

간단 퀴즈

Q 한국이 매년 5%씩의 물가상승률을 기록하였다면 프랑스 물가는 2003년 대비 2007년에 증가하였는가?

A 그렇다.

관점 적용하기

외적구성: 물가지수 → 지수자료이다.
내적구성 + 추가 정보: 해당연도 한국 물가가 기준값이다.

1. (O) 물가변동률($\frac{B}{A}$)에 대한 대소 비교이다. (case.4)

   case.4 $\frac{B}{A}$ ($\frac{B}{A}=\frac{B_{지수} \times B_{기준값}}{A_{지수} \times A_{기준값}}$) 해당값의 비교: 지수를 통한 대소비교가 가능하다.
   05년 ~ 06년 동안 프랑스의 물가지수는 127로 동일하다.
   따라서 한국의 물가변동률과 프랑스의 물가변동률은 동일하다.
   (※ $\frac{B \times (1 \pm B의\ 변화율)}{A \times (1 \pm A의\ 변화율)}$의 크기가 동일하기 위해서는 A의 변화율과 B의 변화율이 같아야 함.)

2. (X) 조사건수(A)에 대한 대소 비교이다. (case.1)
   case.1 A와 B (A = A지수 × A기준값) 해당값의 비교
   : 기준값이 동일한 경우에만 지수를 통한 대소비교가 가능하다.
   동일한 연도간의 비교가 아니므로 지수를 통한 비교는 불가능하다.
   (※ 해당 국가의 물가 = 물가지수 × 한국 물가로 구성되므로
   해당 국가의 물가 변화는 물가지수뿐만 아니라 한국 물가의 변화에도 영향을 준다.)

3. (O) 물가상승률($\frac{B}{A}$)에 대한 대소 비교이다. (case.4)

   case.4 $\frac{B}{A}$ ($\frac{B}{A}=\frac{B_{지수} \times B_{기준값}}{A_{지수} \times A_{기준값}}$) 해당값의 비교: 지수를 통한 대소비교가 가능하다.
   $\frac{07년\ 물가지수}{03년\ 물가지수}$>1인 국가는 터키, 체코, 헝가리 3개국이다.
   (※ 1번처럼 물가지수가 변화하지 않았을 때, 한국의 물가상승률과 동일하다.)

답 (O, X, O)

IV

체크리스트

01 체크리스트
02 외적구성
03 내적구성
04 추가 정보
05 그림 자료
06 다중 자료

자료통역사의 통하는 자료해석

▷ **②권 풀이편** (PART Ⅲ) 체크리스트

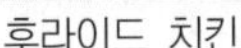

후라이드 치킨 양념 치킨

상자를 열면 담겨있는 음식이 정확히 무엇인지 알 수 있다.
정확히 담겨 있는 내용을 파악하기 위해서는 내적구성을 확인해야 한다.
내적구성에 따라 여러 가지 특성들이 존재하며
해당 특성들은 힌트로 작용하기도, 함정으로 작용하기도 한다.
따라서 해당특성들을 미리 '체크'해야 한다.

1 내적구성

Q 내적구성이란 무엇인가요?

〈표〉 '갑'국의 연도별 대졸 취업률
Q. 위 〈표〉를 보면 '갑'국의 2020년 대졸 취업률에 대해 알 수 있을까?
확정적으로 알 수 있다고 대답 할 수 없을 것이다.
외적구성은 대략적인 내용을 알려줄 뿐이고 정확히 어떤 정보를 담고 있는지 정확히 알려주지 않기 때문이다.
따라서, 우리는 내적구성도 같이 살펴봐야만 한다.
〈표〉와 〈그림〉은 각각 다른 방식을 통해 내적구성을 나타낸다.
〈표〉는 '구분'을 통해서 내적구성을 나타내고
〈그림〉은 '축'과 '범례'를 통하여 내적구성을 나타낸다.

Q 내적구성에서 체크해야 할 체크리스트는 무엇인가요?

내성구성을 통해서 체크 해야 할 것은 아래와 같다.
[표 = 구분, 그림 = 범례와 축]

1) 명사
설명과의 연결점은 명사에서 만들어 준다. 따라서 어떠한 명사들로 구성됐는지 '가볍게' 체크해야 한다.

2) 단위
데이터의 크기를 파악하기 위해서는 '단위'가 필요하다. 따라서 단위를 체크해야 한다.

3) 부분과 전체
어떠한 부분들이 모여서 전체를 구성하는지 생각해야한다. 특히, '합계'가 되는 부분이 어디인지 '체크' 해야 한다.

4) 기초 통계
평균, 중앙값, 최빈값, 편차 등 통계에 사용되는 용어들을 체크해야 한다.

5) 순위 자료
순위는 숨겨진 정보를 담고 있다. 따라서, 순위에 대해 체크해서 어떤 정보가 숨겨진 정보인지 체크해야 한다.

6) 분수 구조
내적구성에 분수 구조가 존재한다면, 구조를 파악하여 체크해야 한다.

Q 〈표〉의 내적구성의 예시를 보여주세요.

〈표〉의 내적구성은 다음과 같다.

〈표〉 국가별 인구와 1인당 GDP

구분 / 국가	GDP (백만달러)	1인당 GDP (달러)
A	11,500	18,235
B	22,354	22,153
C	66,815	11,564

① (A~C국)과 (GDP와 1인당 GDP) 정보를 제공하였다.

② A국의 1인당 GDP가 궁금하다면 A국의 가로선과 1인당 GDP에의 세로선이 만나는 18,235이다.

〈표〉에서 구분이 나타내는 것은 다음과 같다. ① 제공하는 정보의 이름 ② 단위
(※ 단위는 내적구성에 존재하기도, 제목 아래에 존재하기도 한다.)

Q 〈그림〉의 내적구성의 예시를 보여주세요.

〈그림〉의 내적구성은 다음과 같다.

〈그림〉 짜장면, 짬뽕의 가격

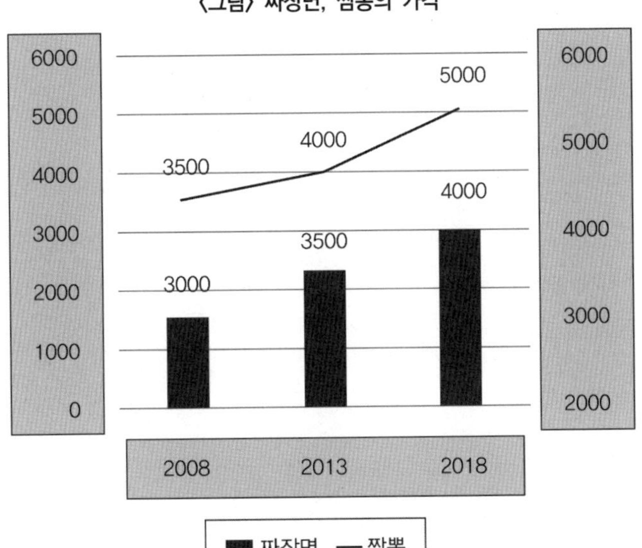

① 범례(찌징면과 꺾은선이 적힌 곳)를 통하여 짜장면과 짬뽕의 정보가 꺾은선인지, 막대인지 알려준다.

② 축을 통하여 짜장면과 짬뽕의 연도별 가격을 제공한다. 좌측 축은 짬뽕 가격, 우측 축은 짜장면 가격이다. 또, 우측 축에는 생략이 존재한다.

〈그림〉의 내적구성: 범례와 축
범례란 짜장면과 짬뽕이라고 적힌 부분을 의미하며, ① 명사를 제공한다.
(※ 범례는 데이터가 1개인 경우에 생략될 수 있으며 또한 축에 같이 적히기도 한다.)
축이란 X축과 Y축을 의미하여, ② 각 데이터의 크기를 알려준다.
단, 축에서 체크리스트는 2가지이다. (추후 그림자료에서 더욱 심도 깊게 배울 예정이다.)
1) 축의 생략 2) 1칸의 크기

적용문제-01 (5급 17-30)

다음 〈표〉는 A ~ F로만 구성된 '갑'반 학생의 일대일채팅방 참여 현황을 표시한 자료이다. 〈보기〉의 설명 중 〈표〉와 〈규칙〉에 근거했을 때, 이에 대한 〈설명〉의 정오는?

〈표〉 '갑'반의 일대일채팅방 참여 현황

학생	F	E	D	C	B
A	0	1	0	0	1
B	1	1	0	1	
C	1	0	1		
D	0	1			
E	0				

※ 학생들이 참여할 수 있는 모든 일대일채팅방의 참여 여부를 '0'과 '1'로 표시함.

| 규칙 |

- 서로 다른 두 학생이 동일한 일대일채팅방에 참여하고 있으면 '1'로, 그 이외의 경우에는 '0'으로 나타내며, 그 값을 각 학생이 속한 행 또는 열이 만나는 곳에 표시한다.
- 학생 수가 n일 때 학생들이 참여할 수 있는 모든 일대일채팅방의 개수는 $\frac{n(n-1)}{2}$ 이다.
- 일대일채팅방 밀도 = $\frac{\text{학생들이 참여하고 있는 일대일채팅방의 개수}}{\text{학생들이 참여할 수 있는 모든 일대일채팅방의 개수}}$

| 설명 |

1. 참여하고 있는 일대일채팅방의 수가 가장 많은 학생은 B이다.

(O, X)

2. '갑'반으로 전학 온 새로운 학생 G가 C, D와만 각각 일대일채팅방에 참여한다면 '갑'반의 일대일채팅방 밀도는 낮아진다.

(O, X)

자료(체크리스트)

① 내적구성의 체크리스트는?

설명

▸ 목적 파트는?

▸ 정보 파트는?

▸ 정오 파트는?

간단 퀴즈

Q 일대일채팅방의 개수를 구할 때, $\frac{n(n-1)}{2}$ 를 이용해야 할까?

A 그렇지 않다.

관점 적용하기

1. (O) 좌측 B에서 오른쪽으로 직선을 긋고, 상측 B에서 아래쪽으로 직선을 긋자.
이 선들이 지나가는 부분이 B와 다른 학생들의 채팅방 현황을 나타낸다.

학생	F	E	D	C	B (↓)
A					1
B (→)	1	1	0	1	

B는 F, E, C, A(4개)와의 일대일 채팅방에 참여 중이다. 즉, B의 채팅방 개수가 가장 많다.

2. (O) G의 전학으로 인해 추가로 생기는 방의 개수는 6개이다. (A~F와 각각 1개씩 개설)

G가 이 중 2개의 채팅방에만 참여하므로 일대일채팅방 밀도는 $\frac{y+2}{x+6}$ 이다.($\frac{y}{x}$는 기존 밀도)

기존 채팅방 밀도($\frac{8}{15}$)는 $\frac{1}{3}$보다 높다. 따라서 G가 전학오면 채팅방 밀도는 낮아진다.

(※ 플마찢기 – 소금물에 물 넣기)

답 (O, O)

적용문제-02 (5급 18-24)

다음 〈표〉는 인공지능(AI)의 동물식별 능력을 조사한 결과이다. 이에 대한 〈설명〉의 정오는?

〈표〉 AI의 동물식별 능력 조사 결과

(단위: 마리)

실제 \ AI 식별 결과	개	여우	돼지	염소	양	고양이	합계
개	457	10	32	1	0	2	502
여우	12	600	17	3	1	2	635
돼지	22	22	350	2	0	3	399
염소	4	3	3	35	1	2	48
양	0	0	1	1	76	0	78
고양이	3	6	5	2	1	87	104
전체	498	641	408	44	79	96	1,766

설명

1. 실제 여우 중 AI가 여우로 식별한 비율은 실제 돼지 중 AI가 돼지로 식별한 비율보다 낮다.
(O, X)

2. 전체 동물 중 AI가 실제와 동일하게 식별한 비율은 85% 이상이다.
(O, X)

자료(체크리스트)

① 내적구성의 체크리스트는?

설명

▸ 목적 파트는?

▸ 정보 파트는?

▸ 정오 파트는?

간단 퀴즈

Q 좌측과 상측에 구분에 동일한 단어가 있는 자료에서 중요한 포인트는 어디일까?

A 좌측과 상측의 단어가 동일한 부분

관점 적용하기

1. (X) 실제 여우 중 AI가 여우로 식별 = $\frac{실제 \cap AI \text{ 여우}}{실제여우} = \frac{600}{635}$

실제 돼지 중 AI가 돼지로 식별 = $\frac{실제 \cap AI \text{ 돼지}}{실제돼지} = \frac{350}{399}$

$\frac{600}{635} > \frac{350}{399}$이다. 따라서 옳지 않다. (※ 잘 보이지 않는다면 여집합적 사고로 생각하자.)

2. (O) AI가 각 동물들을 실제와 동일하게 식별한 비율이 85% 이상이라면 전체도 85% 이상이다.

개($\frac{457}{502}$), 여우($\frac{600}{635}$) 돼지($\frac{350}{399}$) 염소($\frac{35}{48}$), 양($\frac{76}{78}$), 고양이($\frac{87}{104}$)

이중, 염소와 고양이는 85%가 되지 않을 것으로 보인다.
'계산이 아닌 가공'으로 접근하여 여우의 분자값을 염소와 고양이에게 나누어준다고 생각하자.
여우의 분자에서 50 정도 감소해도 85% 이상이다. 이를 염소와 고양이에게 나누어주자.
가공을 통해 모든 동물을 85% 이상으로 만들 수 있다. 따라서 전체도 85% 이상이다.
(※ 85%가 어렵다면 여집합으로 생각하자.)

답 (X, O)

적용문제-03 (민 17-16)

다음 〈표〉는 5개 팀으로 구성된 '갑'국 프로야구 리그의 2016 시즌 팀별 상대전적을 시즌 종료 후 종합한 것이다. 이에 대한 〈설명〉의 정오는?

〈표〉 2016 시즌 팀별 상대전적

팀 \ 상대팀	A	B	C	D	E
A	-	(가)	(　)	(　)	(　)
B	6-10-0	-	(　)	(　)	(　)
C	7-9-0	8-8-0	-	8-8-0	(　)
D	6-9-1	8-8-0	8-8-0	-	(　)
E	4-12-0	8-8-0	6-10-0	10-6-0	-

※ 1) 표 안의 수는 승리-패배-무승부의 순으로 표시됨.
ex), B팀의 A팀에 대한 전적(6-10-0)은 6승 10패 0무임.

2) 팀의 시즌 승률(%) = $\frac{\text{해당 팀의 시즌 승리 경기수}}{\text{해당 팀의 시즌 경기수}} \times 100$

설명

1. (가)에 들어갈 내용은 10-6-0이다. (O, X)

2. B팀의 시즌 승률은 50% 이하이다. (O, X)

3. 시즌 전체 경기 결과 중 무승부는 1경기이다. (O, X)

자료(체크리스트)

① 내적구성의 체크리스트는?

설명

▸ 목적 파트는?

▸ 정보 파트는?

▸ 정오 파트는?

간단 퀴즈

Q 전체 경기 수와 팀 전적의 합은 어떠한 관계를 이루는가?

A 2배 관계이다.

관점 적용하기

A팀이 B팀에 승리 = B팀은 A팀에 패배
A팀과 B팀 무승부 = B팀과 A팀 무승부
대각선(↘)을 기준으로 승리수와 패배수의 위치가 바뀐다. 무승부는 그대로이다.

1. (O) (가)의 경우 팀B: 상대팀 A의 승리수와 패배수의 위치가 바뀐 형태이므로 10-6-0이다.
2. (O) B팀과 A팀과의 경기 결과는 6승 10패로 승률은 50% 이하이다.
   B가 상대팀인 경우에 대한 결과는 팀(C, D, E)와 모두 8승 8패로 승률이 50%이다.
   50%와 50% 이하가 만났다. 따라서 전체 승률은 50% 이하이다. (※ 소금에 물 넣기)
3. (O) 대각선(↘)을 기준으로 좌하향에 있는 값 중, 무승부를 기록한 값은 오직 팀 D: 상대팀 A 1경기뿐이다.

답 (O, O, O)

적용문제-04 (입 12-06)

〈그림〉은 1986년, 1993년, 2000년, 2007년에 전 세계에 설치된 컴퓨팅 기기의 연도별 정보처리능력용량을 그래프로 나타낸 것이며, 〈표〉는 각 조사년도의 컴퓨팅기기별 정보처리능력용량의 비율을 나타낸 것이다. 이에 대한 〈설명〉의 정오는?

〈그림〉 컴퓨팅기기의 연도별 정보처리능력용량

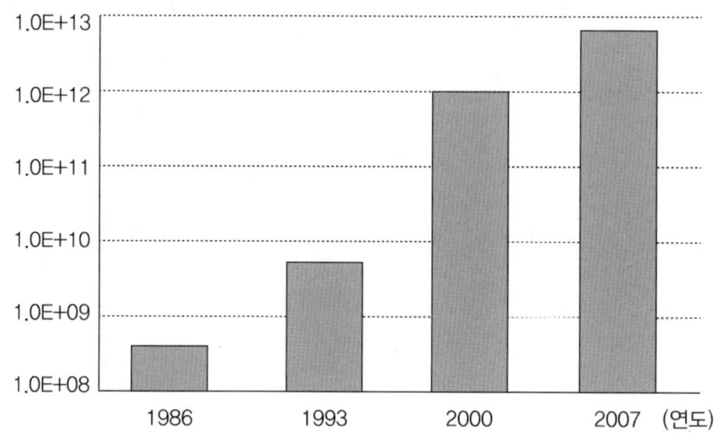

※ 1.0E+n은 1.0×10n을 나타냄.

설명
1. 993년과 2000년의 컴퓨팅기기 정보처리능력용량의 합은 2007년보다 크다. (O, X)
2. 컴퓨팅기기의 2000년 정보처리능력용량은 1993년의 100배 이상이다. (O, X)

자료(체크리스트)

① 내적구성의 체크리스트는?

설명

▸ 목적 파트는?

▸ 정보 파트는?

▸ 정오 파트는?

간단 퀴즈

Q 왜 로그스케일을 사용했을까?

A 함정을 파기 위해서

관점 적용하기

정보처리능력용량 축을 확인하면 축에 생략이 존재하며, 1칸 당 10배씩 증가한다.

1. (X) 1칸당 10배씩 증가하므로 2007년의 크기가 1993년과 2000년의 합보다 크다.
2. (O) 1칸 당 10배 증가하는데 2000년과 1993년은 2칸이 차이난다. 따라서 100배 이상 차이난다.

답 (X, O)

적용문제-05 (입 08-32)

다음 〈그림〉은 1980년부터 2005년까지 우리나라 연도별 1인당 연간 쌀 및 밀가루 소비량의 시계열 자료이다. 이에 대한 〈설명〉의 정오는?

〈그림〉 연도별 1인당 연간 쌀 및 밀가루 소비(1980년~2005년)

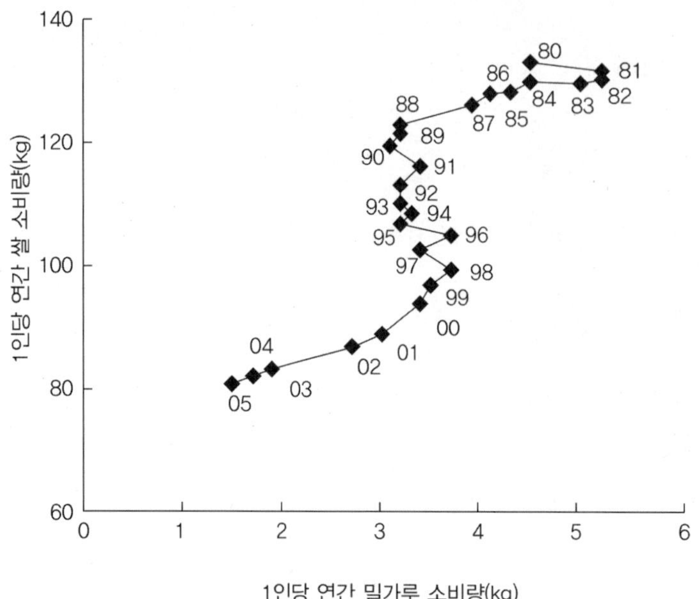

설명

1. 1980년~2005년 기간의 1인당 연간 밀가루 소비와 쌀 소비의 감소량은 유사하다.

(O, X)

자료(체크리스트)

① 내적구성의 체크리스트는?

설명

▸ 목적 파트는?

▸ 정보 파트는?

▸ 정오 파트는?

간단 퀴즈

Q 정확한 값을 읽을 필요가 있을까?

A 없다.

관점 적용하기

y축은 1인당 쌀 소비량으로 1칸 당 20kg을 의미한다. 그리고 축에 생략구간이 있다.
x축은 1인당 밀가루 소비량으로 1칸 당 1kg을 의미한다.

1. (X) 80년에서 05년에 이르기까지 x값과 y값은 약 3칸씩 줄어들었다.
그러나 쌀의 1칸 크기는 밀가루 1칸 크기의 20배이다.
따라서 감소량은 유사하지 않다.

답 (X)

적용문제-06 (입 08-34)

다음 〈그림〉은 1991년부터 2004년 동안 어느 도시의 전년대비 아황산가스(SO_2)와 질소산화물(NO_x)의 농도증가율을 나타낸 것이다. 이에 대한 〈설명〉의 정오는?

〈그림〉 전년대비 아황산가스(SO2)와 질소산화물(NOx) 농도증가율(%)

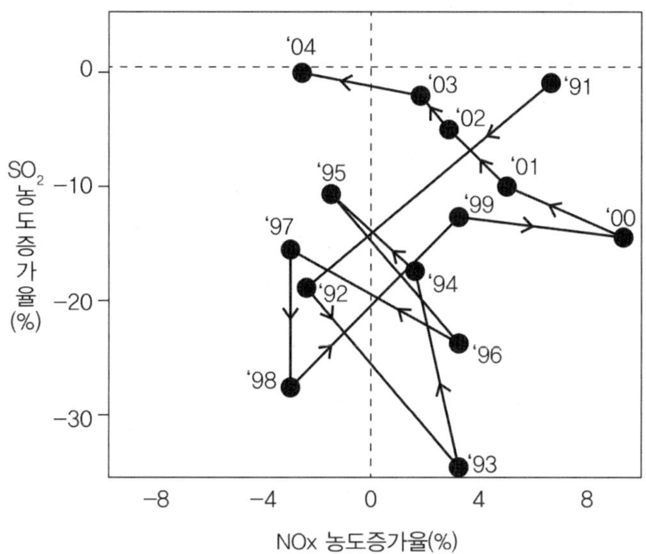

※농도 증가율(%) = $\frac{\text{해당년도 농도} - \text{전년도 농도}}{\text{전년도 농고}} \times 100$

설명

1. SO_2 농도는 조사기간 동안 지속적으로 감소하였다.

(O, X)

2. NOx 농도는 증감을 반복하다가 2000년 이후부터는 지속적으로 감소하는 추세를 보였다.

(O, X)

자료(체크리스트)

① 내적구성의 체크리스트는?

설명

▸ 목적 파트는?

▸ 정보 파트는?

▸ 정오 파트는?

간단 퀴즈

Q SO_2의 전년대비 감소 폭은 00년과 01년 중 어느 것이 더 클까?

A 00년

관점 적용하기

고정값이 없으므로, 고정값을 만들어야 한다. 따라서, 계산의 2단계를 통해서 고정값을 만들어 생각하자.

1. (O) SO_2농도의 경우, 매년 증가율이 0보다 작다. 따라서 매년 감소하였다.
2. (X) NOx농도의 경우, 2000년 이후의 증가율이 지속적으로 추세이다.
   하지만, 2001년~2003년 증가율의 값이 양수이므로, NOx농도가 감소한 것은 아니다.

답 (O, X)

2 단위

Q 단위가 무엇인가요?

단위란, 숫자의 크기를 편하게 보기 위해서 만들어진 개념이다.
예를들어 길의 단위의 경우 기본이 되는 단위가 m이다.
만약 m을 제외한 단위가 없다면,
우리는 매우 짧은 길이를 표기할 때는 소수점 아래로 매우 많은 0이 존재하게 된다.
매우 짧은 길이의 예시: 0.00000035m
반면에 매우 긴 길이를 표기할 때는 숫자의 크기가 매우매우 커지게 될 것이다.
매우 긴 길이의 예시: 52000000m
그러나, 이런 형태는 우리가 쉽게 인식 할 수 없는 단위이다.
따라서, 인간이 보기 편하게 만들기 위해서 단위라는 것이 생겨났다.
하지만, 안타깝게도, 하나의 국가에서만 해당 단위를 만든 것이 아니기에,
각각의 단위의 기본이 다를 수 있고, 그에 따라 단위의 환산이 필요한 경우도 발생한다.

Q 단위에서의 체크리스트는 무엇인가요?

단위가 필수적으로 이용되는 경우는 설명에서 고정값과 비교하는 경우이다.
따라서, 설명의 목적에 고정값이 존재한다면 비교라면 단위를 꼭! 확인 해야 한다.

또한, 각 구분별로 단위가 다르다면 함정으로 사용 될 수 있다.
따라서, 구분별로 단위가 다를때는 꼭 체크를 해야 한다.

Q 단위에서 주의해야 할 것은 없나요?

다음의 〈표〉를 보고 아래의 Q를 풀어보자.

〈표〉 방탈출 카페의 등급별 평균 탈출 시간

LV.3	LV.5	LV.7
1.3시간	2.3시간	2.5시간

Q. 레벨 5와 레벨7의 평균 탈출 시간의 차이는 20분이다.

혹시라도 2.5-2.3 = 0.2이므로 20분이라고 생각했다면, 단위환산을 생각하지 않은 것이다.
1시간 = 60분이므로, 0.2시간 = 12분이다.

이렇듯, 10진법을 기준으로 단위의 환산이 안되는 경우에는 꼭, 단위환산에 더욱 신경써야 한다.

적용문제-01 (5급 18-35)

다음 〈표〉는 '갑'패스트푸드점의 메인 · 스낵 · 음료 메뉴의 영양성분에 관한 자료이다. 이에 대한 〈설명〉의 정오는?

〈표〉 메인 메뉴 단위당 영양성분표

구분 / 메뉴	중량 (g)	열량 (kcal)	성분함량			
			당 (g)	단백질 (g)	포화지방 (g)	나트륨 (mg)
치즈버거	114	297	7	15	7	758
햄버거	100	248	6	13	5	548
새우버거	197	395	9	15	5	882
치킨버거	163	374	6	15	5	719
불고기버거	155	399	13	16	2	760
칠리버거	228	443	7	22	5	972
베이컨버거	242	513	15	26	13	1,197
스페셜버거	213	505	8	26	12	1,059

설명

1. 모든 메인 메뉴는 나트륨 함량이 당 함량의 50배 이상이다. (O, X)

자료(체크리스트)

① 단위를 확인했는가?

설명

▸ 목적 파트는?

▸ 정보 파트는?

▸ 정오 파트는?

간단 퀴즈

Q 일반적인 음식에는 설탕과 소금 중에 무엇이 더 많이 들어갈까?

A 설탕

관점 적용하기

1. (X) 목적: 나트륨과 당을 비교
   그러나, 나트륨과 당의 단위가 다르다. 나트륨의 단위 = mg, 당의 단위 = g
   1g = 1,000mg이므로, 모든 메인메뉴는 당이 나트륨보다 많다.
   따라서, 나트륨이 당의 50배 이상일 수가 없다.

답 (X)

적용문제-02 (5급 17-02)

다음 〈표〉는 미국이 환율조작국을 지정하기 위해 만든 요건별 판단기준과 '가' ~ '카'국의 2015년 자료이다. 이에 대한 〈설명〉의 정오는?

〈표 1〉 요건별 판단기준

	A	B	C
요건	현저한 대미무역수지 흑자	상당한 경상수지 흑자	지속적 환율시장 개입
판단기준	대미무역수지 200억 달러 초과	GDP 대비 경상수지 비중 3% 초과	GDP 대비 외화자산 순매수액 비중 2% 초과

※ 1) 요건 중 세 가지를 모두 충족하면 환율조작국으로 지정됨.
 2) 요건 중 두 가지만을 충족하면 관찰대상국으로 지정됨.

〈표 2〉 환율조작국 지정 관련 자료(2015년)

(단위: 10억 달러, %)

항목 / 국가	대미무역수지	GDP 대비 경상수지 비중	GDP 대비 외화자산 순매수액 비중
가	365.7	3.1	-3.9
나	74.2	8.5	0.0
다	68.6	3.3	2.1
라	58.4	-2.8	-1.8
마	28.3	7.7	0.2
바	27.8	2.2	1.1
사	23.2	-1.1	1.8
아	17.6	-0.2	0.2
자	14.9	-3.3	0.0
차	14.9	14.6	2.4
카	-4.3	-3.3	0.1

설명

1. '나'국은 A요건과 B요건을 충족한다.

(O, X)

2. A요건의 판단기준을 '대미무역수지 200억 달러 초과'에서 '대미무역수지 150억 달러 초과'로 변경하여도 관찰대상국 및 환율조작국으로 지정되는 국가들은 동일하다.

(O, X)

자료(체크리스트)

① 단위를 확인했는가?

설명

▸ 목적 파트는?

▸ 정보 파트는?

▸ 정오 파트는?

관점 적용하기

〈표 1〉의 요건과 〈표 2〉의 항목은 순서가 일치한다.
A=대미무역수지 B=GDP 대비 경상수지 비중 C=GDP대비 외화자산 순매수액 비중
A는 200억 달러 초과이므로, 〈표 2〉의 대미무역수지값은 20(10억 달러)를 넘어가야 한다.
B는 3% 초과이므로, 〈표 2〉의 GDP 대비 경상수지 비중은 3(%)를 넘어가야한다.
C는 2% 초과이므로, 〈표 2〉의 GDP대비 외화자산 순매수액 비중은 2(%)를 넘어가야 한다.

1. (O) '나'국은 20과 3%를 초과한다.
2. (O) A요건이 200억 달러에서 150억 달러로 변경된다면,
〈표 2〉의 대미무역수지값은 20(10억 달러) 초과에서 15(10억 달러) 초과로 변경된다.
15보다 크고 20보다 작은 값은 오직 '아'국 뿐이므로, '아'국만 추가적으로 확인하면된 다.
'아'국은 B요건과 C요건을 넘기지 못하므로, 관찰대상국 및 환율조작국으로 지정되는 국가는 동일하다.

답 (O, O)

⁘ 적용문제-03 (7급 모-23)

다음 〈그림〉은 '갑'국의 2003～2019년 교통사고 현황에 관한 자료이다. 이를 근거로 2003년 인구와 2019년 인구 1만 명당 교통사고 건수를 바르게 나열한 것은?

〈그림 1〉 교통사고 건수 및 교통사고 사망자 수

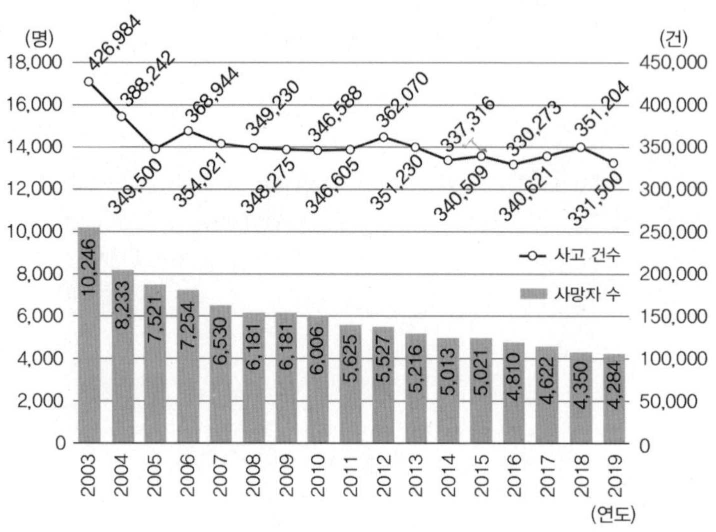

〈그림 2〉 인구 10만 명당 교통사고 사망자 수

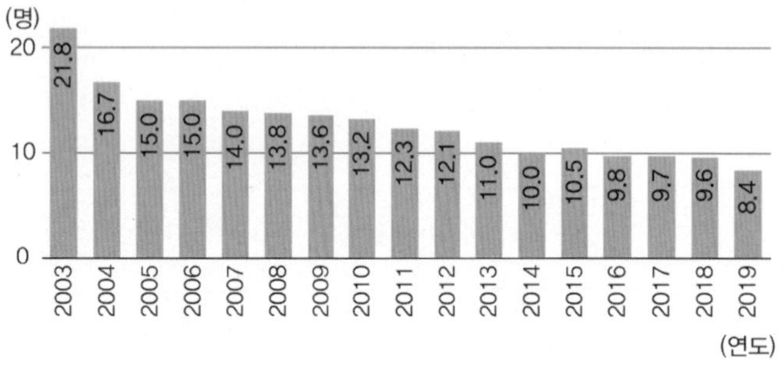

	2003년 인구(백만 명)	2019년 인구 1만 명당 교통사고 건수(건)
①	44	65
②	44	650
③	47	65
④	47	650
⑤	49	65

✓ 자료(체크리스트)

① 단위를 확인했는가?

✓ 설명

▸ 목적 파트는?

▸ 정보 파트는?

▸ 정오 파트는?

간단 퀴즈

Q 인구 10만 명당과 같은 분수식은 왜 사용 하는 것일까?

A 너무 작거나 크면 인식이 어렵기 때문

관점 적용하기

1) 2013년 인구 구하기

$$인구 = \frac{교통사고\ 사망자}{인구당\ 교통사고\ 사망자}$$

$$(※\ 인구당\ 교통사고\ 사망자 = \frac{교통사고\ 사망자}{인구})$$

$2003년 = \frac{10,246}{21.8}$ = 470이다. 단위로 인하여 변화하는 것은 0의 개수뿐이므로 인구는 47백 만명이다.

2) 2019년 인구 1만 명당 교통사고 건수 구하기

인구 1만 명당과 인구 10만 명당을 동일한 단위로 맞춰주자.
2019년 인구 10만 명당 교통사고 사망자 수가 8.4라면 인구 1만 명당은 0.84가 된다.
분모값이 동일한 형태가 되었으므로 비중처럼 취급할 수 있다.
(※ 비중처럼 취급한다는 것은, 비중(분수) ∝ 해당값(분자)의 아이디어를 사용 할 수 있다는 것이다.)
분자의 관계를 보면 사망자수(4,284)와 사고건수(331,500)는 100배 이하 차이가 난다.
그렇기에 분수의 관계도 인구 1만 명당 교통사고 건수는 0.84×100↓이다.
선지에 의하면 0.84×100↓ 인 것은 65뿐이다. 따라서 답은 ③번이다.

답 ③

적용문제-04 (5급 15-02)

다음 〈표〉는 18세기 부여 지역의 토지 소유 및 벼 추수 기록을 나타낸 자료이다. 이에 대한 〈설명〉의 정오는?

〈표〉 18세기 부여 지역의 토지 소유 및 벼 추수 기록

위치	소유주	작인	면적(두락)	계약량		수취량	
도장동	송득매	주서방	8	4석		4석	
도장동	자근노음	검금	7	4석		4석	
불근보	이풍덕	막산	5	2석	5두	1석	3두
소삼	이풍덕	동이	12	7석	10두	6석	
율포	송치선	주적	7	4석		1석	10두
부야	홍서방	주적	6	3석	5두	2석	10두
잠방평	쾌득	명이	7	4석		2석	1두
석을고지	양서방	수양	10	7석		4석	10두
계			62	36석	5두	26석	4두

※ 작인: 실제로 토지를 경작한 사람

설명

1. '석'을 '두'로 환산하면 1석은 15두이다.

(O, X)

자료(체크리스트)

① 단위를 확인했는가?

설명

▸ 목적 파트는?

▸ 정보 파트는?

▸ 정오 파트는?

관점 적용하기

1. (O) 석을 두로 단위 환산을 하기 위해서 계약량 또는 수취량의 합을 구해보자.
   계약량의 석: 4+4+2+7+4+3+4+7 = 35석, 합계를 보면 36석이다.
   계약량의 두: 5+10+5 = 20두, 합계를 보면 5두이다.
   따라서, 15두 = 1석이다.

답 (O)

적용문제-05 (5급 15-17)

다음 〈표〉는 조선시대 화포인 총통의 종류별 제원에 관한 자료이다. 이에 대한 〈설명〉의 정오는?

〈표〉 조선시대 총통의 종류별 제원

제원 \ 종류		천자총통	지자총통	현자총통	황자총통
전체길이(cm)		129.0	89.5	79.0	50.4
약통길이(cm)		35.0	25.1	20.3	13.5
구경	내경(cm)	17.6	10.5	7.5	4.0
	외경(cm)	22.5	15.5	13.2	9.4
사정거리		900보 ( )	800보 (1.01 km)	800보 (1.01 km)	1,100보 (1.39 km)
사용되는 화약무게		30냥 (1,125 g)	22냥 (825 g)	16냥 (600 g)	12냥 (450 g)
총통무게		452근 8냥 (271.5 kg)	155근 (93.0 kg)	89근 (53.4 kg)	36근 ( )
제조년도		1555	1557	1596	1587

설명

1. 황자총통의 총통무게는 21.0 kg 이하이다. (O, X)

2. 천자총통의 사정거리는 1.10 km 이상이다. (O, X)

자료(체크리스트)

① 단위를 확인했는가?

설명

▸ 목적 파트는?

▸ 정보 파트는?

▸ 정오 파트는?

간단 퀴즈

Q 1근의 무게는 얼마일까?

A 600g

관점 적용하기

1. (X) 황자총통의 무게 = 36근이다. 설명에서는 kg 단위를 물어봤으므로, 단위환산이 필요하다.
   지자총통의 무게 = 155근(93kg)이다.
   숫자를 찢어서 생각해보면, 앞에 숫자 15와 5도 3의 배수 9와 3도 3의 배수이다.
   (150+5)근 = (90+3)kg 따라서, 5근 = 3kg 이므로, 1근 = 600g이다.
   즉, 36근 = 21.6kg이므로, 21.0kg 이상이다.
2. (O) 천자총통의 사정거리 = 900보이다. 설명에서는 km 단위를 물어봤으므로, 단위환산이 필요하다.
   지차총통 = 800보(1.01km) 이므로, 100보 ≒ 0.125km이다.
   따라서, 천자총통의 사거리 = 0.125×9 = 1.125이므로, 1.1km 이상이다.

답 (X, O)

3 시계열

Q 시계열이란 무엇인가요?

시계열 자료는 다음과 같이 시간의 흐름에 따라 변화되는 정보를 나타내는 자료를 의미한다.

〈표〉 '갑'국 연도별 대졸 취업자

2018년	2019년	2020년
73,309	76,789	74,581

따라서, 시간의 흐름이 관련된 형태의 설명들이 등장한다.

Q 시계열 자료에서 나오는 설명들은 무엇이 있나요?

시계열 자료에 등장하는 대표적인 설명의 유형은 시간의 흐름에 관한 것이다.
따라서 1) 폭폭폭, 2) 율율율, 3) 폭과율, 4) 증감방향 등에 대한 것이 있다.

주요 설명 유형	설명별 관점
1) 폭폭폭	폭폭폭 구하기: 현재값 - 과거값
2) 율율율	정의: $\frac{\text{폭폭폭}}{\text{과거값}}$ = 배수비교법: 증가율 = $\frac{\text{현재값}}{\text{과거값}}$ 감소율: $\frac{\text{과거값}}{\text{현재값}}$ (※ 변화/증감율에서는 사용 할 수 없다.) 크기비교법: 율율율 = (1±증감율)
3) 폭과율	과거값 구하기: $\frac{\text{현재값}}{1\pm\text{율율율}}$ 폭폭폭 구하기: $\frac{\text{율율율}}{1\pm\text{율율율}}$ ×현재값 or 현재값-과거값
4) 연도별 증감	반례를 찾자.

Q 시계열의 체크리스트와 함정에는 무엇이 있나요?

일반적인 시계열 자료에서의 시간의 흐름은 정순(오름차순)이며, 연속적인 형태를 가지고 있다.
그러나 역순과 불연속이라는 요소를 만들어 함정을 만드는 경우가 있다.

함정적 요소	
1) 역순 시계열	시계열이 오름차순이 아닌 내림차순의 형태를 띈 경우
2) 불연속 시계열	시간의 흐름이 연속적이지 않고 불연속적인 경우

시계열의 정순 방향

정순	2009년	2010년	2011년
2009년	( )	( )	( )
2010년	( )	( )	( )
2011년	( )	( )	( )

시계열의 역순 방향

역순	2015년	2014년	2013년
2015년	( )	( )	( )
2014년	( )	( )	( )
2013년	( )	( )	( )

따라서, 시계열 자료를 본다면 2가지를 꼭 체크해야만 한다.

시계열의 체크리스트	
1) 시계열의 순서	2) 불연속 여부

적용문제-01 (5급 13-22)

다음 〈표〉는 2003 ~ 2009년 주요 국가의 연도별 이산화탄소 배출량을 나타낸 자료이다. 이에 대한 〈설명〉의 정오는?

〈표〉 주요 국가의 연도별 이산화탄소 배출량

(단위: 백만 TC)

국가 \ 연도	2003	2004	2005	2006	2007	2008	2009
중국	2,244.1	3,022.1	3,077.2	5,103.1	6,071.8	6,549.0	6,877.2
미국	4,868.7	5,138.7	5,698.1	5,771.7	5,762.7	5,586.8	5,195.0
인도	582.3	776.6	972.5	1,160.4	1,357.2	1,431.3	1,585.8
러시아	2,178.8	1,574.5	1,505.5	1,516.2	1,578.5	1,593.4	1,532.6
일본	1,064.4	1,147.9	1,184.0	1,220.7	1,242.3	1,152.6	1,092.9
독일	950.4	869.4	827.1	811.8	800.1	804.1	750.2
이란	179.6	252.3	316.7	426.8	500.8	522.7	533.2
캐나다	432.3	465.2	532.8	558.8	568.0	551.1	520.7
한국	229.3	358.6	437.7	467.9	490.3	501.7	515.5
영국	549.3	516.6	523.8	533.1	521.5	512.1	465.8
전세계	20,966.3	21,791.6	23,492.9	27,188.3	29,047.9	29,454.0	28,999.4

※ 1) 주요 국가는 2009년 이산화탄소 배출량 상위 10개국을 의미함.
2) TC(탄소톤)는 이산화탄소 배출량 측정단위임.

설명

1. 전세계 이산화탄소 배출량은 매년 증가하였다.
(O, X)

2. 2003년 대비 2009년 한국 이산화탄소 배출량의 증가율은 100% 이상이다.
(O, X)

3. 2009년 이산화탄소 배출량이 가장 많은 국가는 중국이며, 2009년 중국의 이산화탄소 배출량은 전세계 이산화탄소 배출량의 20% 이상이다.
(O, X)

✓ 자료(체크리스트)

① 시계열의 구성은 어떻게 되는가?
□ 정순 □ 역순 □ 연속 □ 불연속

✓ 설명

▸ 목적 파트는?

▸ 정보 파트는?

▸ 정오 파트는?

간단 퀴즈

Q 2008년의 이산화탄소 배출량은 중국이 가장 많은가?

A 알 수 없다.

관점 적용하기

1. (X) 2009년(28,999.4)는 2008년(29,454.0)에 비해 감소하였다.
2. (O) 증가율의 크기확인법($\frac{현재}{과거}$=1±증감률)에 따르면 $\frac{515.5}{229.3}>2$ 이다. 따라서 100% 이상 증가하였다.
3. (O) 이 자료는 2009년을 기준으로 상위 10개국의 현황을 보여준다. 2009년 중국 배출량이 가장 많다. $\frac{6,877.2}{28,999.4}$>20%이다. 따라서 중국은 전세계 20% 이상 차지한다.

답 (X, O, O)

적용문제-02 (5급 13-10)

다음 〈표〉는 A무역회사 해외지사의 수출 상담실적에 관한 자료이다. 이에 대한 〈설명〉의 정오는?

〈표〉 A무역회사 해외지사의 수출 상담실적

(단위: 건, %)

해외지사 \ 연도	2008	2009	2010	2011년 1~11월	
					전년동기 대비증감률
칠레	352	284	472	644	60.4
싱가포르	136	196	319	742	154.1
독일	650	458	724	810	22.4
태국	3,630	1,995	1,526	2,520	80.0
미국	307	120	273	1,567	526.8
인도	0	2,333	3,530	1,636	-49.4
영국	8	237	786	12,308	1,794.1
합계	5,083	5,623	7,630	20,227	197.3

설명

1. 2009~2011년 동안 A무역회사 해외지사의 수출 상담실적 건수 합계는 매년 증가하였다.

(O, X)

2. 2010년 12월 태국지사 수출 상담실적은 100건 이상이다.

(O, X)

3. 2011년 12월 칠레지사 수출 상담실적이 256건이라면 2011년 연간 칠레지사 수출 상담실적 건수는 전년대비 100% 이상 증가한다.

(O, X)

✓ 자료(체크리스트)

① 시계열의 구성은 어떻게 되는가?
□ 정순 □ 역순 □ 연속 □ 불연속

✓ 설명

▸ 목적 파트는?

▸ 정보 파트는?

▸ 정오 파트는?

간단 퀴즈

Q 선지 3번을 가중평균을 이용해서 풀어낼 수 있을까?

A 있다. 그러나 유용하진 않다.

관점 적용하기

1. (O) 11년의 경우 12월 합산하지 않았음에도 11년보다 실적이 많다. 따라서 매년 증가하였다.
2. (O) 10년 12월의 상담실적이 100건 이상이라면 10년 1~11월의 상담실적은 1,426건↓이여야 한다.
   증가율의 크기 확인법($\frac{현재}{과거}=1\pm증감율$)에 의하여, $\frac{2,520}{1,426\downarrow}=1.8$
   10년 12월 상담실적이 100건 이상이라면 $\frac{2,520}{1,426}<1.8$을 만족해야 한다.(※ 분모↓ → 분수↑)
   $\frac{1,800+720}{1,000+426}$ 〈 1.8을 만족하므로 10년 12월 상담실적은 100건 이상이다.
   (※ 재미난 숫자 놀음 16×16 = 256 이므로 252 = (256−4) = (162−22) = 18×14)
3. (X) 11년 12월의 칠레가 256건이라면 11년 칠레는 644+256 = 900건이다.
   증가율 크기확인법($\frac{현재}{과거}=1\pm증감률$)에 의하여, $\frac{900}{472}$ 〈 2 이므로 100% 이하 증가하였다.

답 (O, O, X)

적용문제-03 (민 16-20)

다음 〈표〉는 2009 ~ 2012년 A 추모공원의 신규 안치건수 및 매출액 현황을 나타낸 자료이다. 이에 대한 〈설명〉의 정오는?

〈표〉 A 추모공원의 신규 안치건수 및 매출액 현황 (단위: 건, 만원)

안치유형 \ 구분		신규 안치건수		매출액	
		2009 ~ 2011년	2012년	2009 ~ 2011년	2012년
개인단	관내	719	606	291,500	289,000
	관외	176	132	160,000	128,500
부부단	관내	632	557	323,900	330,000
	관외	221	134	291,800	171,000
계		1,748	1,429	1,067,200	918,500

설명

1. 2012년 개인단의 신규 안치건수는 2009 ~ 2012년 개인단 신규 안치건수 합의 50% 이하이다.

(O, X)

2. 2012년 부부단 관내와 부부단 관외의 매출액이 2011년에 비해 각각 50%가 증가한 것이라면 2009 ~ 2010년 매출액의 합은 부부단 관내가 부부단 관외보다 작다.

(O, X)

✔ 자료(체크리스트)

① 시계열의 구성은 어떻게 되는가?
☐ 정순 ☐ 역순 ☐ 연속 ☐ 불연속

✔ 설명

▸ 목적 파트는?

▸ 정보 파트는?

▸ 정오 파트는?

간단 퀴즈

Q 50%라는 비중은 어떤 식으로 확인하면 편할까?

A 1:1 비율인지 확인한다.

관점 적용하기

1. (O) 09~12 = 09~11+12로 구성된다.
개인단을 관내와 관외를 각각 나누어 생각하자.
관내 $\frac{606}{719+606}$ = 50%↓, 관외 = $\frac{132}{176+132}$ = 50%↓
각각이 50% 이하이므로 전체도 50% 이하이다.
2. (O) 12년 매출액이 11년에서 50% 증가한 값이라면
11년 부부단 관내의 경우 $\frac{330,000}{1.5}$ = 220,000 → 09~10년 부부단 관내 = 10-,---
11년 부부단 관외의 경우 $\frac{171,000}{1.5}$ = 120,000↓ → 09~10년 부부단 관외 = 17-,---
부부단 관내가 부부단 관외보다 작다.

답 (O, O)

적용문제-04 (민 13-10)

다음 〈표〉는 시설유형별 에너지 효율화 시장규모의 현황 및 전망에 대한 자료이다. 이에 대한 〈설명〉의 정오는?

〈표〉 시설유형별 에너지 효율화 시장규모의 현황 및 전망

(단위: 억 달러)

시설유형 \ 연도	2010	2011	2012	2015(예상)	2020(예상)
사무시설	11.3	12.8	14.6	21.7	41.0
산업시설	20.8	23.9	27.4	41.7	82.4
주거시설	5.7	6.4	7.2	10.1	18.0
공공시설	2.5	2.9	3.4	5.0	10.0
전체	40.3	46.0	52.6	78.5	151.4

설명

1. 2010 ~ 2012년 동안 '주거시설' 유형의 에너지 효율화 시장규모는 매년 15% 이상 증가하였다.

(O, X)

2. 2015~2020년 동안 공공시설 유형의 에너지 효율화 시장규모는 매년 30% 이상 증가할 것으로 전망된다.

(O, X)

자료(체크리스트)

① 시계열의 구성은 어떻게 되는가?
☐ 정순 ☐ 역순 ☐ 연속 ☐ 불연속

설명

▸ 목적 파트는?

▸ 정보 파트는?

▸ 정오 파트는?

간단 퀴즈

Q 설명 2.에서 연평균 증가율을 묻는다면 어떻게 처리해야 할까?

A 연속적율율율과 합차테크닉을 동시에 이용하자.

관점 적용하기

1. (X) 증가율 크기확인법($\frac{현재}{과거}=1\pm증감율$)에 의하여 $\frac{6.4}{5.7}=\frac{6.9-0.5}{6-0.3}$〈1.15 이다.
따라서 15% 이하 증가하였다.
2. (X) 2015~2020년의 경우, 불연속적인 시간으로 구성됐다. 따라서 매년에 관한 정보는 알 수 없다.
(※ 불연속적인 정보의 경우, 매년이 아닌 '직전 조사년도 대비' 등의 단어가 사용됨.)

답 (X, X)

적용문제-05 (7급 22-10)

다음 〈표〉는 '갑'국의 학교급별 여성 교장 수와 비율을 1980년부터 5년마다 조사한 자료이다. 이에 대한 〈설명〉의 정오는?

〈표〉 학교급별 여성 교장 수와 비율

(단위: 명, %)

조사연도 \ 학교급 / 구분	초등학교		중학교		고등학교	
	여성 교장 수	비율	여성 교장 수	비율	여성 교장 수	비율
1980	117	1.8	66	3.6	47	3.4
1985	122	1.9	98	4.9	60	4.0
1990	159	2.5	136	6.3	64	4.0
1995	222	3.8	181	7.6	66	3.8
2000	490	8.7	255	9.9	132	6.5
2005	832	14.3	330	12.0	139	6.4
2010	1,701	28.7	680	23.2	218	9.5
2015	2,058	34.5	713	24.3	229	9.9
2020	2,418	40.3	747	25.4	242	10.4

※ 1) 학교급별 여성 교장 비율(%) = $\frac{\text{학교급별 여성 교장 수}}{\text{학교급별 전체 교장 수}} \times 100$

2) 교장이 없는 학교는 없으며, 각 학교의 교장은 1명임.

설명

1. 2000년 이후 중학교 여성 교장 비율은 매년 증가한다.

(O, X)

자료(체크리스트)

① 시계열의 구성은 어떻게 되는가?

☐ 정순 ☐ 역순 ☐ 연속 ☐ 불연속

설명

▸ 목적 파트는?

▸ 정보 파트는?

▸ 정오 파트는?

관점 적용하기

1. (X) 불연속적인 시간으로 구성됐다. 따라서, 매년에 대한 정보는 알 수 없다.

답 (X)

4 합계

Q 합계란 무엇인가요?

합계가 존재하는 자료는 다음과 같이 부분들이 모여서 전체를 구성하는 형태의 자료를 의미한다.

〈표〉 '갑'시의 연령대별 인구구성

0세~14세	15세~64세	65세 이상	전체
78,481	348,519	18,512	445,512

따라서, 부분과 전체와 관련된 설명들이 등장한다.

Q 합계 자료에서 나오는 설명들은 무엇이 있나요?

시계열 자료에 등장하는 대표적인 설명의 유형은 부분과 전체에 관한 것이다.
따라서 1) 비중, 2) 집합, 3) 빈칸 추론에 대한 것이 있다.

주요 설명 유형	설명별 관점
1) 비중	정의: $\frac{부분}{전체} = \frac{부분_1}{부분_1+부분_2+\cdots}$ 플마찢기: 고정값을 기준으로 플마찢기 여집합적사고: $A + A^C = 100\%$ 빼셈법: $\frac{A}{U} = \frac{A}{A+B} \propto \frac{A}{B}$
2) 집합	정의: 하나의 전체를 여러개의 구분으로 나뉨 교집합: A와 B 둘 다에 속하는 것을 의미 합집합: A와 B 둘 중 하나라도 속하는 것을 의미 [선지의 형태 / 선지 재구성 / 판별 기준] x 이상이다 / x보다 작게 못 만들어? / 최소 교집합, 최소 합집합 x 이하이다 / x보다 크게 못 만들어? / 최대 교집합, 최대 합집합
3) 빈칸 추론	전체 = Σ부분이므로, 전체와 부분사이의 관계를 통하여 빈칸을 추론할 수 있다. 부분들의 합이므로, 결국 '총합'적 개념으로 생각할 수 있다.

Q 합계의 체크리스트와 함정에는 무엇이 있나요?

합계 자료의 체크리스트는 주어진 부분들의 합과 주어진 전체가 같은지이다.
특히, '주요'라는 단어가 존재하면 특별히 주의해야한다.

단, 다음과 같은 요소가 존재한다면, 굳이 부분과 전체를 확인할 필요가 없다.
① 각주에서 다음의 요소를 제외한 요소가 없다고 알려주는 경우
② 각주에서 명확하게 공식으로 제공한 경우
③ 통상적인 상식에서 그 외의 것이 존재할 수 없는 경우
④ 기타라는 단어가 존재하는 경우

만약, 주어진 부분들의 합과 전체가 다르다면, 여집합적 사고를 사용하는것에 주의가 필요하다.

예제

다음 〈표〉는 '갑'국의 연도별 자동차 판매량에 관한 자료이다. 이에 대한 〈설명〉의 정오는?

〈표〉 '갑'국의 연도별 자동차 차종별 판매량

(단위: 천대)

차종 \ 연도	2012년	2013년	2014년
소형	16,758	17,866	18,611
중 • 대형	9,023	10,493	14,002
계	25,781	28,359	32,613

※ 차종은 소형과 중 • 대형분임.

〈표〉 '갑'국의 연도별 자동차 주요 기업별 판매량

(단위: 천대)

기업명 \ 연도	2012년	2013년	2014년
A사	17,258	18,717	23,481
B사	7,520	8,640	8,130

설명

1. 2012년 '갑'국 전체 자동차 판매량에서 A사가 차지하는 비중은 65% 이상이다.

(O, X)

2. 2012년~2014년간 A사에서 판매한 소형차는 매년 7,500대 이상이다.

(O, X)

자료(체크리스트)

① 부분과 전체를 파악했는가?

설명

▸ 목적 파트는?

▸ 정보 파트는?

▸ 정오 파트는?

관점 적용하기

1. (O) A사가 차지하는 비중을 묻고 있다.
   기업을 보면 A사와 B사 2개로 구성되므로 여집합을 활용하기 좋은 형태라고 생각할 것이다.
   하지만, A사와 B사를 합하면 계의 숫자와 다르게 된다.
   따라서, 전체에서 A사가 차지하는 비중이 65% 이상인지 확인해야 한다.
   $\frac{17,258}{25,781} \rightarrow \frac{13,000+4,258}{20,000+5,781}$이다. 플마찢기에 의하여 A의 비중은 65% 이상이다.

2. (O) 집합에 대해 묻고 있다.
   'x 이상이다'의 형태이므로 가장 작게 만들어 확인해야 한다.
   A사가 판매하는 소형자를 가장 작게 만들면 아래와 같다. (소형의 여집합은 중 • 대형이다.)
   2012년: 17,258−9,023, 2013년 = 18,717−10,493, 2012년 = 23,481−14,002
   계산의 2단계를 생각하며 가볍게 계산해도 모두 8,000을 넘는다.

답 (O, O)

적용문제-01 (5급 22-22)

다음 〈표〉는 '갑'국을 방문한 외국인 관광객을 관광객 국적에 따라 대륙별, 국가별로 정리한 자료이다. 이에 대한 〈설명〉의 정오는?

〈표 1〉 '갑'국 방문 외국인 관광객의 대륙별 현황 (단위: 명)

대륙 \ 연도	2010	2015	2020
아시아	6,749,222	10,799,355	1,918,037
북미	813,860	974,153	271,487
유럽	645,753	806,438	214,911
대양주	146,089	168,064	30,454
아프리카	33,756	46,525	14,374
기타	408,978	439,116	69,855
전체	8,797,658	13,233,651	2,519,118

〈표 2〉 '갑'국 방문 외국인 관광객의 주요 국가별 현황 (단위: 명)

국가 \ 연도	2010	2015	2020
일본	3,023,009	1,837,782	430,742
중국	1,875,157	5,984,170	686,430
미국	652,889	767,613	220,417

설명

1. 2015년 '일본'과 '중국' 관광객의 합은 같은 해 '아시아' 관광객의 75% 이상이다.

(O, X)

2. 2020년 전체 외국인 관광객 중 '미국' 관광객이 차지하는 비중은 8% 미만이다.

(O, X)

✓ 자료(체크리스트)

① 부분과 전체를 파악했는가?

✓ 설명

▸ 목적 파트는?

▸ 정보 파트는?

▸ 정오 파트는?

관점 적용하기

1. (X) 일본과 중국의 관광객이 아시아에서 차지하는 비율을 묻고 있다.

$\frac{1,837,782+5,984,170}{10,799,355}$, 아시아 전체가 1,000만이므로, 일본과 중국의 합이 750만을 뜯어내자.

$\frac{(1,600,000+5,900,000)+(237,782+84,170)}{10,000,000+799,355}$ 〈 75% 이므로, 75% 이하이다.

2. (X) 전체 관광객중 미국이 차지하는 비율을 묻고 있다.

$\frac{220,417}{2,519,118}$ 〉 8% → 잘 보이지 않는다면 분자에 0을 추가하여 80%로 생각하자.

따라서, 8% 이상이다.

답 (X, X)

적용문제-02 (5급 12-28)

다음 〈표〉는 국내에 취항하는 12개 항공사의 여객 및 화물 운항 실적을 나타낸 자료이다. 이에 대한 〈설명〉의 정오는?

〈표〉 국내 취항 항공사의 여객 및 화물 운항 실적

구분	항공사	취항 노선 수(개)	운항횟수(회)	여객운항 횟수(회)	화물운항 횟수(회)
국내 항공사	A	137	780	657	123
	B	88	555	501	54
	국내항공사 전체	225	1,335	1,158	177
외국 항공사	C	5	17	13	4
	D	3	5	0	5
	E	4	7	7	0
	F	4	18	14	4
	G	12	14	0	14
	H	13	31	0	31
	I	12	28	0	28
	J	9	76	75	1
	K	10	88	82	6
	L	17	111	102	9
	외국항공사 전체	89	395	293	102

※ 1) 운항횟수 = 여객운항횟수 + 화물운항횟수

2) 여객지수 = $\frac{\text{여객운항횟수}}{\text{운항횟수}}$ = 1 - 화물지수

3) 국내에 취항하는 항공사의 수는 총 12개임.

4) 각 항공사 간 취항노선의 중복과 공동운항은 없음.

설명

1. '국내항공사 전체'의 여객지수가 '외국항공사 전체'의 여객지수보다 크다. (O, X)

2. 국내항공사가 취항하는 전체 노선 수 중 A항공사가 취항하는 노선 수가 차지하는 비중은 65%를 넘는다. (O, X)

자료(체크리스트)

① 부분과 전체를 파악했는가?

설명

▸ 목적 파트는?

▸ 정보 파트는?

▸ 정오 파트는?

간단 퀴즈

Q 화물지수를 분수로 표현 하면 어떻게 표현될까?

A $\frac{\text{화물운항횟수}}{\text{운항횟수}}$

관점 적용하기

1. (O) 운항횟수를 여객운항과 화물운항의 합이라고 생각하면 여객지수는 운항 중 여객의 비중과 같다.
즉, 국내 여객비중과 외국 여객비중을 비교하는 것이다. → 여집합(화물지수)을 이용하자.
국내($\frac{177}{1,335}$), 외국($\frac{102}{395}$)이므로 국내의 여집합(화물지수)이 더 작다.
여객지수는 국내가 더 크다.

2. (X) 국내 전체 중 A의 비중 = $\frac{137}{225}=\frac{130+7}{200+25}$ 〈 65%이다. 따라서 65% 이하이다.
(※ 여집합을 이용하는 방법도 좋다.)

답 (O, X)

적용문제-03 (5급 15-18)

다음 〈표〉는 2019년 5월 10일 A 프랜차이즈의 지역별 가맹점수와 결제 실적에 관한 자료이다. 이에 대한 〈설명〉의 정오는?

〈표 1〉 A 프랜차이즈의 지역별 가맹점수, 결제건수 및 결제금액

(단위: 개, 건, 만원)

지역 \ 구분		가맹점수	결제건수	결제금액
서울		1,269	142,248	241,442
6대 광역시	부산	34	3,082	7,639
	대구	8	291	2,431
	인천	20	1,317	2,548
	광주	8	306	793
	대전	13	874	1,811
	울산	11	205	635
전체		1,363	148,323	257,299

〈표 2〉 A 프랜차이즈의 가맹점 규모별 결제건수 및 결제금액

(단위: 건, 만원)

가맹점 규모 \ 구분	결제건수	결제금액
소규모	143,565	250,390
중규모	3,476	4,426
대규모	1,282	2,483
전체	148,323	257,299

설명

1. '서울' 지역 소규모 가맹점의 결제건수는 137,000건 이하이다. (O, X)
2. 6대 광역시 가맹점의 결제건수 합은 6,000건 이상이다. (O, X)
3. 전체 가맹점수에서 '서울' 지역 가맹점수 비중은 90% 이상이다. (O, X)

자료(체크리스트)

① 부분과 전체를 파악했는가?

설명

▸ 목적 파트는?

▸ 정보 파트는?

▸ 정오 파트는?

간단 퀴즈

Q 소+중+대규모의 가맹점수는 몇 개인가?

A 1,363개

관점 적용하기

1. (X) 서울지역 ∩ 소규모가 ~이하인지에 대해 묻고 있으므로 가장 크게 만들어보자.
   최대 교집합은 서울의 결제 건수인 142,248이므로 137,000건보다 크게 만들 수 있다. 따라서 옳지 않다.

2. (O) 6대 광역시의 결제 건수는 서울의 여집합이다. 148,323−142,248 〉 6,000건 이상이다.

3. (O) 가맹점수에서 서울이 차지하는 비중은 $\frac{1,269}{1,363}$으로 90% 이상이다.
   (※ 90%가 잘 보이지 않는다면 여집합을 이용하자.)

답 (X, O, O)

MEMO

5 기초통계

Q 기초통계란 무엇인가요?

통계자료에 사용되는 유사하지만 다른 3가지 단어에 대해 알아야 한다.
1) 평균: 주어진 항목을 모두 더한 후 항목의 수로 나눈 값
2) 최빈값: 자료에서 가장 많이 존재하는 값
3) 중앙값: 주어진 항목을 크기순으로 나열 했을 시 가운데 있는 값
(항목의 개수가 짝수개라면 두 개의 평균값을 의미함)
각각의 3개의 값은 유사한 뜻을 가졌지만 실제로는 조금씩 다른 정의를 가지고 있다.

Q 기초통계는 어떤 특징 있나요?

1) 평균의 함정
평균은 항목의 값중 매우 크거나, 매우 작은 값이(극단값) 존재한다면,
해당 평균값은 자료를 대표하기엔 어려운 값이 된다.
따라서, 평균이 있다면 각 항목 중에 극단값이 없는지 확인하며 접근해야 한다.

2) 곡선의 형태에 따른 평균, 최빈값과 중앙값의 관계

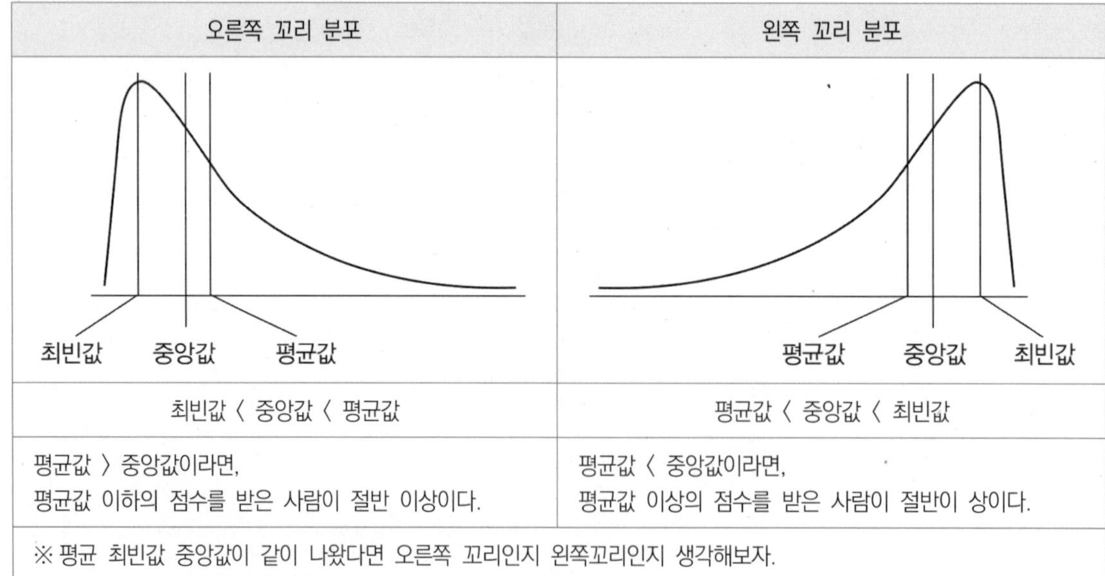

오른쪽 꼬리 분포	왼쪽 꼬리 분포
최빈값 중앙값 평균값	평균값 중앙값 최빈값
최빈값 〈 중앙값 〈 평균값	평균값 〈 중앙값 〈 최빈값
평균값 〉 중앙값이라면, 평균값 이하의 점수를 받은 사람이 절반 이상이다.	평균값 〈 중앙값이라면, 평균값 이상의 점수를 받은 사람이 절반이 상이다.
※ 평균 최빈값 중앙값이 같이 나왔다면 오른쪽 꼬리인지 왼쪽꼬리인지 생각해보자.	

Q 기초통계의 체크리스트는 무엇인가요?

평균이 존재한다면 극단값이 있는지 생각한다.
만약 극단값이 없다면, 평균을 대표적인 값으로 생각하자.
만약 극단값이 있다면, 평균을 대표적인 값으로 생각해서는 안된다.

예제

다음 〈표〉는 외판원 '갑'~'무'의 판매량에 관한 자료이다. 이에 대한 〈설명〉의 정오는?

〈표〉 외판원 '갑~무'의 판매량

(단위: 개)

외판원	갑	을	병	정	무
판매량	300	( )	( )	( )	( )

※ 1) 병과 정은 을보다 판매량이 많음.
2) 무의 판매량이 가장 적음.

〈표〉 외판원 '갑~무'의 판매량 통계

(단위: 개)

평균	중앙값	최빈값
500	500	800

설명

1. 병의 판매량은 800개이다.
(O, X)

2. 을의 판매량은 500개이다.
(O, X)

3. 무의 판매량은 100개이다.

✓ 자료(체크리스트)

① 기초통계 값은 무엇이 있는가?

✓ 설명

▸ 목적 파트는?

▸ 정보 파트는?

▸ 정오 파트는?

관점 적용하기

주어진 기본 통계량을 이용하여 판매량으로 가능한 구성에 대해서 확인해보자.
평균이 500이라고 하였으므로 갑~무의 합계는 2,500이다.
중앙값이 500이라고 하였으므로, 5개 중 2개는 500보다 크고, 2개는 500보다 작다.
→ ?, ?, 500, 300, ?
최빈값이 800이라고 하였으므로, 800은 적어도 2개 이상 존재해야 한다.
→ 800, 800, 500, 300, ?
평균이 500이므로 갑~무의 합계는 2,500이다.
→ 800, 800, 500, 300, 100

5개의 판매량을 각주에 맞게 배치하면
무의 판매량이 가장 적으므로 무 = 100개,
병과 정이 을보다 판매량이 많으므로 병과 정 = 800개
을 = 500개이다.

1. (O), 2. (O), 3. (O)

답 (O, O, O)

적용문제-01 (5급 18-29)

다음 〈표〉와 〈그림〉은 2015 ~ 2017년 '갑'국 철강산업의 온실가스 배출량에 관한 자료이다. 이에 대한 〈설명〉의 정오는?

〈표〉 업체별 · 연도별 온실가스 배출량

(단위: 천tCO2eq.)

구분 / 업체	배출량				예상 배출량
	2015년	2016년	2017년	3년 평균 (2015 ~ 2017년)	2018년
A	1,021	990	929	980	910
B	590	535	531	552	524
C	403	385	361	383	352
D	356	( )	260	284	257
E	280	271	265	272	241
F	168	150	135	151	132
G	102	101	100	( )	96
H	92	81	73	82	71
I	68	59	47	58	44
J	30	29	28	( )	24
기타	28	27	20	25	22
전체	3,138	2,864	( )	2,917	2,673

설명

1. 2015 ~ 2017년 동안 매년 온실가스 배출량 기준 상위 2개 업체가 해당년도 전체 온실가스 배출량의 50% 이상을 차지하고 있다.

(O, X)

자료(체크리스트)

① 기초통계 값은 무엇이 있는가?

② 평균에 극단값이 존재 하는가?

설명

▸ 목적 파트는?

▸ 정보 파트는?

▸ 정오 파트는?

간단 퀴즈

Q 2017년 전체 온실가스의 실제값을 구하지 않고 정오를 판단할 순 없을까?

A 가능하다.

관점 적용하기

체크리스트: 3년 평균이 존재하며 극단값이 존재하지 않는다. 따라서, 대표적인 값으로 생각해도 충분하다.

1. (O) 상위 2개 업체가 차지하는 비율은 15년과 16년 모두 50% 이상이다.
   (※ 50% 이상의 의미는 전체 〈 해당값×2와 같은 의미이다.)
   17년의 비중을 알기 위해 17년 전체 배출량을 구해보자.
   17년 전체 배출량을 구하기 위하여 공통소거(2,900)를 이용하자.
   15년에서 100을 16년에 넘겨주고, 2,900을 소거하면
   15년 = 138, 16년 = 64 17년 = ? , 평균 = 17 (총합 = 51)
   총합이 51이다. 그런데 15년과 16년에 넘치는 양이 약 200이다.
   따라서 17년은 2800 이하이다.
   상위 2개 업체의 합이 1,400 이상이므로 차지하는 비율은 50% 이상이다.

답 (O)

적용문제-02 (민 17-14)

다음 〈표〉는 '갑' 기관의 10개 정책(가 ~ 차)에 대한 평가결과이다. '갑' 기관은 정책별로 심사위원 A ~ D의 점수를 합산하여 총점이 낮은 정책부터 순서대로 4개 정책을 폐기할 계획이다. 폐기할 정책만을 모두 고르면?

〈표〉 정책에 대한 평가결과

정책 \ 심사위원	A	B	C	D
가	●	●	◑	○
나	●	●	◑	●
다	◑	○	●	◑
라	( )	●	◑	( )
마	●	( )	●	◑
바	◑	◑	◑	●
사	◑	◑	◑	●
아	◑	◑	●	( )
자	◑	◑	( )	●
차	( )	●	◑	○
평균(점)	0.55	0.70	0.70	0.50

※ 정책은 ○(0점), ◑(0.5점), ●(1.0점)으로만 평가됨.

① 가, 다, 바, 사
② 나, 마, 아, 자
③ 다, 라, 바, 사
④ 다, 라, 아, 차
⑤ 라, 아, 자, 차

자료(체크리스트)

① 기초통계 값은 무엇이 있는가?

② 평균에 극단값이 존재하는가?

설명

▸ 목적 파트는?

▸ 정보 파트는?

▸ 정오 파트는?

관점 적용하기

체크리스트: 정책의 점수는 0점, 0.5점 1.0점만 존재하므로, 특별한 극단값이 존재하지 않는다.
따라서, 대표적인 값으로 생각하기에 충분하다.
즉, 평균값은 자료의 전체적인 대표값을 알려 준다.
따라서, A~D의 평균점수의 합인 2.45점보다 총점이 더 낮은 정책이 폐기될 확률이 높은 정책이다.
빈칸이 없는 정책 중 다 항목은 2점이므로 폐기 확률이 높다.
선지에 의하면 ②과 ⑤번에는 다가 없다. ②와 ⑤가 정답이 되려면 모든 항목이 2점보다 낮아야 한다.
그런데 가의 경우 2.5점, 아의 경우 2점↑이다.
동점에 대한 조건이 존재하지 않으므로 2점으로 폐기된다면 다가 폐기되지 않는 이유에 대한 설명이 필요하다.
이 논리로 생각할 때, ①, ③이 답이라면 바나 사가 폐기될 때 차(1.5~2.5)가 폐기되지 않는 이유에 대한 설명이 필요하다.

답 ④

적용문제-03 (5급 18-01)

다음 〈표〉는 '갑' ~ '무'도시에 위치한 두 브랜드(해피카페, 드림카페)의 커피전문점 분포에 대한 자료이다. 이에 대한 〈설명〉의 정오는?

〈표〉 '갑' ~ '무'도시별 커피전문점 분포

(단위: 개)

브랜드	구분 \ 도시	갑	을	병	정	무	평균
해피카페	점포수	7	4	2	( )	4	4
	|편차|	3	0	2	1	0	( )
드림카페	점포수	( )	5	( )	5	2	4
	|편차|	2	1	2	1	2	1.6

※ |편차|는 해당 브랜드 점포수 평균에서 각 도시의 해당 브랜드 점포수를 뺀 값의 절댓값임.

설명

1. '갑'도시의 '드림카페' 점포수와 '병'도시의 '드림카페' 점포수는 다르다. (O, X)
2. '무'도시에 있는 '해피카페' 중 1개 점포가 '병'도시로 브랜드의 변경 없이 이전할 경우, '해피카페' |편차|의 평균은 변하지 않는다. (O, X)

✓ 자료(체크리스트)

① 기초통계 값은 무엇이 있는가?

✓ 설명

▸ 목적 파트는?

▸ 정보 파트는?

▸ 정오 파트는?

간단 퀴즈

Q 편차의 합은 얼마일까?

A 0

관점 적용하기

편차 = |점포수 − 평균|

1. (O) '갑'도시의 드림카페 → 2 = $|x-4|$ → x = 6 또는 2
   '병'도시의 드림카페 → 2 = $|y-4|$ → y = 6 또는 2
   드림카페의 평균이 4이므로 점포의 합은 20이다. 즉, $x+y$ = 8이다. → x와y는 다르다.

2. (O) '무'도시의 해피카페 점포가 '병'도시로 이전한다면
   '무'도시의 편차는 1증가하고, '병'도시의 편차는 1감소한다. 즉, 편차의 평균은 그대로 유지된다.
   (※ 총합과 평균의 관계에 따라 총합이 변화하지 않으면 평균도 변화하지 않는다.)

답 (O, O)

MEMO

적용문제-04 (5급 20-32)

다음 〈표〉는 '갑'대학교 정보공학과 학생 A ~ I의 3개 교과목 점수에 관한 자료이다. 이에 대한 〈설명〉의 정오는?

〈표〉 학생 A ~ I의 3개 교과목 점수

(단위: 점)

학생 \ 교과목	인공지능	빅데이터	사물인터넷	평균
A	( )	85.0	77.0	74.3
B	( )	90.0	92.0	90.0
C	71.0	71.0	( )	71.0
D	28.0	( )	65.0	50.0
E	39.0	63.0	82.0	61.3
F	( )	73.0	74.0	( )
G	35.0	( )	50.0	45.0
H	40.0	( )	70.0	53.3
I	65.0	61.0	( )	70.3
평균	52.4	66.7	74.0	( )
중앙값	45.0	63.0	74.0	64.0

※ 중앙값은 학생 A ~ I의 성적을 크기순으로 나열했을 때 한가운데 위치한 값임.

〈설명〉

1. 각 교과목에서 평균 이하의 점수를 받은 학생은 각각 5명 이상이다. (O, X)
2. 교과목별로 점수 상위 2명에게 1등급을 부여할 때, 1등급을 받은 교과목 수가 1개 이상인 학생은 4명이다. (O, X)

✔ 자료(체크리스트)

① 기초통계 값은 무엇이 있는가?

② 평균에 극단값이 존재 하는가?

✔ 설명

▸ 목적 파트는?

▸ 정보 파트는?

▸ 정오 파트는?

관점 적용하기

체크리스트: 학생들의 평균점수와 교과목의 평균점수 2개의 평균점수가 주어졌다.
학생들의 평균점수: 극단값이 있는 경우도, 없는 경우도 존재함. 교과목의 평균: 극단값이 존재한다.
학생의 평균점수 중 일부는 대표적인 값으로 생각이 가능하다 (ex A, B, C, F, G)

1. (O) 중앙값은 9명 중 중앙인 5등의 성적이다.
   인공지능, 빅데이터, 사물인터넷 모두 평균≥중앙값이다. 즉, 평균 이하 성적을 받은 학생은 5명 이상이다.
2. (O) 1등급을 받은 학생이 4명이라면, 4명의 학생만이 교과목별로 상위 2명안에 들어야 한다.
   교과목별로 상위 2명에게 1등급을 부여하므로 총 6명의 학생에게 1등급이 부여 될 수 있다.
   그러나 1등급을 받은 학생이 4명이라고 하였으므로, 한 학생이 1등급을 중복으로 부여돼야 한다.
   빈칸을 채우지 않은 상태에서 교과목별로 상위 2명은 다음과 같다.
   인공지능: C, I 빅데이터: A, B 사물인터넷: B, E → A, B, C, E, I으로 총 5명이다.
   빈칸을 채움으로 인하여 1등급이 중복이 될 수 있는 경우를 확인 해야한다.
   주어진 빈칸을 확인해보면 인공지능: A, B, F 빅데이터: D, G, H 사물인터넷: C, I이다.
   극단값이 없다면 평균점수가 높은 학생일수록 각 과목 점수 또한 높을 것이므로,
   평균점수가 가장 높은 B부터 확인하자.
   B의 인공지능 점수는 88점이고, A의 인공지능은 61점이다.
   따라서 B는 무조건 2등안에 포함된다.
   또한, 평균점수가 높을수록 빈칸의 값이 높다는 것을 생각하면,
   각 교과목별 상위 2명안에 들 수 있는 학생들은 다음과 같이 정의된다.
   인공지능: B + C or F, 빅데이터: A, B 사물인터넷: B + E or I
   따라서, 인공지능과 사물인터넷의 상위 2명이 정확히 누구인지는 알 수 없으나, 서로 겹치지 않으므로,
   1등급은 A, B, (C or F), (E or I)로 총 4명이다.

답 (O, O)

6 순위

Q 순위란 무엇인가요?

순위 자료는 다음과 같이 자료에 순위가 주어진 경우를 의미한다.

〈표〉 개그스몰리그 6월 시청률 상위 4개 코너

순위 \ 구분	6월(시청률)	전월대비 순위 상승폭
1위	천사 참견(27.5%)	0
2위	열분 생존(25.3%)	1
3위	마트 남남(23.2%)	2
4위	미친 보컬(21.3%)	4

※ 개그스몰리그의 코너는 10개뿐이며, 6월에 신설된 코너는 없음.

따라서, 순위에 관련된 형태의 설명들이 나온다.

Q 순위 자료에서 나오는 설명들은 무엇이 있나요?

순위 자료에 등장하는 대표적인 설명의 유형은 극단으로-순위에 관한 것이다.
따라서, 극단으로 생각하여 정오를 판단해야 한다.

주요 설명 유형	설명별 관점
1) 범위성 정보가 A 이상이다	가장 작을 때도 옳은지 확인
2) 범위성 정보가 A 이하이다	가장 클때도 옳은지 확인

Q 순위의 체크리스트와 함정은 무엇인가요?

순위 자료의 체크리스트는 순위의 기준이 무엇인지 파악하는 것이다.

기준이 있는 순위라면 각 순위에 따른 극단적인 정보를 생각 할 수 있지만,
기준이 없다면 순위를 토대로 하는 극단적인 정보의 추론이 불가능하기 때문이다.

예제

다음 〈표〉는 개그스몰리그 6월 시청률 상위 4개 코너에 대한 자료이다. 이에 대한 〈설명〉의 정오는?

〈표〉 개그스몰리그 6월 시청률 상위 4개 코너

순위 \ 구분	6월(시청률)	전월대비 순위 상승폭
1위	천사 참견(27.5%)	0
2위	열분 생존(25.3%)	1
3위	마트 남남(23.2%)	2
4위	미친 보컬(21.3%)	4

※ 개그스몰리그의 코너는 10개뿐이며, 6월에 신설된 코너는 없음.

설명

1. 6월 기준 시청률 1등의 시청률은 10등 시청률의 1.3배 이상이다. (O, X)
2. 6월의 전월대비 순위가 가장 많이 상승한 코너는 미친 보컬이다. (O, X)

자료(체크리스트)

① 순위의 기준은 무엇인가?

설명

▸ 목적 파트는?

▸ 정보 파트는?

▸ 정오 파트는?

관점 적용하기

1. (X) ~이상인지 묻고 있으므로
10등의 시청률은 가장 크게 가정하여 정오를 판단하여야 한다.
4등의 시청률이 21.3%이므로, 10등의 시청률의 최대값은 21.3%이다.
$\frac{27.5}{21.3}=\frac{26.0+1.5}{20.0+1.3}$ 이므로 플마찢기에 의하여 1.3 이하이다.
1등의 시청률이 10등의 시청률의 1.3배 이하인 경우가 존재할 수 있다.
2. (X) 미친 보컬의 경우, 전월대비 4개의 순위가 상승하였다.
하지만 개그스몰리그의 코너는 총 10개이다.
따라서 만약 5월에 10위이던 코너가 6월에는 5위가 됐다면 순위상승폭이 5이므로
미친 보컬보다 더 많이 상승할 수 있다.

답 (X, X)

적용문제-01 (민 16-24)

다음 〈표〉는 2015년 '갑'국 공항의 운항 현황을 나타낸 자료이다. 이에 대한 〈설명〉의 정오는?

〈표 1〉 운항 횟수 상위 5개 공항

(단위: 회)

국내선			국제선		
순위	공항	운항 횟수	순위	공항	운항 횟수
1	AJ	65,838	1	IC	273,866
2	KP	56,309	2	KH	39,235
3	KH	20,062	3	KP	18,643
4	KJ	5,638	4	AJ	13,311
5	TG	5,321	5	CJ	3,567
'갑'국 전체		167,040	'갑'국 전체		353,272

※ 일부 공항은 국내선만 운항함.

〈표 2〉 전년대비 운항 횟수 증가율 상위 5개 공항

(단위: %)

국내선			국제선		
순위	공항	증가율	순위	공항	증가율
1	MA	229.0	1	TG	55.8
2	CJ	23.0	2	AJ	25.3
3	KP	17.3	3	KH	15.1
4	TG	16.1	4	KP	5.6
5	AJ	11.2	5	IC	5.5

설명

1. 2015년 국제선 운항 공항 수는 7개 이상이다.

(O, X)

2. 전년대비 국내선 운항 횟수가 가장 많이 증가한 공항은 MA공항이다.

(O, X)

3. 국내선 운항 횟수와 전년대비 국내선 운항 횟수 증가율 모두 상위 5개 안에 포함된 공항은 AJ공항이 유일하다.

(O, X)

자료(체크리스트)

① 순위의 기준은 무엇인가?

설명

▸ 목적 파트는?

▸ 정보 파트는?

▸ 정오 파트는?

관점 적용하기

1. (O) 국제선 운항 공항은 7개 이상인가? → 7개 보다 적게 만들 수 있어?
   7개 보다 적게 하려면 상위 5개와 '갑'국 전체의 차이값이 3,567보다 작아야 한다.
   (※ 6위 이하는 3,567보다 작기 때문)
   국제선 상위 5개 항공의 총합이 350,000보다 작다. 따라서 7개보다 적게 만들 수 없다.

2. (X) MA항공보다 큰 값은 없어? → MA항공 국내선의 경우, 15년에 상위 5위 밖이다.
   15년은 범위성 정보(0~5,321)이므로 MA항공 보다 더 큰 값을 당연히 만들 수 있다.

3. (X) AJ말고도 TG도 상위 5개 안에 모두 포함된다.

답 (O, X, X)

적용문제-02 (5급 21-11)

다음 〈표〉는 2024년 예상 매출액 상위 10개 제약사의 2018년, 2024년 매출액에 관한 자료이다. 이에 대한 〈설명〉의 정오는?

〈표〉 2024년 매출액 상위 10개 제약사의 2018년, 2024년 매출액

(단위: 억 달러)

2024년 기준 매출액 순위	기업명	2024년	2018년	2018년 대비 2024년 매출액 순위변화
1	Pfizer	512	453	변화없음
2	Novartis	498	435	1단계 상승
3	Roche	467	446	1단계 하락
4	J&J	458	388	변화없음
5	Merck	425	374	변화없음
6	Sanofi	407	351	변화없음
7	GSK	387	306	5단계 상승
8	AbbVie	350	321	2단계 상승
9	Takeda	323	174	7단계 상승
10	AstraZeneca	322	207	4단계 상승
매출액 소계		4,149	3,455	
전체 제약사 총매출액		11,809	8,277	

※ 2024년 매출액은 예상 매출액임.

〈설명〉

1. 2018년 매출액 상위 10개 제약사의 2018년 매출액 합은 3,700억 달러 이상이다.

(O, X)

2. 2024년 매출액 상위 10개 제약사 중, 2018년 대비 2024년 매출액이 가장 많이 증가한 기업은 Takeda이고 가장 적게 증가한 기업은 Roche이다.

(O, X)

자료(체크리스트)

① 순위의 기준은 무엇인가?

설명

▸ 목적 파트는?

▸ 정보 파트는?

▸ 정오 파트는?

관점 적용하기

1. (O) 이 자료는 2024년 기준의 상위 10개사를 나타낸다.
   2018년에 대한 정보는 순위변화를 이용해야 한다.
   이를 통하면 2018년의 상위 10개 중 1~6위와 10위에 대한 정보만을 알 수 있다.
   7~9위에 대한 정보는 범위성 정보이다. (321~351)
   3,700억 달러 이상인지 묻고 있으므로 값을 가장 작게 만들어 확인해보자. (모두 321이라고 가정)
   공통과 차이를 이용하면 24년 기준 1~6위와 8위는 공통이고, 나머지는 차이이다.
   3,455에 (321−306) + (321−174) + (321−207)이 추가된다고 생각하자. 3,700 이상이다.
2. (O) Takeda의 경우, 323−174 = 149 만큼 상승하여 가장 많이 증가하였다.
   (※ 순위가 많이 상승하면 매출액이 많이 상승했을 확률이 높다.)
   Roche의 경우, 467−446 = 21상승하여 가장 적게 증가하였다.
   (※ 순위가 하락한 기업의 매출액 상승이 가장 적을 확률이 높다.)

답 (O, O)

적용문제-03 (5급 21-34)

다음 〈표〉는 '갑'국의 2020년 5월, 6월 음원차트 상위 15위 현황에 대한 자료이다. 이에 대한 〈설명〉의 정오는?

〈표 1〉 2020년 6월 음원차트 상위 15위 현황

순위	전월 대비 순위변동	음원	GA점수
1	-	( )	147,391
2	( )	알로에	134,098
3	( )	미워하게 될 줄 알았어	127,995
4	신곡	LESS & LESS	117,935
5	▽ [2]	매우 화났어	100,507
6	신곡	Uptown Baby	98,506
7	신곡	땅 Official Remix	91,674
8	( )	개와 고양이	80,927
9	▽ [2]	( )	77,789
10	△ [100]	나에게 넌, 너에게 난	74,732
11	△ [5]	Whale	73,333
12	▽ [2]	( )	68,435
13	△ [18]	No Memories	67,725
14	△ [3]	화려한 고백	67,374
15	▽ [10]	마무리	65,797

〈표 2〉 2020년 5월 음원차트 상위 15위 현황

순위	전월 대비 순위변동	음원	GA점수
1	신곡	세븐	203,934
2	▽ [1]	알로에	172,604
3	△ [83]	( )	135,959
4	신곡	개와 고양이	126,306
5	▽ [3]	마무리	93,295
6	△ [4]	럼더덤	90,637
7	△ [6]	좋은 사람 있으면 만나	88,775
8	▽ [5]	첫사랑	87,962
9	신곡	Sad	87,128
10	▽ [6]	흔들리는 풀잎 속에서	85,957
11	▽ [6]	아는 노래	78,320
12	-	Blue Moon	73,807
13	▽ [4]	METER	69,182
14	▽ [3]	OFF	68,592
15	신곡	미워하게 될 줄 알았어	66,487

※ 1) GA점수는 음원의 스트리밍, 다운로드, BGM 판매량에 가중치를 부여하여 집계한 것으로 GA점수가 높을수록 순위가 높음.
2) -: 변동없음, △[ ]: 상승 [상승폭], ▽[ ]: 하락 [하락폭], 신곡: 해당 월 발매 신곡

설명

1. 2020년 4~6월 동안 매월 상위 15위에 포함된 음원은 모두 4곡이다. (O, X)

2. 'Whale'의 2020년 6월 GA점수는 전월에 비해 6,000 이상 증가하였다. (O, X)

✔ 자료(체크리스트)

① 순위의 기준은 무엇인가?

✔ 설명

▸ 목적 파트는?

▸ 정보 파트는?

▸ 정오 파트는?

관점 적용하기

1. (O) 2020년 4월 정보는 〈표 2〉를 통하여 추론할 수 있다.
4월~6월까지 매월 상위 15위 이내에 포함되는 곡을 찾기 위해 우선 신곡을 모두 제외한다.
〈표 2〉의 음원 중 2위, 5위, 6위, 7위, 8위, 10위, 11위, 12위, 13위, 14위의 9곡은
4~5월에 상위 15위 내에 든다.
이중 6월에도 속하는 음원은
6월 기준: 2위(알로에), 9위(5월의 7위(좋은 사람 있으면 만나)), 12위 (5월의 10위 (흔들리는 풀잎 속에서))
15위(마무리)의 4곡이다.

2. (O) Whale의 5월 음원차트는 16위이다. 따라서 0~66,487의 점수범위를 지녔다.
6,000 이상 증가했는지 묻고 있으므로 6,000 이하로 증가할 수 있는지 확인하자. (5월 최대값, 66,487)
66,487→ 73,333은 6,000 이상 증가하였다. 6,000 이하로 만들 수 없다. 따라서 옳다.

답 (O, O)

7 분수구조

Q 분수구조란 무엇인가요?

분수구조 자료는 다음과 같이 자료 내부에 분수구조가 주어진 자료를 말한다.
일반적으로 각주를 통해서 정확한 식을 알려주는 형태와 달리 자료의 구조와 형태 또는 적힌 단어를 통해서 분수의 구조를 추론해내야 한다.

〈표〉 대학교별 C질병 예방접종률

(단위: 명, %)

대학명	남학생		여학생	
		예방접종률		예방접종률
갑	4,850	82	4,510	88
을	5,620	88	3,320	86

주어진 자료의 예방접종률은 각주(※)를 통해 공식을 주지 않았지만,
자료의 구조상 전체 학생 주 예방접종을 한 학생수라는 것을 추론할 수 있다.

Q 분수구조에서 나오는 설명들은 무엇이 있나요?

분수구조 자료에서 등장하는 대표적인 설명의 유형은 주어진 자료를 통해 설명의 목적을 추론하는 것이다.
예를들어, 위의 〈표〉에서 예방접종을 한 학생수에 대해 물어보는 형태가 대표적인 예시이다.

설명의 목적을 추론하기 위해서는 공식을 변형하는 방법에 대해서 알아야 한다.

공식의 변형	
이항	① 덧셈과 뺄셈의 이항: 덧셈은 뺄샘으로 뺄셈은 덧셈 변하며 이항 A+B-C = D → B를 이항한다면 A-C = D-B A+B-C = D → C를 이항한다면 A+B = D+C ② 곱셈과 나눗셈의 이항: 곱셈은 나눗셈으로, 나눗셈은 곱셈으로 이항 (※ 곱셈 = 분자, 나눗셈 = 분모) A×B÷C = D → B를 이항한다면 A÷C = D÷B $(\frac{A\times B}{C} = \frac{D}{1} \rightarrow \frac{A}{C} = \frac{D}{B})$ A×B÷C = D → C를 이항한다면 A×B = D×C $(\frac{A\times B}{C} = \frac{D}{1} \rightarrow \frac{A\times B}{1} = \frac{D\times C}{1})$
대입	필요한 정보가 하나의 식만으로 추론 할 수 없을 때는 두 개의 식을 하나로 연결해야 한다. 두 개의 식을 하나로 연결할 때는 '대입'하여 하나의 식으로 만들자. ex) $x=\frac{B}{A}$와 $y=\frac{A}{C}$ → 필요한 정보가 $\frac{B}{C}$라면, $x=\frac{B}{A}$에는 B가 존재하고, $y=\frac{A}{C}$에는 C가 존재한다. 따라서, 각각 B와 C에 대해 정리하자. $B=x\times A$, $C=\frac{A}{y}$, $\frac{B}{C}$에 B와 C를 각각 대입하면, $\frac{B}{C} = \frac{x\times A}{A/y}$이다. A를 약분하여 정리하면, $\frac{B}{C} = x\times y$ 이다.

Q 분수구조의 체크리스트와 함정은 무엇인가요?

분수구조 자료에서 체크리스트는 2가지이다.

분수구조의 체크리스트	
1) 단어를 통한 식의 추론 ex) 분수구조 3형제, 비중, 구성비 분수구조 3형제 : A당 B, A 대비 B의 비율, A중 B의 비율	2) 구조를 통한 식의 추론 ex) 구조적 포함관계

Q 분수값에 대한 변화에 대해서 알려주세요.

분수의 각 요소에 따른 변화는 다음과 같다.

1) 분모값이 같다면, ($\frac{B}{A}$와 $\frac{C}{A}$) 분수값과 분자값이 비례한다.

$\frac{B}{A}$가 $\frac{C}{A}$의 n배라면, B도 C의 n배이다.

2) 분모값이 같다면, ($\frac{B}{A}$와 $\frac{C}{A}$)분수값의 차이는 묶어서 처리된다.

$\frac{B}{A} - \frac{C}{A} = \frac{B-C}{A}$이다. 따라서, 각각을 구하기 보단 묶어서 구하자.

3) 분수 값이 같다면($\frac{B}{A} = \frac{D}{C}$), 분자의 배수(증가율)와 분모의 배수(증가율)가 같다.

B가 D의 n배라면, A도 C의 n배이다.

4) 분수 값이 다르다면($\frac{B}{A} \neq \frac{D}{C}$), 분자의 배수(증가율)와 분모의 배수(증가율)이 다르다.

① $\frac{B}{A} > \frac{D}{C}$ → B가 D의 n배라면, A는 C의 n배 보다 작다.

② $\frac{B}{A} < \frac{D}{C}$ → B가 D의 n배라면, A는 C의 n배 보다 크다.

(※ 분수의 배수테크닉을 생각해보자.)

적용문제-01 (5급 17-09)

다음 〈표〉는 2008 ~ 2013년 '갑'국 농 · 임업 생산액과 부가가치 현황에 대한 자료이다. 이에 대한 〈설명〉의 정오는?

〈표〉 농 · 임업 부가가치 현황

(단위: 10억원, %)

구분 \ 연도		2008	2009	2010	2011	2012	2013
농 · 임업 부가가치		22,587	23,540	24,872	26,721	27,359	27,376
GDP 대비 비중	농업	2.1	2.1	2.0	2.1	2.0	2.0
	임업	0.1	0.1	0.2	0.1	0.2	0.2

※ 1) GDP 대비 비중은 GDP 대비 해당 분야의 부가가치 비중임.
2) 농 · 임업은 농업과 임업으로만 구성됨.

설명

1. 매년 농업 부가가치는 농 · 임업 부가가치의 85% 이상이다. (O, X)

자료(체크리스트)

① 분수구조의 식들을 파악했는가?

설명

▸ 목적 파트는?

▸ 정보 파트는?

▸ 정오 파트는?

간단 퀴즈

Q 농업과 임업의 관계를 구하기 위해 GDP의 크기를 알아야 할까?

A GDP의 크기는 구할 필요 없다.

관점 적용하기

1. (O) GDP 대비~ 을 보면 동일연도의 농업과 임업의 GDP(분모)는 동일하다. 즉, 비중 또는 지수와 같은 의미이다.
따라서 비중 또는 지수의 아이디어를 그대로 사용 할 수 있다.
즉, 농업의 부가가치는 GDP 대비 비중(농업)과 비례하고,
농 · 임업의 부가가치는 GDP대비 비중(농업) + GDP 대비 비중(임업)과 비례한다.
따라서, 농업의 부가가치가 농 · 임업의 부가가치의 85% 이상이라는 것은
$\frac{GDP \text{ 대비 비중(농업)}}{GDP \text{ 대비 비중(농업+임업)}}$의 비중이 85% 이상이라는 것과 같다.
여집합으로 생각한다면, $\frac{GDP \text{ 대비 비중(임업)}}{GDP \text{ 대비 비중(농업+임업)}}$의 비율이 15% 이하라는 것이므로
08년~13년 중 임업의 비율이 클 것 같은 연도인 10, 12, 13년만 고려하면 충분하다.
$\frac{0.2}{2.0+0.2}$ 〈 10%이므로, 매년 농업의 부가가치가 농 · 임업의 부가가치의 85% 이상이다.

답 (O)

적용문제-02 (5급 13-26)

다음 〈표〉는 A ~ E 마을 주민의 재산상황을 나타낸 자료이다. 이에 대한 〈설명〉의 정오는?

〈표〉 A ~ E 마을 주민의 재산상황

(단위: 가구, 명, ha, 마리)

마을	가구 수	주민 수	재산유형					
			경지		젖소		돼지	
			면적	가구당 면적	개체 수	가구당 개체 수	개체 수	가구당 개체 수
A	244	1,243	( )	6.61	90	0.37	410	1.68
B	130	572	1,183	9.10	20	0.15	185	1.42
C	58	248	( )	1.95	20	0.34	108	1.86
D	23	111	( )	2.61	12	0.52	46	2.00
E	16	60	( )	2.75	8	0.50	20	1.25
전체	471	2,234	( )	6.40	150	0.32	769	1.63

※ 소수점 아래 셋째 자리에서 반올림한 값임.

설명

1. 젖소 1마리당 경지면적과 돼지 1마리당 경지면적은 모두 D 마을이 E 마을보다 좁다.

(O, X)

2. C 마을의 경지면적은 D 마을과 E 마을 경지면적의 합보다 크다.

(O, X)

자료(체크리스트)

① 분수구조의 식들을 파악했는가?

설명

▸ 목적 파트는?

▸ 정보 파트는?

▸ 정오 파트는?

간단 퀴즈

Q 비중처럼 생각하며 풀어보는 것은 어떨까?

A 매우 좋은 생각이다.

관점 적용하기

추론된 해야할 단어 = 가구당면적, 가구당 개체수

1. (O) 동일한 마을의 가구당~ 을 보면 마을의 가구수(분모)가 동일하다. 즉, 비중 또는 지수와 같다.
   따라서 비중 또는 지수의 아이디어를 그대로 사용 할 수 있다.
   동물 마리당 경지면적($\frac{B}{A}=\frac{\text{경지면적}}{\text{동물 수}}$)을 묻는다. 가구당 면적과 가구당 개체 수를 이용해보자.
   D는 $\frac{2.61}{0.52}$(젖소)과 $\frac{2.61}{2.00}$(돼지), E는 $\frac{2.75}{0.50}$(젖소)와 $\frac{2.75}{1.25}$(돼지)이다.
   두 경우 모두 D의 분모는 크고, 분자는 작기에 젖소와 돼지당 경지면적 모두 D가 좁다.
2. (O) 경지 면적 = 가구당 경지면적 × 가구수
   C: 1.95 × 58 D: 2.61 × 23 E: 2.75 × 16
   D와 E의 합 = 2.61 × 23 + 2.75 × 16
   → 가구수를 밑변으로 생각하여 가중평균으로 접근하자.
   D와 E의 합 = 2.61 × 23 + 2.75 × 16 → (2.61~2.75) × 39
   (※ D의 가구수가 더 많으므로 2.61에 더 가까울 것이다.)
   가구수(39→58)는 약 1.5배가 차이 나는데 가구당 경지면적은(1.95→2.75) 1.5배 이하 차이가 난다.
   따라서 C가 더 크다.

답 (O, O)

적용문제-03 (5급 19-39)

다음 〈표〉는 2016 ~ 2018년 A국 10대 수출품목의 수출액에 관한 자료이다. 이에 대한 〈설명〉의 정오는?

〈표〉 A국 10대 수출품목의 수출액 비중과 품목별 세계수출시장 점유율(금액기준)

(단위: %)

품목 \ 구분 / 연도	A국의 전체 수출액에서 차지하는 비중			품목별 세계수출시장에서 A국의 점유율		
	2016	2017	2018	2016	2017	2018
백색가전	13.0	12.0	11.0	2.0	2.5	3.0
TV	14.0	14.0	13.0	10.0	20.0	25.0
반도체	10.0	10.0	15.0	30.0	33.0	34.0
휴대폰	16.0	15.0	13.0	17.0	16.0	13.0
2,000 cc 이하 승용차	8.0	7.0	8.0	2.0	2.0	2.3
2,000 cc 초과 승용차	6.0	6.0	5.0	0.8	0.7	0.8
자동차용 배터리	3.0	4.0	6.0	5.0	6.0	7.0
선박	5.0	4.0	3.0	1.0	1.0	1.0
항공기	1.0	2.0	3.0	0.1	0.1	0.1
전자부품	7.0	8.0	9.0	2.0	1.8	1.7
계	83.0	82.0	86.0	–	–	–

※ A국의 전체 수출액은 매년 변동 없음.

설명

1. 2018년 항공기 세계수출시장 규모는 A국 전체 수출액의 15배 이상이다. (O, X)

2. 2016년과 2018년 선박의 세계수출시장 규모는 같다. (O, X)

자료(체크리스트)

① 분수구조의 식들을 파악했는가?

설명

▸ 목적 파트는?

▸ 정보 파트는?

▸ 정오 파트는?

관점 적용하기

A국 전체 수출액에서 차지하는 비중(X) = $\frac{\text{해당품목 A국 수출액}}{\text{A국 전체 수출액}}$

품목별 세계수출시장에서 A국 점유율(Y) = $\frac{\text{해당품목 A국 수출액}}{\text{해당품목 세계수출시장 규모}}$

1. (O) A국 전체 수출액과 항공기 세계수출시장 규모를 비교하므로

→ A국 전체 수출액 대비 항공기 품목 세계수출 시장규모 = $\frac{\text{항공기 세계수출시장 규모}}{\text{A국 전체 수출액}} = \frac{X}{Y}$

2018년 항공기: 3.0/0.1 = 30이므로 항공기 세계수출시장규모가 A국 전체 수출액의 15배 이상이다.

2. (X) A국 전체 수출액은 변화하지 않는다.

따라서 $\frac{\text{해당품목 세계수출시장 규모}}{\text{A국 전체 수출액}}$를 통하여 비교할 수 있다.

$\frac{\text{해당품목 세계수출시장 규모}}{\text{A국 전체 수출액}} = \frac{X}{Y}$ → 2016년 선박 = $\frac{5}{1}$ 2018년 선박 = $\frac{3}{1}$ → 규모가 변화하였다.

답 (O, X)

적용문제-04 (외 13-03)

다음 〈표〉는 2011년 주요 국가별 의사 수 및 인구 만명당 의사 수에 대한 자료이다. 이에 대한 〈설명〉의 정오는?

〈표〉 2011년 주요 국가별 의사 수 및 인구 만명당 의사 수

(단위: 명, %)

국가	의사 수	전년대비 증감률	인구 만명당 의사 수	전년대비 증감률
A	12,813	0.5	29	2.1
B	171,242	1.5	18	3.3
C	27,500	1.0	31	1.5
D	25,216	2.0	35	0.5
E	130,300	1.5	33	0.5
F	110,124	3.0	18	0.4
G	25,332	1.5	31	-0.5
H	345,718	3.3	60	5.5

※ 인구 만명당 의사 수는 소수점 아래 첫째 자리에서 반올림함.

설명

1. 2011년 기준 C, D, E 3개국 중 인구가 가장 적은 국가는 D이다. (O, X)

2. 2011년 인구가 2010년보다 많은 국가의 수는 4개이다. (O, X)

자료(체크리스트)

① 분수구조의 식들을 파악했는가?

설명

▸ 목적 파트는?

▸ 정보 파트는?

▸ 정오 파트는?

관점 적용하기

1. (O) 인구당 의사수 = $\frac{\text{의사수}}{\text{인구}}$ → 인구 = $\frac{\text{의사수}}{\text{인구당 의사수}}$

D($\frac{25,216}{35}$)는 C, D, E 중 인구당 의사수(분모)는 가장 크고, 인구수(분자)는 가장 작다.

따라서 인구수가 가장 적다.

2. (O) 10년 인구수 = $\frac{\text{10년 의사수}}{\text{10년 인구당 의사수}}$ = $\frac{\text{11년 의사수}/(1+\text{증감률})}{\text{11년 인구당 의사수}/(1+\text{증감률})}$

→ 10년 인구수 = 11년 인구수$\frac{(1+\text{인구당 의사증감률})}{(1+\text{의사증감률})}$

$\frac{1+\text{인구당 의사증감률}}{1+\text{의사증감률}}$이 1보다 크다면 10년 인구가 11년 인구보다 많다

따라서 11년 인구가 10년 인구보다 많다는 것은, $\frac{1+\text{인구당 의사증감률}}{1+\text{의사증감률}}$이 1보다 작다는 것이고,

인구당 의사 증가율 〈 의사 증가율인 국가를 찾아보면 D, E, F, G로 4개국이다.

답 (O, O)

적용문제-05 (입 19-34)

다음 〈표〉는 병원이용과 관련된 설문조사에 참여한 개인들의 고혈압과 당뇨에 관한 응답을 정리한 자료이다. 이에 대한 〈설명〉의 정오는?

〈표〉 성별 · 연령별 고혈압 및 당뇨 환자(2010년 · 2015년)(단위: 명, %)

구분		고혈압				당뇨	
		2010년		2015년		2010년	2015년
		환자수	비율	환자수	비율	환자수	환자수
성별	남성	989	11.0	1,187	13.1	411	547
	여성	1,234	13.8	1,347	14.9	425	524
연령	29세 이하	2	( )	7	( )	7	4
	30~39세	56	1.9	46	1.6	24	29
	40~49세	227	7.3	230	7.4	94	115
	50~59세	562	23.2	608	20.6	213	260
	60~69세	681	44.0	691	41.6	250	299
	70~79세	570	54.6	656	59.1	205	257
	80세 이상	125	49.3	296	61.1	43	107
	65세 미만	1,168	7.4	1,239	7.8	450	555
	65세 이상	1,055	51.9	1,295	55.9	386	516

※ 1) 비율은 성별 및 연령별 환자수를 해당 성별 및 연령별 응답인원으로 나눈것임.

예를 들어 2010년 80세 이상 응답인원은 $\frac{125명}{49.3\%}$=254명임.

2) 설문조사의 항목은 성별, 연령, 고혈압유무, 당뇨유무로 구성됨.

설명

1. 2015년 조사에서 여성응답자 중 당뇨환자의 비율이 남성응답자 중 당뇨환자의 비율보다 높다.

(O, X)

자료(체크리스트)

① 분수구조의 식들을 파악했는가?

설명

▸목적 파트는?

▸정보 파트는?

▸정오 파트는?

간단 퀴즈

Q 60~64세의 고혈압 환자수를 구할 수 있을까?

A 구할 수 있다.

관점 적용하기

1. (X) 고혈압 환자 비율 = $\frac{환자수}{응답자}$

2015년 남성 고혈압환자 대비 여성 고혈압환자 ($\frac{1,347}{1,187}$ ≒ 1.1)와

남성비율 대비 여성비율 $\frac{14.9}{13.1}$≒1.1으로 유사하다.

분수간의 배수와 분자간의 배수가 유사하다는 것은, 분모의 크기가 유사하다는 것을 말한다.
(※ 분모가 동일할 때, 비중(분수) ∝ 해당값(분자)의 아이디어를 사용하는 것을 반대로 생각해보자.)
남성 응답자와 여성 응답자가 크게 차이 나지 않는다.
따라서 2015년의 남성 당뇨 환자가 여성보다 많으므로 당뇨 환자 비율도 남성이 더 높다.

답 (X)

MEMO

IV

체크리스트

01 체크리스트
02 외적구성
03 내적구성
04 추가 정보
05 그림 자료
06 다중 자료

추가정보란 자료외로 주어진 정보를 말한다.
주로 발문과 각주를 통해 정보를 준다.
발문에서 제공하는 추가정보는 크게 2종류이다.
① 문제의 유형 ② 추가 정보
각주에서 추가정보를 제공하는 방식이 2종류이다.
① 공식 ② 설명형

제공된 추가정보는 대게 변형이 필요하다.
따라서 변형하는 연습을 통해 변형의 어려움을 없에야 한다.

1 발문

Q 발문의 정의는 무엇인가요?

발문이란 문제를 시작하는 부분을 의미한다.
발문의 구성요소는 총 3가지이다.

발문의 구성요소	
1) 자료에 대한 설명 제시	모든 발문에 등장하며, 자료에 대한 특징을 가볍게 정리해주는 부분이다. 자료의 외적구성의 내용과 매우 유사하다.
2) 추가정보 제시	특별한 몇몇 발문에서만 제공된다. 만약 추가정보가 제시된다면, 문제 풀이에 큰 힌트가 된다.
3) 문제 유형의 제시	모든 발문에 등장하며, 해야할 것이 무엇인지를 제시하는 부분이다. 해야할 것에 따라 문제의 유형의 분류가 가능하다. 각각 문제의 유형마다 특징이 존재하기에, 효율적인 접근방법이 존재한다. 효율적인 접근은 풀이 시간은 줄이고, 정답률은 높게 만들어준다.

아래의 예시 발문을 구성요소별로 분류해보자.

ex) 다음 〈표〉는 '갑'시의 거주구역별 성별 인구분포에 관한 자료이다. '갑'시의 남성 인구는 200명, 여성인구는 300명일 때, 이에 대한 〈보기〉의 설명 중 옳은 것만을 모두 고르면? (민경채 15-06)	
1) 자료에 대한 설명 제시	다음 〈표〉는 '갑'시의 거주구역별 성별 인구분포에 관한 자료이다. → 아래의 나올 자료는 〈표〉이며, '갑'시의 인구분포에 대한 자료이다.
2) 추가 정보 제시	'갑'시의 남성 인구는 200명, 여성인구는 300명일 때, → 추가정보를 제공해준 부분이며, 매우 중요한 부분이다.
3) 문제 유형의 제시	이에 대한 〈보기〉의 설명 중 옳은 것만을 모두 고르면? → 제시하는 해야 할 것은 〈보기〉의 설명들의 정오를 판단하는 것이다. 따라서 주어진 보기들의 설명의 정오를 판단하여 답을 찾아야 한다.

Q 문제의 유형은 무엇이 있나요?

문제의 유형은 ① 일반형 ② 매칭형 ③ 기타형으로 나눠진다.

① 일반형

발문	1) 이에 대한 설명으로 옳은 것은? 2) 이에 대한 〈보기〉의 설명 중 옳은 것만을 모두 고르면?
접근 방법	일반형은 선지 또는 〈보기〉의 정오를 판단하는 유형이다. 선지의 정오를 판단하는 유형은 일반형 (①~⑤형)이고, 〈보기〉의 정오를 판단하는 유형은 일반형 (ㄱ~ㄹ형)이다. 일반형은 모든 선지와 〈보기〉의 정오를 판단해야 답이 나오는 형태가 아니다. 따라서, 답을 찾게 된다면, 더 이상 풀어야 할 이유가 없다.

② 매칭형

발문	바르게 나열한 것은?
접근 방법	매칭형은 선지에 나열된 것 중 바르게 나열 된 것이 단 1개 밖에 없는 구조이다. 따라서, 선지에 있는 값, 혹은 명사들중 바르게 나열 된 것이 무엇인지만 파악하면 된다. 예를 들어, 주어진 선지에서 제시된 A의 값이 70, 80, 90이라면, A의 값은 70, 80, 90 중에 하나라는 것을 알려준 것과 같다.

③ 기타형

발문	일반형과 매칭형이 아닌 형태
접근 방법	기타형은 발문에서 제시하는 것이 일반형이나 매칭형이 아닌 것을 경우를 말한다. 그렇기에 발문이 설명의 목적을 대신하기도 한다. 만약 '기타형'이라고 판단된다면, 일반형이나 매칭형보다 발문을 더 힘줘서 읽어야 한다.

적용문제-01 (5급 20-30)

다음 〈표〉는 '갑'지역 조사 대상지에 대한 A, B 두 기관의 토지피복 분류 결과를 상호비교한 것이다. 이에 대한 설명으로 옳은 것은?

〈표〉 토지피복 분류 결과

(단위: 개소)

			B 기관						
	대분류		농업지역		산림지역			수체지역	소계
		세부분류	논	밭	침엽수림	활엽수림	혼합림	하천	
A 기관	농업지역	논	840	25	30	55	45	35	1,030
		밭	50	315	20	30	30	15	460
	산림지역	침엽수림	85	50	5,230	370	750	20	6,505
		활엽수림	70	25	125	3,680	250	25	4,175
		혼합림	40	30	120	420	4,160	20	4,790
	수체지역	하천	10	15	0	15	20	281	341
	소계		1,095	460	5,525	4,570	5,255	396	17,301

① A 기관이 밭으로 분류한 대상지 중 B 기관이 혼합림으로 분류한 대상지의 비율은, B 기관이 밭으로 분류한 대상지 중 A 기관이 혼합림으로 분류한 대상지의 비율과 같다.

② B 기관이 침엽수림으로 분류한 대상지 중 10% 이상을 A 기관은 다른 세부분류로 분류하였다.

③ B 기관이 논으로 분류한 대상지 중 A 기관도 논으로 분류한 대상지의 비율은, A 기관이 논으로 분류한 대상지 중 B 기관도 논으로 분류한 대상지의 비율과 같다.

④ 두 기관 모두 산림지역으로 분류한 대상지 중 두 기관 모두 활엽수림으로 분류한 대상지가 차지하는 비율은 30% 이상이다.

⑤ 두 기관 모두 농업지역으로 분류한 대상지 중 두 기관이 서로 다른 세부분류로 분류한 대상지가 차지하는 비율은, A 또는 B 기관이 하천으로 분류한 대상지 중 두 기관 모두 하천으로 분류한 대상지의 비율보다 크다.

✓ 자료(체크리스트)

① 발문을 파악했는가?

② 문제의 유형은 무엇인가?

✓ 설명

▸ 목적 파트는?

▸ 정보 파트는?

▸ 정오 파트는?

간단 퀴즈

Q ①~⑤까지의 정오를 모두 구해야 할까?

A 그럴 이유가 없다.

관점 적용하기

발문: 이에 대한 설명으로 옳은 것은? → 문제유형 일반형: 답만 찾으면 끝이다.

① (O) 목적: A기관이 밭으로 분류한 대상지중 B기관이 혼합림으로 분류한 비율 = $\frac{30}{460}$

목적: B기관이 밭으로 분류한 대상지중 A기관이 혼합림으로 분류한 비율 = $\frac{30}{460}$

둘은 같으므로 옳다.

② (X) 목적: B기관이 침엽수림으로 분류한 대상지중 A기관은 다른 분류

$= \frac{30+20+125+120}{5525}$ 〈 10%이므로, 옳지 않다.

※ 여집합적 사고를 이용하면, $\frac{5230}{5525}$이 90%보다 작은지 확인하자.

③ (X) 목적: B기관이 논으로 분류한 대상지중 A기관도 논으로 분류한 대상지 비율 = $\frac{840}{1095}$

목적: A기관이 논으로 분류한 대상지중 B기관도 논으로 분류한 대상지 비율 = $\frac{840}{1030}$

둘의 분모가 다르므로 분수값은 당연히 다르다.

④ (X) 목적: 두 기관 모두 산림지역으로 분류한 대상지중 두 기관모두 활엽수림으로 분류한 대상지

$= \frac{3680}{5230+370+750+125+3680+250+120+420+4160}$ 〈 30%이므로 옳지 않다.

※ 분자가 3680이므로, 비율이 30% 이상이기위해서는 분자가 12000보다 작아야 한다.
그러나 5230+3680+4160만 해도 12000에 매우 근접하기에 절대로 30% 이하일 수 없다.

⑤ (X) 목적: 두 기관 모두 농업으로 분류한 대상지중 두 기관이 서로 다르게 분류한 대상지 비율

$= \frac{25+50}{840+25+50+315}$ → 분자의 합이 75이므로, 아무리 그 값을 크게 생각해도 10%를 넘기 힘들다.

목적: A 또는 B 기관이 하천으로 분류한 대상 중 두 기관이 모두 하천으로 분류한 대상지 비율

$= \frac{281}{10+15+15+20+281+35+15+20+25+20}$

→ 위의 목적이 10%를 넘기 힘들다고 어림 잡았기에, 분모의 크기가 2810보다 클지 생각해보자.
절대로 분모는 2810보다 클 리가 없다.

답 ①

적용문제-02 (5급 13-14)

정당별 득표수가 〈표〉와 같을 때, 다음 〈배분방식〉을 이용하여 시의회 의석(6석)을 정당(A ~ D)에 배분하려고 한다. 이 때, B 정당과 C 정당에 배분되는 의석수를 바르게 나열한 것은?

〈표〉 정당별 득표수

정당	득표수
A	10,000
B	6,000
C	2,000
D	1,300

| 배분방식 |

- 단계 1: 득표수가 가장 많은 정당에 1석을 배분한다.
- 단계 2: 각 정당별로 $\frac{\text{정당득표수}}{\text{배분된 누적의석수} + 1}$ 를 계산하고, 미배분 의석 중 1석을 이 값이 가장 큰 정당에 배분한다.
- 단계 3: 시의회 의석이 모두 배분될 때까지 단계 2를 반복한다.

| 배분예시 |

두 번째 의석까지 배분 후 정당별 누적의석수

구분 \ 정당	A	B	C	D
첫 번째 의석 배분 후	1	0	0	0
두 번째 의석 배분 후	1	1	0	0

	B	C
①	1	0
②	1	1
③	2	0
④	2	1
⑤	3	0

✓ 자료(체크리스트)

① 발문을 파악했는가?

② 문제의 유형은 무엇인가?

✓ 설명

▸ 목적 파트는?

▸ 정보 파트는?

▸ 정오 파트는?

간단 퀴즈

Q 주어진 선지를 잘 활용했는가?

A 그렇다.

관점 적용하기

발문의 목적: 총 6석을 배분하였을 때 B정당과 C정당에 배분되는 의석수
선지에 의하여 B정당은 1,2,3으로 3개이고, C정당은 0,1으로 2개이다.
따라서, C정당에 0과 1을 각각 대입해보자.

배분방식에 의하면, 득표수가 가장 많은 정당에게 시의회 의석을 배분한다.
단계 1에서는 각각의 득표수가 그대로 적용되며,
단계 2에서는 배분된 의석수에 따라서 득표수가 변화한다. 이값을 변화 득표수라 명명하자.
변화 득표수가 가장 큰 정당에게 의석을 배분한다.
C정당 의석수에 0 또는 1을 대입한다는 것은 단계 2에 숫자를 대입하는 것을 의미한다.

1) C정당에 0 대입하기

C정당의 변화 득표수: $\frac{2000}{0+1} = 2000$

변화 득표수가 2000보다 클 수 있는 정당은 A와 B뿐이다.
A와 B가 각각 변화 득표수가 2000이 되기 위해서 필요한 누적의석수는
A = 4석, B = 2석이다. 총 배분 의석수가 6석이므로 A와 B만으로 모든 의석이 배분된다.

따라서, 정답은 A = 4석 B = 2석 C = 0석 D = 0석으로 ③번이다.

답 ③

적용문제-03 (5급 16-11)

다음 〈표〉는 A카페의 커피 판매정보에 대한 자료이다. 한 잔만을 더 판매하고 영업을 종료한다고 할 때, 총이익이 정확히 64,000원이 되기 위해서 판매해야 하는 메뉴는?

〈표〉 A카페의 커피 판매정보

(단위: 원, 잔)

구분 / 메뉴	한 잔 판매 가격	현재까지의 판매량	한 잔당 재료(재료비)				
			원두 (200)	우유 (300)	바닐라시럽 (100)	초코시럽 (150)	카라멜시럽 (250)
아메리카노	3,000	5	○	×	×	×	×
카페라떼	3,500	3	○	○	×	×	×
바닐라라떼	4,000	3	○	○	○	×	×
카페모카	4,000	2	○	○	×	○	×
카라멜 마끼아또	4,300	6	○	○	○	×	○

※ 1) 메뉴별 이익 = (메뉴별 판매가격 − 메뉴별 재료비) × 메뉴별 판매량
2) 총이익은 메뉴별 이익의 합이며, 다른 비용은 고려하지 않음.
3) A카페는 5가지 메뉴만을 판매하며, 메뉴별 한 잔 판매가격과 재료비는 변동 없음.
4) ○: 해당 재료 한 번 사용, ×: 해당 재료 사용하지 않음.

① 아메리카노
② 카페라떼
③ 바닐라라떼
④ 카페모카
⑤ 카라멜마끼아또

자료(체크리스트)

① 발문을 파악했는가?

② 문제의 유형은 무엇인가?

설명

▸ 목적 파트는?

▸ 정보 파트는?

▸ 정오 파트는?

관점 적용하기

발문의 목적: 총이익 64,000원이 되기 위해 한잔 더 판매해야 할 메뉴는?
구해야할 것
1) 현재의 총이익 2 한잔당 총이익 (한잔 더 팔아야하므로)
따라서, 현재의 총이익을 구할 때, 한잔당 총이익을 거쳐서 현재의 총이익을 구하자.
2) 한잔당 총이익 = 한잔판매가격 − 한잔당 재료비

아메리카노	카페라떼	바닐라라떼	카페모카	카라멜 마끼야또
2,800	3,000	3,400	3,350	3,450

1) 현재의 총이익 = 한잔당 총이익 × 판매량

아메리카노	카페라떼	바닐라라떼	카페모카	카라멜 마끼야또
14,000	9,000	10,200	6,700	20,700

따라서, 60,600원이므로 한잔더 판매해야할 음료는 바닐라라떼이다.

※ 한잔당 총이익을 보면 모두 백의 자리와 십의 자리의 숫자가 다른 것을 확인할 수 있다.
따라서, 총이익을 구할 때, 백의 자리까지만 신경써도 충분하다.

답 ③

적용문제-04 (5급 08-20)

철수는 어느 날 밤 A회사의 택시가 사고를 내고 도주하는 것을 목격하고 그 택시 색깔을 파란색으로 판정하였다. 철수가 야간에 초록색과 파란색을 구분하는 능력에 관한 실험 결과인 다음 〈표〉를 이용할 때, 이에 대한 〈설명〉의 정오는? (단, A회사 택시는 총 500대로 400대는 초록색, 나머지 100대는 파란색이다)

〈표〉 철수가 야간에 색깔을 구분하는 능력에 관한 실험 결과 (단위: 회)

실제 택시 색깔 \ 철수의 판정	초록색	파란색	합
초록색	64	16	80
파란색	4	16	20
계	68	32	100

설명

1. 실험에서 철수가 초록색으로 판정한 택시가 실제 초록색일 확률은 0.8이다. (O, X)
2. A회사의 초록색 택시가 300대이고 파란색 택시가 200대였다면 사고에 대한 철수의 판정이 맞을 확률은 높아진다. (O, X)

자료(체크리스트)

① 발문을 파악했는가?

② 추가정보는 무엇인가?

설명

▸ 목적 파트는?

▸ 정보 파트는?

▸ 정오 파트는?

간단 퀴즈

Q 가중평균으로 생각 할 수 있는가?

A 그렇다.

관점 적용하기

발문에서의 추가정보
① 철수의 판정은 파란색, ② A회사의 택시는 400대는 초록색 100대는 파란색이다.

1. (X) 철수가 초록색으로 판정한 차량 중 실제로 초록색이 차량은 $\frac{64}{68}$으로 0.8이 아니다.
2. (O) 철수의 판정이 맞다는 것은
철수가 파란색으로 판정한 차량 중 실제로 파란색이 차량인 경우를 의미한다.
우리 극단적으로 생각해보자.
만약, A회사의 택시가 모두 파란색이라면 철수의 판정이 맞을 확률을 얼마일까? → 100%
만약, A회사의 택시가 모두 초록색이라면 철수의 판정이 맞을 확률은 얼마일까? → 0%
그렇다면 초록색은 줄고, 파란색은 늘어난다면 철수의 판정이 맞을 확률은 어떻게 될까?
당연히 증가한다. 초록색은 300대, 파란색은 200대가 되면 철수의 판정이 옳을 확률이 높아진다.

답 (X, O)

적용문제-05 (5급 13-02)

다음 〈그림〉은 2010년 세계 인구의 국가별 구성비와 OECD 국가별 인구를 나타낸 자료이다. 2010년 OECD 국가의 총 인구 중 미국 인구가 차지하는 비율이 25%일 때, 이에 대한 〈설명〉의 정오는?

〈그림 1〉 2010년 세계 인구의 국가별 구성비

(단위: %)

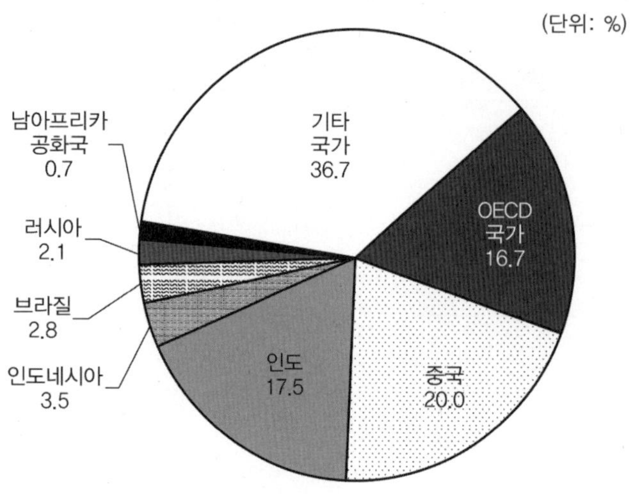

〈그림 2〉 2010년 OECD 국가별 인구

(단위: 백만명)

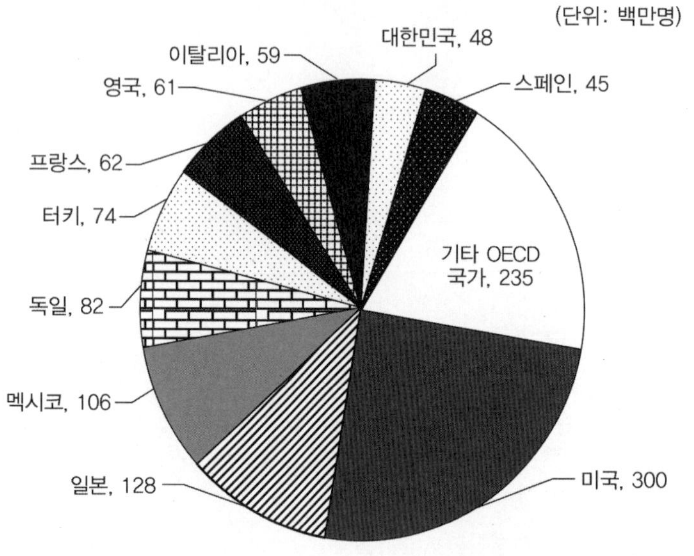

설명
1. 2010년 세계 인구는 70억명 이상이다. (O, X)
2. 2010년 OECD 국가의 총 인구 중 터키 인구가 차지하는 비율은 5% 이상이다. (O, X)

✓ 자료(체크리스트)

① 발문을 파악했는가?

② 추가정보는 무엇인가?

✓ 설명

▸ 목적 파트는?

▸ 정보 파트는?

▸ 정오 파트는?

간단 퀴즈

Q 발문의 정보를 보지 못했다면 어떻게 풀어야 할까?

A 미국의 원형에서의 각도를 이용하여 어림셈

관점 적용하기

1. (O) 발문에서 미국 인구(3억명)가 OECD의 25%($\frac{1}{4}$)라고 하였으므로 OECD 전체 인구는 1.2억명
   전세계에서 OECE가 차지하는 비율이 16.7%($\frac{1}{6}$)이므로 전세계인구는 72억명이다.
2. (O) 미국의 300이 25%이므로 OECD인구에서 5%는 60이다. 즉, 터키는 74이므로 5% 이상이다.
   (※ 해당값 $\propto$ 비중이므로 25%가 300이라면 5%는 60이다.)

답 (O, O)

적용문제-06 (5급 21-17)

다음 〈설명〉과 〈표〉는 2019년 12월 31일 기준 우리나라 행정구역 현황에 관한 자료이다. 〈설명〉, 〈표〉와 다음 〈우리나라 행정구역 변천사〉를 이용하여 2012년 6월 30일 광역지방자치단체의 하위 행정구역인 시, 군, 구의 수를 바르게 나열한 것은?

설명

- 광역지방자치단체는 특별시, 광역시, 특별자치시, 도, 특별자치도로 구분된다.
- 기초지방자치단체는 시, 군, 구로 구분된다.
- 특별시는 구를, 광역시는 구와 군을, 도는 시와 군을 하위 행정구역으로 둔다. 단, 도의 하위 행정구역인 시에는 하위 행정구역으로 구를 둘 수 있으나, 이 구는 기초지방자치단체에 해당하지 않는다.
- 특별자치도는 하위 행정구역으로 시를 둘 수 있으나, 이 시는 기초지방자치단체에 해당하지 않는다.
- 시와 구는 읍, 면 동을, 군은 읍, 면을 하위 행정구역으로 둔다.

〈표〉 2019년 12월 31일 기준 우리나라 행정구역 현황

(단위: 개, km^2, 세대, 명)

행정구역	시	군	구	면적	세대수	공무원수	인구	
								여성
서울특별시	0	0	25	605.24	4,327,605	34,881	9,729,107	4,985,048
부산광역시	0	1	15	770.02	1,497,908	11,591	3,413,841	1,738,424
대구광역시	0	1	7	883.49	1,031,251	7,266	2,438,031	1,232,745
인천광역시	0	2	8	1,063.26	1,238,641	9,031	2,957,026	1,474,777
광주광역시	0	0	5	501.14	616,485	4,912	1,456,468	735,728
대전광역시	0	0	5	539.63	635,343	4,174	1,474,870	738,263
울산광역시	0	1	4	1,062.04	468,659	3,602	1,148,019	558,307
세종특별자치시	0	0	0	464.95	135,408	2,164	340,575	170,730
경기도	28	3	17	10,192.52	5,468,920	45,657	13,239,666	6,579,671
강원도	7	11	0	16,875.28	719,524	14,144	1,541,502	766,116
충청북도	3	8	4	7,406.81	722,123	10,748	1,600,007	789,623
충청남도	8	7	2	8,245.55	959,255	14,344	2,123,709	1,041,771
전라북도	6	8	2	8,069.13	816,191	13,901	1,818,917	914,807
전라남도	5	17	0	12,345.20	872,628	17,874	1,868,745	931,071
경상북도	10	13	2	19,033.34	1,227,548	21,619	2,665,836	1,323,799
경상남도	8	10	5	10,540.39	1,450,822	20,548	3,362,553	1,670,521
제주특별자치도	2	0	0	1,850.23	293,155	2,854	670,989	333,644
계	77	82	101	100,448.22	22,481,466	239,310	51,849,861	25,985,045

우리나라 행정구역 변천사

- 2012년 1월 1일 당진군이 당진시로 승격하였다.
- 2012년 7월 1일 세종특별자치시가 출범하였다. 이로 인하여 충청남도 연기군이 폐지되어 세종특별자치시로 편입되었다.
- 2013년 9월 23일 여주군이 여주시로 승격되었다.
- 2014년 7월 1일 청원군은 청주시와의 통합으로 폐지되고, 청주시에 청원구, 서원구가 새로 설치되어 구가 4개가 되었다.
- 2016년 7월 4일 부천시의 3개 구가 폐지되었다.

※2012년 1월 1일 이후 시, 군, 구의 설치, 승격, 폐지를 모두 포함함.

✔ 자료(체크리스트)

① 발문을 파악했는가?

② 추가정보는 무엇인가?

✔ 설명

▸목적 파트는?

▸정보 파트는?

▸정오 파트는?

간단 퀴즈

Q 고정값이 없는 폭폭폭에서 지켜야 할 관점은?

A 계산의 2단계를 준수한다.

	시	군	구
①	74	86	100
②	74	88	100
③	76	85	102
④	76	86	102
⑤	78	83	100

관점 적용하기

발문에서 12년 6월 30일의 결과 값을 구하라고 지시하였다.
해당 〈표〉는 19년 12월 31일에 대한 자료이며, 〈변천사〉는 12년 1월 1일 이후에 대한 정보이다.
발문에서 요구한 12년 6월 30일까지만 뒤로 돌아가면서 생각해야 한다.
변천사 조건 중 12년 1월 1일 당진군이 당진시로 승격하였다를 제외하고 모두 고려하면
시 1개 감소, 군 3개 증가 구 1개 증가로 정답은 ③번이다.

답 ③

2 공식

Q 공식의 정의는 무엇인가요?

각주에 공식이 주어진 경우를 말한다.
앞서 배운 내적구성 - 분수 구조와 매우 유사하나, 추론이 필요가 없다.

Q 공식은 설명에서 어떻게 사용되나요?

설명의 목적을 추론할 때 공식이 사용된다.
추론을 하기 위해서는 공식의 변형이 필요하며, 변형의 방법은 크게 2가지이다

	공식의 변형
이항	① 덧셈과 뺄셈의 이항: 덧셈은 뺄샘으로 뺄셈은 덧셈 변하며 이항 A+B-C = D → B를 이항한다면 A-C = D-B A+B-C = D → C를 이항한다면 A+B = D+C ② 곱셈과 나눗셈의 이항: 곱셈은 나눗셈으로, 나눗셈은 곱셈으로 이항 (※ 곱셈 = 분자, 나눗셈 = 분모) A×B÷C = D → B를 이항한다면 A÷C = D÷B ($\frac{A\times B}{C}$ = $\frac{D}{1}$ → $\frac{A}{C}$ = $\frac{D}{B}$) A×B÷C = D → C를 이항한다면 A×B = D×C ($\frac{A\times B}{C}$ = $\frac{D}{1}$ → $\frac{A\times B}{1}$ = $\frac{D\times C}{1}$)
대입	필요한 정보가 하나의 식만으로 추론 할 수 없을 때는 두 개의 식을 하나로 연결해야 한다. 두 개의 식을 하나로 연결할 때는 '대입'하여 하나의 식으로 만들자. ex) $x=\frac{B}{A}$와 $y=\frac{A}{C}$ → 필요한 정보가 $\frac{B}{C}$라면, $x=\frac{B}{A}$에는 B가 존재하고, $y=\frac{A}{C}$에는 C가 존재한다. 따라서, 각각 B와 C에 대해 정리하자. $B=x\times A$, $C=\frac{A}{y}$, $\frac{B}{C}$에 B와 C를 각각 대입하면, $\frac{B}{C}$ = $\frac{x\times A}{A/y}$이다. A를 약분하여 정리하면, $\frac{B}{C}$ = $x\times y$ 이다.

하지만, 목적에 맞게 공식을 변형 하기 전에 혹시, 이것이 내가 아는 배경지식은 아닐까를 먼저 생각해봐야 한다.
관점 익히기 - 곱셈 비교 - 사각테크닉 - 적용문제 05번에서 회원 할인율이 각주에 나왔을 때,
실제로 식을 변형하여 접근하는 것보다는 이미 아는 배경지식인 '할인율'의 정의로 접근하는 것이 훨씬 쉽다.
이처럼, 목적에 맞게 공식을 변형 하기 전에 꼭! 꼭! 배경지식으로 포섭할 수는 없는지 생각해보자.

적용문제-01 (5급 16-09)

다음 〈표〉는 2012년 어린이집 및 유치원의 11개 특별활동프로그램 실시 현황에 관한 자료이다.

〈표〉 어린이집 및 유치원의 11개 특별활동프로그램 실시 현황

(단위: %, 개, 명)

구분 / 특별활동프로그램	어린이집			유치원		
	실시율	실시 기관 수	파견 강사 수	실시율	실시 기관 수	파견 강사 수
미술	15.7	6,677	834	38.5	3,250	671
음악	47.0	19,988	2,498	62.7	5,294	1,059
체육	53.6	22,794	2,849	78.2	6,600	1,320
과학	6.0	( )	319	27.9	( )	471
수학	2.9	1,233	206	16.2	1,366	273
한글	5.8	2,467	411	15.5	1,306	291
컴퓨터	0.7	298	37	0.0	0	0
교구	15.2	6,464	808	15.5	1,306	261
한자	0.5	213	26	3.7	316	63
영어	62.9	26,749	6,687	70.7	5,968	1,492
서예	1.0	425	53	0.6	51	10

※ 1) 해당 특별활동프로그램 실시율(%) = $\frac{\text{해당 특별활동프로그램 실시 어린이집(유치원)수}}{\text{특별활동프로그램 실시 전체 어린이집(유치원)수}} \times 100$

2) 어린이집과 유치원은 각각 1개 이상의 특별활동프로그램을 실시하며, 2012년 특별활동프로그램 실시 전체 어린이집 수는 42,527개이고, 특별활동프로그램 실시 전체 유치원 수는 8,443개임.

설명

1. 특별활동프로그램 중 '과학' 실시기관 수는 유치원이 어린이집보다 많다. (O, X)

자료(체크리스트)

① 각주를 확인했는가?

② 포섭될 배경지식이 있는가?

설명

▸ 목적 파트는?

▸ 정보 파트는?

▸ 정오 파트는?

간단 퀴즈

Q 각주(※)2가 없다면 어떻게 푸는 것이 좋을까?

A 계산의 2단계를 준수한다.

관점 적용하기

1. (X) 실시 기관수 = 실시율 × 전체 기관 수
   유치원 과학 : 27.9× 8,443
   어린이집 과학 : 6.0×42,527
   전체 기관수는 5배 이상 차이 나는데, 실시율은 5배 이하 차이난다. 따라서 어린이집이 더 크다.

답 (X)

적용문제-02 (5급 15-12)

다음 〈표〉는 2009년 8개 지역의 상·하수도 보급 및 하수도요금 현황에 대한 자료이다.

〈표〉 지역별 상·하수도 보급 현황

구분 지역	인구 (천명)	상수도			하수도	
		급수인구 (천명)	보급률 (%)	1일급수량 (천㎥)	처리인구 (천명)	보급률 (%)
전국	50,642	47,338	93.5	15,697	45,264	89.4
강원	1,526	1,313	86.0	579	1,175	( )
충북	1,550	1,319	85.1	477	1,208	77.9
충남	2,075	1,483	71.5	526	1,319	( )
전북	1,874	1,677	89.5	722	1,486	79.3
전남	1,934	1,426	73.7	497	1,320	( )
경북	2,705	2,260	83.5	966	1,946	71.9
경남	3,303	2,879	87.2	1,010	2,732	82.7
제주	568	568	100.0	196	481	84.7

※ 1) 상수도 보급률(%) = $\frac{\text{상수도 급수인구}}{\text{인구}} \times 100$

2) 하수도 보급률(%) = $\frac{\text{하수도 처리인구}}{\text{인구}} \times 100$

설명

1. 상수도 보급률이 가장 낮은 지역이 하수도 보급률도 가장 낮다. (O, X)

자료(체크리스트)

① 각주를 확인했는가?

② 포섭될 배경지식이 있는가?

설명

▸ 목적 파트는?

▸ 정보 파트는?

▸ 정오 파트는?

간단 퀴즈

Q 급수인구와 처리인구의 차이값을 이용할 순 없을까?

A 있다.

관점 적용하기

1. (O) 상수도 보급률이 가장 낮은 지역 = 충남. 그렇다면 충남의 하수도 보급률은 가장 낮은가?
상수도 보급률과 하수도 보급률의 분모는 동일하다 → 비중처럼 생각하자.
충남의 처리인구는 급수인구의 0.9배 이하이므로 하수도 보급률도 상수도 보급률의 0.9배 이하이다.
하수도 보급률 = 64%↓
다른 지역 중 64%보다 작은 지역은 존재하지 않는다. 따라서 하수도 보급률도 충남이 가장 낮다.

답 (O)

적용문제-03 (5급 14-17)

다음 〈표〉는 동일한 산업에 속한 기업 'A~E'의 소유구조에 관한 자료이다. 이에 대한 〈설명〉의 정오는?

〈표 1〉 A~E의 소유구조

(단위: %, 명, 천주, 억원)

기업 \ 구분	대주주		소액주주		기타주주		총발행 주식수	시가 총액
	지분율	주주수	지분율	주주수	지분율	주주수		
A	40	3	40	2,000	20	20	3,000	900
B	20	1	50	2,500	30	30	2,000	500
C	50	2	20	4,000	30	10	10,000	500
D	30	2	30	3,000	40	10	1,000	600
E	15	5	40	8,000	45	90	5,000	600

※ 1) 해당 주주의 지분율(%) = $\frac{\text{해당 주주의 보유주식수}}{\text{총발행주식수}} \times 100$

2) 시가총액 = 1주당 가격 × 총발행주식수

3) 해당 주주의 주식시가평가액 = 1주당 가격 × 해당 주주의 보유주식수

4) 전체 주주는 대주주, 소액주주, 기타주주로 구성함.

설명

1. B의 대주주의 보유주식수는 400,000주이다. (O, X)

2. 기타주주 주식시가평가액의 합은 A가 D보다 크다. (O, X)

자료(체크리스트)

① 각주를 확인했는가?

② 포섭될 배경지식이 있는가?

설명

▸ 목적 파트는?

▸ 정보 파트는?

▸ 정오 파트는?

간단 퀴즈

Q 주식에 대하여 알고 있는가? 만약, 주식에 대해서 모른다면 지분율을 무엇으로 포섭하면 좋을까?

A 비중

관점 적용하기

지분율 = 전체 주식 중 해당주주가 가지고 있는 주식수
시가 총액 = 1주당 가격 × 총발행주식수 → 시가총액은 전체 주식(100%)의 가치
주식시가평가액 = 1주당 가격 × 보유 주식수 → 주식시가평가액은 주식 보유만큼(지분율)의 가치

1. (O) B의 대주주의 지분율 = 20%
전체 주식수 = 2,000(천주)이므로 B의 보유 주식수 = 400(천주)이므로 400,000주이다.

2. (X) 기타주주의 주식시가평가액
A의 기타주주의 지분율 = 20%, 시가총액 = 900 → 주식시가평가액 = 180
D의 기타주주의 지분율 = 40%, 시가총액 = 600 → 주식시가평가액 = 240
A가 D보다 작다.

답 (O, X)

적용문제-04 (5급 14-10)

다음 〈표〉는 '갑' 아파트 '가' 세대의 관리비 부과내역, 전기, 수도, 온수 사용량과 세대별 일반관리비 산출근거를 나타낸 자료이다. 이에 대한 〈설명〉의 정오는?

〈표 1〉 2013년 8월, 9월 '가' 세대의 관리비 상세 부과내역

(단위: 원)

항목	8월	9월
전기료	93,618	52,409
수도료	17,595	27,866
일반관리비	33,831	36,187
경비비	30,760	33,467
장기수선충당금	20,502	20,502
급탕비	15,816	50,337
청소비	11,485	12,220
기타	18,413	17,472
합계	242,020	250,460

〈표 2〉 세대별 관리비 상세 부과내역 중 일반관리비 산출근거 자료

세대유형	세대별 면적(m^2)	세대 수	세대유형총 면적(m^2)
A	76.3	390	(　)
B	94.9	90	(　)
C	104.8	210	(　)
D	118.9	90	10,701
E	146.4	180	(　)
합계	-	960	97,359

※ 1) 세대유형 총 면적(m^2) = (해당 세대유형)세대별 면적 × (해당 세대유형)세대 수

2) 단위면적당 일반관리비(원/m^2) = $\frac{\text{아파트 일반관리비 총액}}{\text{세대유형 총 면적의 합계}}$

3) 세대별 일반관리비(원) = 단위면적당 일반관리비 × 세대별 면적

4) 세대별 면적은 소수점 아래 둘째 자리에서 반올림함.

설명

1. 2013년 9월 '갑' 아파트 일반관리비 총액이 24,065,198원이면 '가' 세대의 세대 유형은 D이다.

(O, X)

2. C의 세대유형 총 면적은 세대유형 총 면적의 합계의 25% 이하이다.

(O, X)

자료(체크리스트)

① 각주를 확인했는가?

② 포섭될 배경지식이 있는가?

설명

▸ 목적 파트는?

▸ 정보 파트는?

▸ 정오 파트는?

간단 퀴즈

Q '단위면적당'은 어떤 의미일까?

관점 적용하기

1. (X) 세대별 일반관리비 = 단위면적당 일반관리비 × 세대별 면적 (※ 각주 2를 대입하자.)

$$\rightarrow \text{세대별 일반관리비} = \frac{\text{아파트일반관리비 총액}}{\text{세대유형 총 면적의 합계}} \times \text{세대별 면적}$$

$$\rightarrow \frac{\text{세대별 일반관리비}}{\text{아파트일반관리비 총액}} = \frac{\text{세대별 면적}}{\text{세대유형 총 면적의 합계}}$$

→ 즉, 전체면적에서 세대가 차지하는 면적(비중)과 관리비에서 차지하는 비중이 같다.
〈표 2〉에의하여 전체 면적은 97,359이고, 〈표 1〉에 의하여 '가'세대의 일반관리비 36,187원이다.
전체 일반관리비 총액이 24,065,198에서 36,187은 0.15%를 차지하므로
'가'세대의 면적은 '갑'아파트의 전체 면적(97,359)에서 0.15% 정도를 차지해야 한다.
따라서 약 150의 면적을 차지하는 세대유형 E가 '가'세대이다.

2. (O) C세대 유형의 총면적은 105×210, 210에서 5% 정도 증가하였으므로 22,000이다.
$\frac{22,000}{97,359}$이므로 25% 이하이다.

답 (X, O)

적용문제-05 (5급 20-12)

다음 〈표〉는 6개 지목으로 구성된 A 지구의 토지수용 보상비 산출을 위한 자료이다. 이에 대한 〈설명〉의 정오는?

〈표〉 지목별 토지수용 면적, 면적당 지가 및 보상 배율

(단위: ㎡, 만원/㎡)

지목	면적	면적당 지가	보상 배율	
			감정가 기준	실거래가 기준
전	50	150	1.8	3.2
답	50	100	1.8	3.0
대지	100	200	1.6	4.8
임야	100	50	2.5	6.1
공장	100	150	1.6	4.8
창고	50	100	1.6	4.8

※ 1) 총보상비는 모든 지목별 보상비의 합임.
2) 보상비 = 용지 구입비 + 지장물 보상비
3) 용지 구입비 = 면적 × 면적당 지가 × 보상 배율
4) 지장물 보상비는 해당 지목 용지 구입비의 20%임.

설명

1. 모든 지목의 보상 배율을 감정가 기준에서 실거래가 기준으로 변경하는 경우, 총보상비는 변경 전의 2배 이상이다.

(O, X)

2. 보상 배율이 실거래가 기준인 경우, 지목별 보상비에서 용지 구입비가 차지하는 비율은 '임야'가 '창고'보다 크다.

(O, X)

자료(체크리스트)

① 각주를 확인했는가?

② 포섭될 배경지식이 있는가?

설명

▸ 목적 파트는?

▸ 정보 파트는?

▸ 정오 파트는?

관점 적용하기

보상비 = 용지 구입비 + 지장물 보상비 (각주 4를 대입하자.)
보상비 = 용지 구입비 + 용지 구입비 × 0.2 = 1.2 × 용지 구입비 (각주 3을 대입하자.)
보상비 = 1.2 × 면적 × 면적당 지가 × 보상 배율

1. (O) 보상배율을 변경하였을 때, 2배 보다 넘치는 것이 2배 보다 부족한 것을 채울 수 있는지 확인하자.
대지, 임야, 공장, 창고의 경우 2배 보다 넘치고, 전과 답은 2배 보다 부족하다.
전의 경우 실거래가 0.4, 답의 경우 실거래가 0.6이 부족하다.
대지는 면적과 면적당 지가 모두 전과 답보다 크다. 대지에서 0.4와 0.6을 가져와 전과 답을 채우자.
4.8에서 1(0.4+0.6)을 가져와도 3.8로 1.6의 2배이다. 즉, 넘치는 것으로 부족한 것을 채우기 충분하다.

2. (X) 보상비에서 용지구입비가 차지하는 비율에 대하여 물어보고 있다.
위에서 구한 것처럼 보상비 = 1.2 × 용지 구입비이다.
따라서, 보상비에서 용지구입비가 차지하는 비율은 지목의 종류와 상관없이 $\frac{1}{1.2}$으로 고정된다.

답 (O, X)

적용문제-06 (외 13-29)

다음 〈표〉는 고속도로 입지 선정을 위한 후보지별 사업성 평가 점수이다. 고속도로 입지 선정 우선순위가 〈후보지 사업성 가중표준지수 산정규칙〉에 따라 결정될 때, 우선순위가 2위와 4위인 후보지를 바르게 짝지은 것은?

〈표〉 후보지별 고속도로 사업성 평가점수

(단위: 점)

평가항목 / 후보지	경제성	사업안정도	지역낙후도
A	85	60	75
B	95	60	80
C	75	70	85
D	75	80	85
E	95	80	75
평균	85	70	80
범위	20	20	10

※ 가중표준지수가 높을수록 고속도로 입지 후보지 우선순위가 높음.

후보지 사업성 가중표준지수 산정규칙

- 각 후보지의 개별 평가항목에 대한 표준지수 = $\frac{\text{평가점수 - 평균}}{\text{범위}}$
- 후보지별 가중표준지수
  = (0.4 × 경제성 표준지수) + (0.4 × 사업안정도 표준지수)
  + (0.2 × 지역낙후도 표준지수)

	2위	4위
①	D	A
②	D	B
③	D	C
④	E	A
⑤	E	B

자료(체크리스트)

① 각주를 확인했는가?

② 포섭될 배경지식이 있는가?

설명

▸ 목적 파트는?

▸ 정보 파트는?

▸ 정오 파트는?

관점 적용하기

평가항목별 범위와 가중치를 확인해보면

	경제성	사업안정도	지역낙후도
범위	20	20	10
가중치	0.4	0.4	0.2

$\frac{\text{가중치}}{\text{범위}}$의 크기가 모두 동일하다. 즉, 공통이므로 무시하자.

표준지수 ∝ Σ (평가점수−평균)인데, 이 중 평균 또한 공통이므로 무시하자.

즉, 표준지수 ∝ Σ (평가점수)이다.

평가점수의 합이 높은 순서대로 나열하면 E, D, B, C, A이다.

따라서 2위 = D, 4위 = C이다.

답 ③

적용문제-07 (5급 22-28)

다음 〈표〉는 '갑'국의 6 ~ 9월 무역지수 및 교역조건지수에 관한 자료이다. 이에 대한 〈설명〉의 정오는?

〈표 1〉 무역지수

월 \ 구분	수출		수입	
	수출금액지수	수출물량지수	수입금액지수	수입물량지수
6	110.06	113.73	120.56	114.54
7	103.54	106.28	111.33	102.78
8	104.32	108.95	116.99	110.74
9	105.82	110.60	107.56	103.19

※ 수출(입)물가지수 = $\frac{\text{수출(입)금액지수}}{\text{수출(입)물량지수}} \times 100$

〈표 2〉 교역조건지수

월 \ 구분	순상품교역조건지수	소득교역조건지수
6	91.94	( )
7	( )	95.59
8	( )	98.75
9	91.79	( )

※ 1) 순상품교역조건지수 = $\frac{\text{수출물가지수}}{\text{수입물가지수}} \times 100$

2) 소득교역조건지수 = $\frac{\text{수출물가지수} \times \text{수출물량지수}}{\text{수입물가지수}}$

설명

1. 순상품교역조건지수는 매월 100 이하이다.

(O, X)

2. 소득교역조건지수는 9월이 6월보다 낮다.

(O, X)

자료(체크리스트)

① 각주를 확인했는가?

② 포섭될 배경지식이 있는가?

설명

▸ 목적 파트는?

▸ 정보 파트는?

▸ 정오 파트는?

관점 적용하기

$$순상품교역조건지수 = \frac{수출물가지수}{수입물가지수} = \frac{수출금액지수}{수출물량지수} \div \frac{수입금액지수}{수입물량지수} = \frac{수출금액지수}{수출물량지수} \times \frac{수입물량지수}{수입금액지수}$$

$$소득교역조건지수 = \frac{수출물가지수}{수입물가지수} \times 수출물량지수 = 순상품교역조건지수 \times 수출물량지수$$

1. (O) 목적: 순상품교역조건지수 → ① $\frac{수출금액지수}{수출물량지수} \times \frac{수입물량지수}{수입금액지수}$ ② $\frac{소득교역조건지수}{수출물량지수}$

   위의 2가지 방법을 통해서 순상품교역조건지수를 구할 수 있다.
   주어진 〈표 2〉를 보면 7월과 8월의 순상품교역조건지수를 구해야 하는데,
   7월과 8월에 소득교역조건지수가 존재하므로 ②를 사용하는 것이 더 합리적이라고 판단된다.
   7월: $\frac{95.59}{106.28}$, 8월: $\frac{98.75}{108.95}$ → 둘다 100 이하이다.

2. (O) 목적: 소득교역조건지수 → ① $\frac{수출금액지수}{수출물량지수} \times \frac{수입물량지수}{수입금액지수}$ ② 순상품교역조건지수 × 수출물량지수

   위의 2가지 방법을 통해서 소득교역조건지수를 구할 수 있다.
   설명을 보면 9월과 6월을 구해야 하는데, 주어진 〈표 2〉를 보면 9월과 6월에 순상품교역조건지수가 주어져 있다.
   따라서, ②를 사용하는 것이 더 합리적이라고 판단된다.
   6월: 91.94×113.76 9월: 91.79×110.60 9월이 순상품교역조건지수도 작고, 수출물량지수도 작으므로 작다.

답 (O, O)

적용문제-08 (5급 19-34)

다음 〈표〉는 3D기술 분야 특허등록건수 상위 10개국의 국가별 영향력지수와 기술력지수를 나타낸 자료이다. 이에 대한 〈설명〉의 정오는?

〈표〉 3D기술 분야 특허등록건수 상위 10개국의 국가별 영향력지수와 기술력지수

구분 국가	특허등록 건수(건)	영향력지수	기술력지수
미국	500	( )	600.0
일본	269	1.0	269.0
독일	( )	0.6	45.0
한국	59	0.3	17.7
네덜란드	( )	0.8	24.0
캐나다	22	( )	30.8
이스라엘	( )	0.6	10.2
태국	14	0.1	1.4
프랑스	( )	0.3	3.9
핀란드	9	0.7	6.3

※ 1) 해당국가의 기술력지수 = 해당국가의 특허등록건수 × 해당국가의 영향력지수

2) 해당국가의 영향력지수 = $\frac{\text{해당국가의 피인용비}}{\text{전세계 피인용비}}$

3) 해당국가의 피인용비 = $\frac{\text{해당국가의 특허피인용건수}}{\text{해당국가의 특허등록건수}}$

4) 3D기술 분야의 전세계 피인용비는 10임.

설명

1. 캐나다의 영향력지수는 미국의 영향력지수보다 크다. (O, X)

2. 특허등록건수 상위 10개국 중 한국의 특허피인용건수는 네 번째로 많다. (O, X)

자료(체크리스트)

① 각주를 확인했는가?

② 포섭될 배경지식이 있는가?

설명

▸ 목적 파트는?

▸ 정보 파트는?

▸ 정오 파트는?

관점 적용하기

공식에서 주어진 정보 = 특허등록건수, 영향력지수, 기술력지수
공식에서 미지수 = 해당국가 피인용비, 전세계 피인용비, 해당국가 특허피인용비
각주 4에 의하여 전세계 피인용비 = 10이다.
각주 2에 각주 3을 대입 (해당국가 피인용비), 전세계 피인용비에 10을 대입

해당국가의 영향력지수 $= \frac{1}{10} \times \frac{\text{해당국가의 특허피인용건수}}{\text{해당국가의 특허등록건수}}$

미지수인 해당국가 특허피인용 건수를 기준으로 정리하면
(※ 분모의 10과 해당국가 특허등록건수를 좌변으로 이항)
해당국가의 특허피인용건수 = 10 × 해당국가의 영향력지수 × 해당국가의 특허등록건수
= 10 × 해당국가의 기술력지수

1. (O) 영향력지수를 기준으로 식을 정리하면 (※ 각주1에서 특허등록건수를 좌변으로 이항)

영향력지수 $= \frac{\text{기술력지수}}{\text{특허등록건수}}$

캐나다($\frac{30.8}{22}$)가 미국($\frac{600}{500}$=1.2)보다 크다.
(※ 캐나다의 정확한 크기는 몰라도, 미국의 1.2보다 크다는 것은 쉽게 알 수 있다.)

2. (X) 해당국가의 특허피인용건수 = 10 × 해당국가의 기술력지수이므로
한국의 특허피인용건수가 네 번째로 많다면 기술력지수도 4번째로 커야 한다.
그러나 한국의 기술력지수보다 큰 국가는 3개보다 많다.

답 (O, X)

3 공식(배경지식)

Q 공식 (배경지식)의 정의는 무엇인가요?

관점익히기, 관점적용하기를 통해서 우리는 많은 공식을 만났고, 해당 공식마다 접근 방법을 익혔다. 따라서, 각주에 등장하는 공식도 우리가 이미 배운 공식을 적용한다면 더욱 쉽게 풀어 낼 수 있다.

Q 배경지식 공식에는 어떤 것이 있나요?

앞에서 배운 공식은 크게 3가지이다.

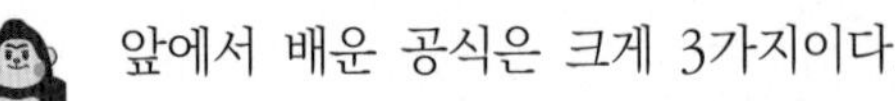

1) 증가율, 2) 감소율, 3) 부분과 전체(비중), 4) 가중평균

공식 (배경지식)	
1) 증가율	공식의 형태: $\frac{\text{현재값}-\text{과거값}}{\text{과거값}} = \frac{B-A}{A}$
	관점 적용 ① 크기확인법: $\frac{\text{현재값}}{\text{과거값}}$ = 1+증가율 → $\frac{B}{A}$ = 1+ 증가율(동일 공식) ② 배수비교법: $\frac{\text{현재값}}{\text{과거값}}$과 비례한다. → $\frac{B}{A}$와 비례한다.
2) 감소율	공식의 형태: $\frac{\text{과거값}-\text{현재값}}{\text{과거값}} = \frac{A-B}{A}$
	관점 적용 ① 크기확인법: $\frac{\text{현재값}}{\text{과거값}}$ = 1-감소율 → $\frac{B}{A}$ = 1-증가율(동일 공식) ② 배수비교법: $\frac{\text{과거값}}{\text{현재값}}$과 비례한다. → $\frac{A}{B}$와 비례한다.
3) 부분과 전체	공식의 형태: $\frac{\text{부분}}{\text{전체}} = \frac{\text{부분}}{\text{부분}_1+\text{부분}_2+\cdots} = \frac{A}{A+B+\cdots}$
	① 부분과 전체: $\frac{\text{부분}}{\text{전체}} = \frac{x}{100}$ → $\frac{\text{전체}}{\text{부분}} = \frac{100}{x}$ → 전체 = $\frac{100}{x}\times$부분 ② 여집합적 사고: $\frac{\text{부분}_1}{\text{부분}_1+\text{부분}_2}+\frac{\text{부분}_2}{\text{부분}_1+\text{부분}_2}$ = 100% 100% - $\frac{\text{부분}_1}{\text{부분}_1+\text{부분}_2} = \frac{\text{부분}_2}{\text{부분}_1+\text{부분}_2}$
4)가중 평균	공식의 형태: 부분의 비가 모여서 전체의 비 = $\frac{C+D}{A+B}$
	① 공통 소거: 둘 중 작은 분수값을 공통이라고 생각하기 남은 넓이가 같다. 라고 생각하여 접근하기. ② 넘치는 넓이 부족한 넓이 고정값을 기준하여 넘치는 넓이 = 부족한 넓이라고 생각하기

Q 혹시 추가적으로 알면 좋은 지식들이 있을까요?

자료해석에서 빈출로 사용되는 배경지식 공식들은 다음과 같다.

1) 인구의 구성 (나이 기준)

① 전체인구 = 유소년인구(0~14세) + 생산가능인구(15~64세) + 노인인구(65세~)

② 유소년인구 비중(%) = $\frac{\text{유소년인구}}{\text{전체 인구}} \times 100$

③ 생산가능인구 비중(%) = $\frac{\text{생산가능인구}}{\text{전체 인구}} \times 100$

④ 노인인구 비중(%) = $\frac{\text{노인인구}}{\text{전체 인구}} \times 100$

⑤ 유소년 부양비 = $\frac{\text{유소년인구}}{\text{생산가능인구}}$

⑥ 노인 부양비 = $\frac{\text{노인인구}}{\text{생산가능인구}}$

⑦ 총 부양비 = 유소년 부양비 + 노인 부양비 = $\frac{\text{유소년인구} + \text{노인인구}}{\text{생산가능인구}} \propto \frac{1}{\text{생산가능인구 비중}}$

⑧ 노령화 지수 = $\frac{\text{노인인구}}{\text{유소년인구}} = \frac{\text{노인 부양비}}{\text{유소년 부양비}} = \frac{\text{노인 비중}}{\text{유소년 비중}}$

2) 고용 구조

① 15세 이상 인구 = 경제활동인구 + 비경제활동인구

② 경재활동인구 = 취업자 + 실업자

③ 경제활동참가율(%) = $\frac{\text{경제활동인구}}{\text{15세 이상 인구}} \times 100 = \frac{\text{경제활동인구}}{\text{경제활동인구} + \text{비경제활동인구}} \times 100$

④ 고용률(%) = $\frac{\text{취업자}}{\text{15세 이상 인구}} \times 100$

⑤ 취업률(%) = $\frac{\text{취업자}}{\text{경제활동인구}} \times 100 = \frac{\text{취업자}}{\text{취업자} + \text{실업자}} \times 100$ (고용률 ≤ 취업률)

⑥ 실업률(%) = $\frac{\text{실업자}}{\text{경제활동인구}} \times 100 = \frac{\text{실업자}}{\text{취업자} + \text{실업자}} \times 100$ (취업률+실업률 = 100%)

3) 수출과 수입

① 무역 규모 = 수출액 + 수입액

② 무역 수지 = 수출액 - 수입액

③ 무역특화지수 = $\frac{\text{무역수지}}{\text{무역규모}} = \frac{\text{수출액} - \text{수입액}}{\text{수출액} + \text{수입액}} \propto \frac{\text{수출액}}{\text{수입액}}$

(※ 간단증명: 수출액 = 넘치는 역할, 수입액 = 부족한 역할, 따라서, 넘치는 역할의 비중이 클수록 크다.)

4) 유입과 유출

현재값 = 과거값 + 유입 - 유출

적용문제-01 (5급 21-27)

다음 〈표〉는 12대 주요 산업별 총산업인력과 기술인력 현황에 관한 자료이다. 이에 대한 〈설명〉의 정오는?

〈표〉 12대 주요 산업별 총산업인력과 기술인력 현황

(단위: 명, %)

부문	산업 \ 구분	총산업인력	기술인력			
			현원	비중	부족인원	부족률
제조	기계	287,860	153,681	53.4	4,097	( )
	디스플레이	61,855	50,100	( )	256	( )
	반도체	178,734	92,873	( )	1,528	1.6
	바이오	94,364	31,572	33.5	1,061	( )
	섬유	131,485	36,197	( )	927	2.5
	자동차	325,461	118,524	( )	2,388	2.0
	전자	416,111	203,988	( )	5,362	2.6
	조선	107,347	60,301	56.2	651	( )
	철강	122,066	65,289	( )	1,250	1.9
	화학	341,750	126,006	36.9	4,349	3.3
서비스	소프트웨어	234,940	139,454	( )	6,205	( )
	IT 비즈니스	111,049	23,120	20.8	405	( )

※ 1) 기술인력 비중(%) = $\frac{\text{기술인력 현원}}{\text{총산업인력}} \times 100$

2) 기술인력 부족률(%) = $\frac{\text{기술인력 부족인원}}{\text{기술인력 현원 + 기술인력 부족인원}} \times 100$

설명

1. 소프트웨어 산업의 기술인력 부족률은 5% 미만이다. (O, X)

2. 기술인력 부족률이 두 번째로 낮은 산업은 반도체 산업이다. (O, X)

자료(체크리스트)

① 각주를 확인했는가?

② 포섭될 배경지식이 있는가?

설명

▸목적 파트는?

▸정보 파트는?

▸정오 파트는?

관점 적용하기

기술인력 부족률(%) 식을 보면, 기술인력 현원과 기술인력 부족인원은 부분과 전체의 구조이다.
따라서, 기술인력 현원과 기술인력 부족인원은 서로 여집합 관계이다.

1. (O) 목적: 기술인력 부족률 = 기술인력 현원과 기술인력 부족인원의 부분과 전체구조
   소프트웨어 산업의 기술인력 현원은 139,454명이고, 부족인원은 6,205명
   부분과 전체구조로 생각해보면, 기술인력 현원이 부족인원에 비해 20배 이상 크다. 따라서, 5% 미만이다.
2. (O) 목적: 기술인력 부족률 = 기술인력 현원과 기술인력 부족인원의 부분과 전체구조
   $\frac{\text{기술인력 부족인원}}{\text{기술인력 현원}}$의 비율이 두 번째로 낮은 산업이 반도체인가?
   반도체: $\frac{1528}{92873}$ ≒1.6%, 1.6%보다 작은 산업은 오직 조선 뿐이다. 따라서 2번째로 낮다.

답 (O, O)

적용문제-02 (7급 모의-15)

다음 〈표〉는 산림경영단지 A ~ E의 임도 조성 현황에 관한 자료이다. 이 경우 면적이 가장 넓은 산림경영단지는?

〈표〉 산림경영단지 A ~ E의 임도 조성 현황

(단위: %, km, km/ha)

구분 산림경영단지	작업임도 비율	간선임도 길이	임도 밀도
A	30	70	15
B	20	40	10
C	30	35	20
D	50	20	10
E	40	60	20

※ 1) 임도 길이(km) = 작업임도 길이 + 간선임도 길이

2) 작업임도 비율(%) = $\frac{\text{작업임도 길이}}{\text{임도 길이}} \times 100$

3) 간선임도 비율(%) = $\frac{\text{간선임도 길이}}{\text{임도 길이}} \times 100$

4) 임도 밀도(km/ha) = $\frac{\text{임도 길이}}{\text{산림경영단지 면적}}$

① A
② B
③ C
④ D
⑤ E

자료(체크리스트)

① 각주를 확인했는가?

② 포섭될 배경지식이 있는가?

설명

▸ 목적 파트는?

▸ 정보 파트는?

▸ 정오 파트는?

관점 적용하기

임도 길이 = 작업임도 + 간선임도 → 부분과 전체의 구조이다.
따라서, 작업임도 비율과 간선임도 비율은 서로 여집합 관계이다.
여집합 관계를 이용하여 간선임도 비율 = 1-작업임도 비율

	A	B	C	D	E
간선임도 비율	70	80	70	50	60
간선임도 길이	70	40	35	20	60
임도 길이	100	50	50	40	100

산림경영단지 면적 = $\frac{\text{임도 길이}}{\text{임도 밀도}}$이므로

면적이 가장 넓기 위해서는 임도 길이는 길고, 밀도는 낮아야 한다.

면적이 가장 넓은 산림경영단지는 A($\frac{100}{15}$=6.666)이다.

답 ①

적용문제-03 (7급 21-03)

다음 〈그림〉은 2014 ~ 2020년 연말 기준 '갑'국의 국가채무 및 GDP에 관한 자료이다. 이에 대한 〈설명〉의 정오는?

〈그림 1〉 GDP 대비 국가채무 및 적자성채무 비율 추이

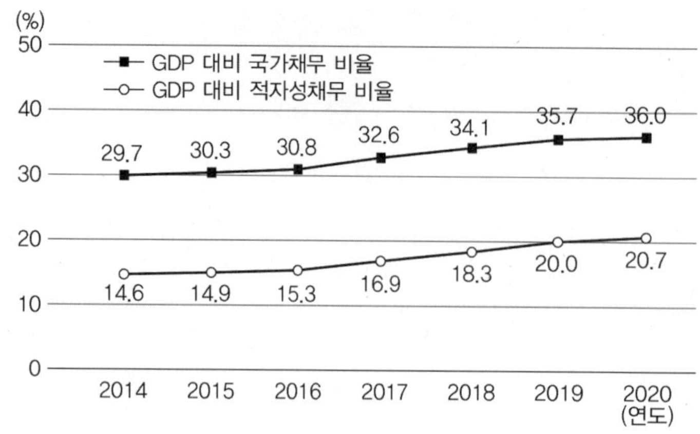

※ 국가채무 = 적자성채무 + 금융성채무

〈그림 2〉 GDP 추이

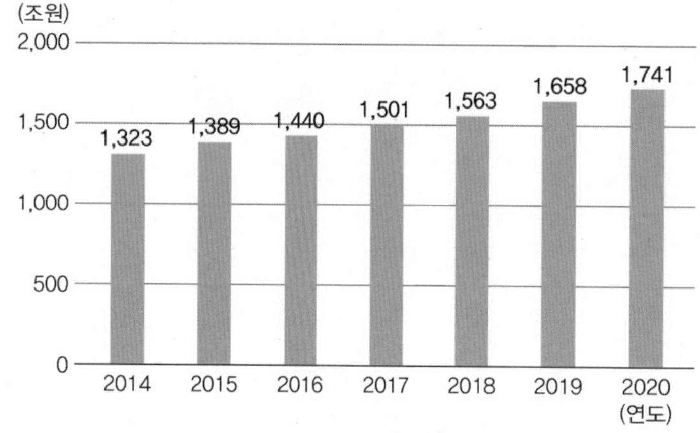

설명

1. 금융성채무는 매년 국가채무의 50% 이상이다.

(O, X)

2. GDP 대비 금융성채무 비율은 매년 증가한다.

(O, X)

자료(체크리스트)

① 각주를 확인했는가?

② 포섭될 배경지식이 있는가?

설명

▸ 목적 파트는?

▸ 정보 파트는?

▸ 정오 파트는?

간단 퀴즈

Q 〈그림 1〉을 이용하여 적자성채무와 금융성채무의 증가율을 비교할 수 있을까?

A 가능하다.

관점 적용하기

국가채무 = 적자성채무 + 금융성채무 → 부분과 전체의 구조이다.

1. (X) 목적: 금융성채무
   주어진 정보는 GDP 대비 국가채무와 GDP 대비 적자성채무이다
   그런데, 국가채무는 적자성채무와 금융성채무의 부분과 전체의 구조이다.
   또한, 각각의 분모인 동일 연도끼리의 GDP의 크기는 동일하다.
   즉, ■(GDP 대비 국가채무 비율)-○(GDP 대비 적자성채무 비율) = GDP 대비 금융성채무 비율이다.
   매년 금융성 채무가 국가채무의 50% 이상이라면 적자성채무는 50% 미만이어야 한다. (※ 부분과 전체)
   2020년의 경우, $\frac{20.7}{36.0}$이다. 즉, 적자성 채무가 50% 이상을 차지하고 있으므로 옳지 않다.
   (※ 50% 이하가 가장 아닐 것 같은 연도를 이용하면 더 빠르게 풀 수 있다.)
2. (X) 목적: GDP 대비 금융성채무
   주어진 정보는 GDP 대비 국가채무와 GDP 대비 적자성채무
   그런데, 국가채무는 적자성채무와 금융성채무의 부분과 전체의 구조이다.
   GDP가 동일하므로, 부분과 전체 구조가 그대로 적용 가능하다.
   전체(국가채무) = 부분(적자성채무) + 부분(금융성채무)
   → 부분(금융성채무) = 전체(국가채무) - 부분(적자성채무)
   → ■(GDP 대비 국가채무 비율)-○(GDP 대비 적자성채무 비율) = GDP 대비 금융성채무 비율
   매년 GDP 대비 금융성 채무가 증가하려면 ■의 증가폭이 ○의 증가폭보다 커야 한다.
   2019년의 경우, ■의 증가폭은 1.6인데 ○의 증가폭은 1.7이다.
   따라서 GDP 대비 금융성 채무가 매년 증가하는 것은 아니다.

답 (X, X)

적용문제-04 (5급 06-31)

다음 〈표〉는 3개 지역의 인구수와 부양비를 조사한 자료이다. 이에 대한 〈설명〉의 정오는?

〈표〉 지역별 인구수와 부양비

(단위: 명, %)

지역	총인구수	총부양비	유년부양비
A	4,000	60	30
B	6,000	20	15
C	3,500	40	20

※ 1) 총부양비 = $\frac{\text{0~14세 인구 + 65세 이상 인구}}{\text{15~64세 인구}} \times 100$

2) 유년부양비 = $\frac{\text{0~14세 인구}}{\text{15~64세 인구}} \times 100$

3) 노년부양비 = $\frac{\text{65세 이상 인구}}{\text{15~64세 인구}} \times 100$

4) 노령화지수 = $\frac{\text{65세 이상 인구}}{\text{0~14세 인구}} \times 100$

설명

1. A지역과 C지역의 노령화 지수는 같다. (O, X)
2. A지역의 15~64세 인구는 3,000명이다. (O, X)
3. 15~64세 인구의 비중이 가장 높은 지역은 B지역이다. (O, X)

✓ 자료(체크리스트)

① 각주를 확인했는가?

② 포섭될 배경지식이 있는가?

✓ 설명

▸ 목적 파트는?

▸ 정보 파트는?

▸ 정오 파트는?

관점 적용하기

총부양비 = 노년부양비 + 유년부양비로 구성되므로 노년부양비 = 총부양비 − 유년부양비이다. ← 부분과 전체 구조이다.
+ 인구의 구성에 대한 이야기다.

1. (O) 목적: 노령화 지수 = $\frac{\text{노년}}{\text{유년}} \propto \frac{\text{노년+유년}}{\text{유년}} = \frac{\text{총부양비}}{\text{유년부양비}}$ (※ 비중에서 배운 case.4)

   A지역($\frac{60}{30}$)과 C지역($\frac{40}{20}$)은 같다.

2. (X) 목적: 15~64세 인구, 총인구 = 0세~14세 + 15세~64세 + 65세 이상으로 구성된 부분과 전체의 구조이다.

   총부양비 = $\frac{\text{유년+노년}}{\text{생산가능}} = \frac{60}{100}$ (※ 전체 인구 = 유년 + 생산가능 + 노년)

   전체에서 생산가능은 $\frac{100}{160} = \frac{5}{8}$이므로 A지역의 15~64세 인구는 2,500명이다.

   (※ 전체 인구를 8덩이로 생각했을 때, 그중에 5덩이라고 생각할 수 있다.)

3. (O) 목적: 15~64세 인구 비중.

   인구의 구성에 따르면, 총부양비 = $\frac{\text{유년+노년}}{\text{생산가능}} \propto \frac{1}{\text{생산가능인구비중}}$이므로

   총부양비가 낮을수록 생산가능인구비중은 커진다. 따라서 지역(B지역)이 15~64세 인구 비중이 가장 높다.

답 (O, X, O)

적용문제-05 (5급 09-11)

다음 〈표〉는 7개 기업의 1997년도와 2008년도의 주요 재무지표를 나타낸 자료이다. 이에 대한 〈설명〉의 정오는?

〈표〉 7개 기업의 1997년도와 2008년도 주요 재무지표

(단위: %)

재무지표 / 연도 / 기업	부채비율		자기자본비율		영업이익률		순이익률	
	1997	2008	1997	2008	1997	2008	1997	2008
A	295.6	26.4	25.3	79.1	15.5	11.5	0.7	12.3
B	141.3	25.9	41.4	79.4	18.5	23.4	7.5	18.5
C	217.5	102.9	31.5	49.3	5.7	11.7	1.0	5.2
D	490.0	64.6	17.0	60.8	7.0	6.9	4.0	5.4
E	256.7	148.4	28.0	40.3	2.9	9.2	0.6	6.2
F	496.6	207.4	16.8	32.5	19.4	4.3	0.2	2.3
G	654.8	186.2	13.2	34.9	8.3	8.7	0.3	6.7
7개 기업의 산술평균	364.6	108.8	24.7	53.8	11.0	10.8	2.0	8.1

※ 1) 총자산 = 부채 + 자기자본

2) 부채구성비율(%) = $\frac{\text{부채}}{\text{총자산}} \times 100$

3) 부채비율(%) = $\frac{\text{부채}}{\text{자기자본}} \times 100$

4) 자기자본비율(%) = $\frac{\text{자기자본}}{\text{총자산}} \times 100$

5) 영업이익률(%) = $\frac{\text{영업이익}}{\text{매출액}} \times 100$

6) 순이익률(%) = $\frac{\text{순이익}}{\text{매출액}} \times 100$

설명

1. 1997년도 부채구성비율이 당해년도 7개 기업의 산술평균보다 높은 기업은 3개이다.

(O, X)

2. 기업의 매출액이 클수록 자기자본비율이 동일한 비율로 커지는 관계에 있다고 가정하면 2008년도 순이익이 가장 많은 기업은 A이다.

(O, X)

✓ 자료(체크리스트)

① 각주를 확인했는가?

② 포섭될 배경지식이 있는가?

✓ 설명

▸ 목적 파트는?

▸ 정보 파트는?

▸ 정오 파트는?

간단 퀴즈

Q 7개 기업의 산술평균 부채비율×자기자본비율을 이용해서 구할 수 있을까?

A 구할 수 없다.

관점 적용하기

총자산 = 부차 + 자기자본 → 부분과 전체의 구조이다.

1. (O) 총자산 = 부채+자기자본 → 부분과 전체의 구조 → 부채구성비율과 자기자본비율은 서로 여집합 관계이다.
   부채구성비율이 높다. → 자기자본비율이 낮다.
   97년 7개 기업의 자기자본비율의 산술평균보다 낮은 기업은 D, F, G로 3개이다.
2. (X) 매출액이 클수록 자기자본비율이 크다 → 자기자본비율이 크면 매출액이 많다.
   순이익 = 순이익률 × 매출액 ∝ 순이익률 × 자기자본비율
   A의 순이익 ∝ 79.1×12.3, B의 순이익 ∝ 79.4×18.5이므로 A가 가장 많지 않다.

답 (O, X)

적용문제-06 (5급 12-20)

다음 〈표〉는 2006 ~ 2009년 사업자 유형별 등록 현황에 대한 자료이다. 이에 대한 〈설명〉의 정오는?

〈표〉 2006 ~ 2009년 사업자 유형별 등록 현황

(단위: 천명)

유형 \ 연도		2006	2007	2008	2009
법인사업자	등록사업자	420	450	475	( )
	신규등록자	65	( )	75	80
	폐업신고자	35	45	( )	55
일반사업자	등록사업자	2,200	( )	2,405	2,455
	신규등록자	450	515	( )	450
	폐업신고자	350	410	400	( )
간이사업자	등록사업자	1,720	1,810	( )	1,950
	신규등록자	380	440	400	( )
	폐업신고자	310	( )	315	305
면세사업자	등록사업자	500	515	540	565
	신규등록자	105	100	105	105
	폐업신고자	95	85	80	80
전체 등록사업자		4,840	5,080	5,315	5,470

※ 1) 사업자 유형은 법인사업자, 일반사업자, 간이사업자, 면세사업자로만 구분됨.
2) 각 유형의 사업자 수는 해당 유형의 등록사업자 수를 의미함.
3) 당해년도 등록사업자 수 = 직전년도 등록사업자 수 + 당해년도 신규등록자 수 − 당해년도 폐업신고자 수

설명

1. 2005 ~ 2009년 동안 전체 등록사업자 수 중 면세사업자 수가 차지하는 비중은 매년 10% 이상이다.

(O, X)

자료(체크리스트)

① 각주를 확인했는가?

② 포섭될 배경지식이 있는가?

설명

▸ 목적 파트는?

▸ 정보 파트는?

▸ 정오 파트는?

관점 적용하기

각주는 유출과 유입의 구조이다. → 현재값 = 과거값 + 신규등록(유입) − 폐업(유출)

1. (O) 목적: 전체 사업자에서 면세사업자의 비중
2006~2009년은 매년 10% 이상이다.
2006년 사업자를 보면 모든 사업자에서 유입이 유출보다 많다.
따라서, 전체 등록사업자는 감소한다.
면세사업자의 경우 유입이 유출보다 10 많으므로, 10만큼 감소한다.
즉, 2005년 전체 사업자에서 면세사업자의 비중은 $\frac{490}{4840\downarrow}$ 이므로, 10% 이상이다.

답 (O)

적용문제-07 (7급 모-25)

다음 〈그림〉과 〈표〉는 세계 및 국내 조선업 현황에 대한 자료이다. 이에 대한 〈설명〉의 정오는?

〈표 1〉 2014 ~ 2017년 국내 조선업 수주량 및 수주잔량

(단위: 만 톤, %)

구분 연도	수주량	전년대비 증가율	수주잔량	전년대비 증가율
2014	1,286	-30.1	3,302	-1.6
2015	1,066	(　)	3,164	-4.2
2016	221	(　)	2,043	(　)
2017	619	(　)	1,761	-13.8

※ 해당 연도 수주잔량 = 전년도 수주잔량 + 해당 연도 수주량 - 해당 연도 건조량

설명

1. 2014 ~ 2016년 중 국내 조선업 건조량이 가장 적은 해는 2016년이다. (O, X)

자료(체크리스트)

① 각주를 확인했는가?

② 포섭될 배경지식이 있는가?

설명

▸ 목적 파트는?

▸ 정보 파트는?

▸ 정오 파트는?

관점 적용하기

각주는 유출과 유입의 구조이다. → 현재값 = 과거값 + 수주량(유입) - 건조량(유출)

1. (X) 목적: 건조량 = 유출

유출 = 과거값 - 현재값 + 수주량

2016년: (3164-2043) + 221 = 1,342

2015년: (3302-3164) + 1066 = 1,204

따라서 2016년이 가장 적지 않다.

답 (X)

적용문제-08 (5급 22-40)

다음 〈표〉는 2018 ~ 2020년 프랜차이즈 기업 A ~ E의 가맹점 현황에 관한 자료이다. 이에 대한 〈설명〉의 정오는?

〈표 1〉 2018 ~ 2020년 기업 A ~ E의 가맹점 신규개점 현황

(단위: 개, %)

구분 / 기업 \ 연도	신규개점 수			신규개점률	
	2018	2019	2020	2019	2020
A	249	390	357	31.1	22.3
B	101	89	75	9.5	7.8
C	157	110	50	12.6	5.7
D	93	233	204	35.7	24.5
E	131	149	129	27.3	19.3

※ 해당 연도 신규개점률(%) = $\frac{\text{해당 연도 신규개점 수}}{\text{전년도 가맹점 수 + 해당 연도 신규개점 수}} \times 100$

〈표 2〉 2018 ~ 2020년 기업 A ~ E의 가맹점 폐점 수 현황

(단위: 개)

기업 \ 연도	2018	2019	2020
A	11	12	21
B	27	53	140
C	24	39	70
D	55	25	64
E	4	8	33

※ 해당 연도 가맹점 수 = 전년도 가맹점 수 + 해당 연도 신규개점 수 − 해당 연도 폐점 수

설명

1. 2018년 C의 가맹점 수는 800개 이상이다.

(O, X)

2. 2020년 가맹점 수는 E가 가장 적고, A가 가장 많다.

(O, X)

✔ 자료(체크리스트)

① 각주를 확인했는가?

② 포섭될 배경지식이 있는가?

✔ 설명

▸ 목적 파트는?

▸ 정보 파트는?

▸ 정오 파트는?

간단 퀴즈

Q 어떤 배경지식이 떠올랐는가?

A 부분과 전체, 유입과 유출

관점 적용하기

해당연도 신규개점율 → 전년도 가맹점 수 + 해당 연도 신규개점 수 = 전체라고 생각하면, 부분과 전체의 구조이다.
해당연도 가맹점 수 = 전년도 가맹점 수 + 해당연도 신규개점 수 - 해당 연도 폐점 수이므로, 유입과 유출의 구조이다.

1. (X) 목적: 2018년 C의 가맹점 수
   2018년 C의 가맹점 수 + 2019년 해당연도 = 전체로 생각하고 2019년 신규개점률을 이용하자.
   C의 2019년 신규 개점률: 2019년 신규개점 수(110)은 전체의 12.6%를 차지한다.
   따라서, 전체 ≒ 880개이므로, C의 2018년 가맹점수 = 800개 이하이다.
   (나머지가 2018년 가맹점이므로 바로 800개 이하라고 추론할 수 있으면 더욱 좋다.)

2. (O) 목적: 2020년 가맹점 수
   2020년 가맹점 수를 구하기 위해서는 2019년을 기준으로 유입과 유출을 생각해야 한다.
   2020년 가맹점 수 = 2019년 + 유입 - 유출
   1) 2019년 가맹점 수 = 2020년 신규개점률을 통해서 추론한다.
      신규개점률은 전년도 가맹점수 + 해당 연도 신규개점수 = 전체, 부분과 전체 구조
      ex) A 357이 22.3%이므로, 나머지인 77.6%는 2019년 가맹점 수이다.

A	B	C	D	E
≒ 357×3.5	≒ 75×12	≒ 50×15	≒ 204×3	≒ 129×4

유입과 유출을 생각하지 않은 상태로 보면, A가 독보적으로 크고, C가 독보적으로 작다.
혹시 유입과 유출이 특별나게 크지 않다면 2020년도 A가 가장 많고 C가 가장 적을 것이다.
유입과 유출중 독보적으로 큰 형태는 없다.

답 (X, O)

적용문제-09 (민 12-20)

다음 〈그림〉은 2011년 어느 회사 사원 A ~ C의 매출에 관한 자료이다. 2011년 4사분기의 매출액이 큰 사원부터 나열하면?

〈그림 1〉 2011년 1사분기의 사원별 매출액

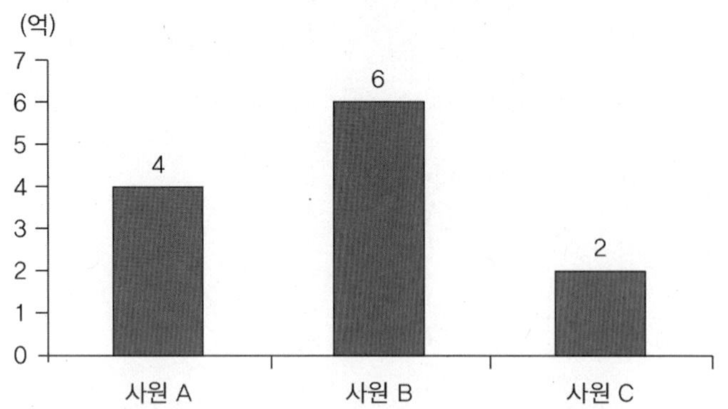

〈그림 2〉 2011년 2 ~ 4사분기 사원별 매출액 증감계수

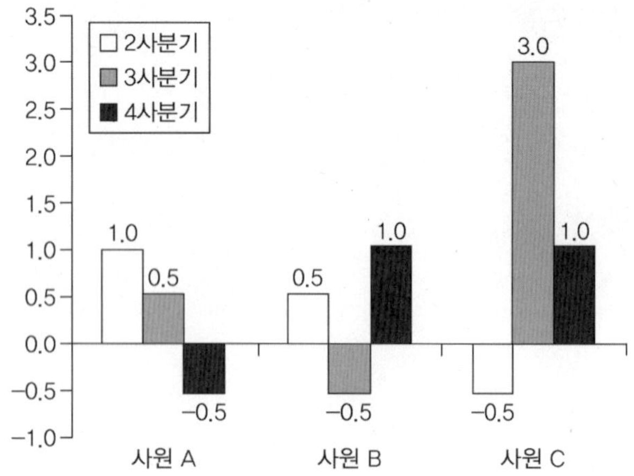

※ 해당 사분기 매출액 증감계수 = $\frac{\text{해당 사분기 매출액} - \text{직전 사분기 매출액}}{\text{직전 사분기 매출액}}$

① A, B, C
② A, C, B
③ B, A, C
④ B, C, A
⑤ C, A, B

자료(체크리스트)

① 각주를 확인했는가?

② 포섭될 배경지식이 있는가?

설명

▸ 목적 파트는?

▸ 정보 파트는?

▸ 정오 파트는?

관점 적용하기

$\frac{\text{해당 사분기 매출액} - \text{직전 사분기 매출액}}{\text{직전 사분기 매출액}} = \frac{B-A}{A}$의 형태이므로 즉, 증가율이다.

지식을 포섭하여 변환하면 $\frac{\text{현재(현재 분기)}}{\text{과거(직전 분기)}} = 1 + \text{증감계수}$이다.

다수의 증가율이 영향을 주기 때문에, 연속적 율율율을 생각하자.

사원 A의 경우 $4\times(1+1)\times(1+0.5)\times(1-0.5) = 4\times2\times1.5\times0.5 = 6$ (※ $2\times0.5 = 1$이다.)

사원 B의 경우 $6\times(1+0.5)\times(1-0.5)\times(1+1) = 6\times1.5\times0.5\times2 = 9$

사원 C의 경우 $2\times(1-0.5)\times(1+3)\times(1+1) = 2\times0.5\times4\times2 = 8$

4사분기 매출액이 큰 순서는 B, C, A이므로 ④번이다.

답 ④

적용문제-10 (7급 모-05)

다음 〈표〉는 2018 ~ 2019년 '갑'국의 월별 최대 전력수요와 전력수급현황에 관한 자료이다. 이에 대한 〈설명〉의 정오는?

〈표〉 '갑'국의 전력수급현황

(단위: 만 kW)

구분 \ 시기	2018년 2월	2019년 8월
최대 전력수요	7,879	8,518
전력공급능력	8,793	9,240

※ 1) 공급예비력 = 전력공급능력 - 최대 전력수요

2) 공급예비율(%) = $\frac{\text{공급예비력}}{\text{최대 전력수요}} \times 100$

설명

1. 공급예비율은 2018년 2월이 2019년 8월보다 낮다. (O, X)

자료(체크리스트)

① 각주를 확인했는가?

② 포섭될 배경지식이 있는가?

설명

▸ 목적 파트는?

▸ 정보 파트는?

▸ 정오 파트는?

간단 퀴즈

Q 공급예비율을 보면 무엇이 떠오르는가?

A 감소율

관점 적용하기

공급예비율 = $\frac{\text{공급예비력}}{\text{최대 전력수요}} = \frac{\text{전력공급능력} - \text{최대 전력수요}}{\text{최대 전력수요}} = \frac{B-A}{A}$ → 증가율로 생각하자.

공급예비율은 $\frac{B(\text{전력공급능력})}{A(\text{최대 전력수요})}$과 비례한다.

1. (X) 18년 2월($\frac{8,793}{7,879}$=1.1↑)은 19년 8월($\frac{9,240}{8,518}$=1.1↓)보다 크다.

(※ 증가율 = $\frac{\text{증가폭}}{\text{과거값}}$이므로 증가폭($B-A$)를 이용하는 방법도 좋다.)

답 (X)

⁘ 적용문제-11 (5급 09-36) [Day 14]

다음 〈표〉는 성별 독서 실태와 평균 독서량을 조사한 자료이다. 도서를 연간 1권도 읽지 않은 사람을 제외한 남성 독서자와 여성 독서자의 1인당 연간 독서량은? (단, 결과는 소수점 첫째 자리에서 반올림함)

〈표 1〉 응답자의 연간 성별 독서 실태

(단위: %)

구분	전체	성별	
		남성	여성
0권	23.3	23.2	23.4
1 ~ 2권	9.3	9.5	9.1
3 ~ 5권	19.6	19.6	19.6
6 ~ 10권	18.7	19.4	18.0
11 ~ 15권	8.9	8.3	9.5
16권 이상	20.2	20.0	20.4
계	100.0	100.0	100.0

〈표 2〉 응답자의 성별 구성 및 평균 독서량

(단위: 명, 권)

구분	남성	여성
응답자 수	505	495
평균 독서량	8.0	10.0

※ 1) 평균 독서량은 도서를 1권도 읽지 않은 사람까지 포함한 1인당 연간 독서량을 의미함.
2) 독서자는 1년 동안 도서를 1권 이상 읽은 사람임.

	남성 독서자	여성 독서자
①	9권	13권
②	10권	12권
③	10권	13권
④	11권	12권
⑤	11권	13권

✓ 자료(체크리스트)

① 각주를 확인했는가?

② 포섭될 배경지식이 있는가?

✓ 설명

▸ 목적 파트는?

▸ 정보 파트는?

▸ 정오 파트는?

관점 적용하기

평균 독서량 = $\frac{\text{전체독서량}}{\text{전체인구}} = \frac{\text{독서자 독서량} + \text{비독서자 독서량}}{\text{독서자} + \text{비독서자}}$ (※ 비독서자의 독서량 = 0권임.)

$\frac{C+D}{A+B}$의 식의 형태이므로 가중평균으로 생각하자.

부분의 넓이(밑변×높이)의 합은 전체의 넓이(밑변×높이)와 같으므로

전체 인구×전체 평균 독서량 = 독서자×독서자 평균 독서량 + 비독서자×0

(독서자는 전체중 비독서자(0권)을 제외한 값이므로 100%−0권의 비율이다.)

남성의 경우,

100%×8 = 76.7%(=100%−23.2%) × ? → ? = 10.4, 반올림하면 남성 = 10권

여성의 경우,

100%×10 = 76.6%(=100%−23.4%) × ? → ? = 13.1, 반올림하면 여성 = 13권

답 ③

적용문제-12 (5급 21-04)

다음 〈표〉는 2020년 12월 '갑'공장 A ~ C 제품의 생산량과 불량품수에 대한 자료이다. 이에 대한 〈설명〉의 정오는?

〈표〉 A ~ C 제품의 생산량과 불량품수

(단위: 개)

구분 \ 제품	A	B	C	전체
생산량	2,000	3,000	5,000	10,000
불량품수	200	300	400	900

※ 1) 불량률(%) $= \frac{\text{불량품수}}{\text{생산량}} \times 100$

2) 수율(%) $= \frac{\text{생산량} - \text{불량품수}}{\text{생산량}} \times 100$

설명

1. 제품별 생산량 변동은 없고 불량품수가 제품별로 100%씩 증가한다면 전체 수율은 82%이다.

(O, X)

2. 제품별 불량률 변동은 없고 생산량이 제품별로 100%씩 증가한다면 전체 수율은 기존과 동일하다.

(O, X)

3. 제품별 불량률 변동은 없고 생산량이 제품별로 1,000개씩 증가한다면 전체 수율은 기존과 동일하다.

(O, X)

자료(체크리스트)

① 각주를 확인했는가?

② 포섭될 배경지식이 있는가?

설명

▸ 목적 파트는?

▸ 정보 파트는?

▸ 정오 파트는?

간단 퀴즈

Q 수율의 식은 어떤 식과 같은가?

A 감소율

관점 적용하기

수율 $= \frac{\text{생산량} - \text{불량품수}}{\text{생산량}} = \frac{A-B}{A}$ → 감소율로 생각하자.

$\frac{B}{A}$ = (1−감소율)이므로 → 불량률 = (1−감소율)로 생각하자.

(※ 불량률=할인율로 포섭하는 방법도 좋다. 그 경우, 수율은 할인되고 남은 비율이 된다.)

1. (O) 불량품수가 100%씩 증가한다면 전체 불량품수는 1,800이 된다.
   10,000 → 1,800이므로 82%가 감소하였으므로 수율 = 82%이다.
2. (O) 전체 수율은 (A,B,C)수율의 가중평균의 결과이다.
   생산량(밑변)이 동일한 비율로 모두 증가하였다면 전체 수율은 그대로이다.
3. (X) 전체 수율은 (A,B,C)수율의 가중평균의 결과이다.
   생산량(밑변)이 동일한 길이가 증가하였다면 전체 수율은 변화한다.

답 (O, O, X)

적용문제-13 (입 18-08)

다음 〈표〉는 2013년부터 2016년까지의 A병원 재무정보이다. 이에 대한 〈설명〉의 정오는?

〈표〉 A병원의 재무상태표

(단위: 억원)

구분		2013년	2014년	2015년	2016년
자산총계		22,000	22,500	26,000	27,000
	유동자산	3,000	3,500	5,000	5,500
	비유동자산	19,000	19,000	21,000	21,500
부채총계		10,000	11,000	15,000	16,000
	유동부채	3,000	3,000	4,000	4,000
	비유동부채	4,000	5,000	6,000	7,000
	고유목적 사업준비금	3,000	3,000	5,000	5,000
자본총계		12,000	11,500	11,000	11,000

※ 1) 유동비율(%) = $\frac{\text{유동자산}}{\text{유동부채}} \times 100$

2) 자기자본비율(%) = $\frac{\text{자본총계}}{\text{자산총계}} \times 100$

3) 수정자기자본비율(%) = $\frac{\text{자본총계 + 고유목적사업준비금}}{\text{자산총계}} \times 100$

4) 부채비율(%) = $\frac{\text{부채총계}}{\text{자본총계}} \times 100$

5) 수정부채비율(%) = $\frac{\text{부채총계 − 고유목적사업준비금}}{\text{자본총계 + 고유목적사업준비금}} \times 100$

6) 단, 제시된 연도만을 고려함.

설명

1. A병원의 수정부채비율이 50% 미만인 연도는 없다.

(O, X)

자료(체크리스트)

① 각주를 확인했는가?

② 포섭될 배경지식이 있는가?

설명

▸ 목적 파트는?

▸ 정보 파트는?

▸ 정오 파트는?

간단 퀴즈

Q 고유목적사업준비금의 여집합은 무엇인가?

A 유동부채+비유동부채

관점 적용하기

1. (X) 수정부채비율의 경우 $\frac{C+D}{A+B}$식의 형태이므로 가중평균으로 생각하자.

50%를 기준으로 부채비율($\frac{\text{부채총계}}{\text{자본총계}}$)이 −1($\frac{-\text{고목사}}{\text{고목사}}$)을 채워준다고 생각하자.

2013년 넘치는 넓이 = ($\frac{10,000}{12,000}$−50%)×12,000 부족한 넓이 = −1.5(=−1−50%) × 3,000

$\frac{10,000}{12,000}=\frac{5}{6}=83.33$이므로 넘치는 넓이가 부족한 넓이보다 작다.

(※ 연습을 위해서, 다른 연도도 확인해보자.)

답 (X)

적용문제-14 (5급 16-22)

다음 〈그림〉은 A국의 세계시장 수출점유율 상위 10개 산업에 관한 자료이다. 이에 대한 〈설명〉의 정오는?

〈그림 1〉 A국의 세계시장 수출점유율 상위 10개 산업(2008년)

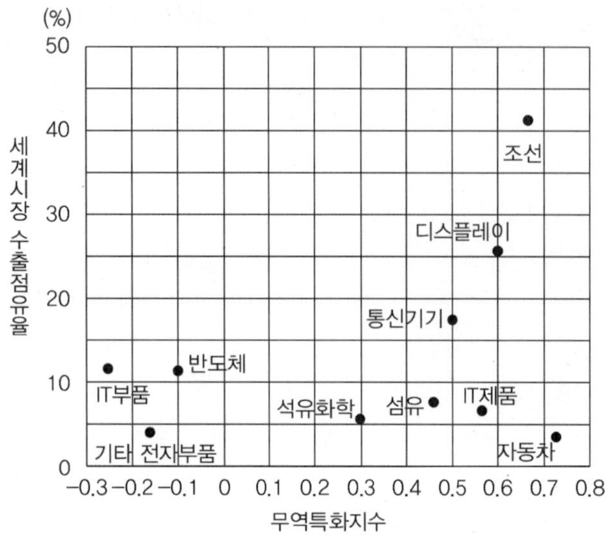

〈그림 2〉 A국의 세계시장 수출점유율 상위 10개 산업(2013년)

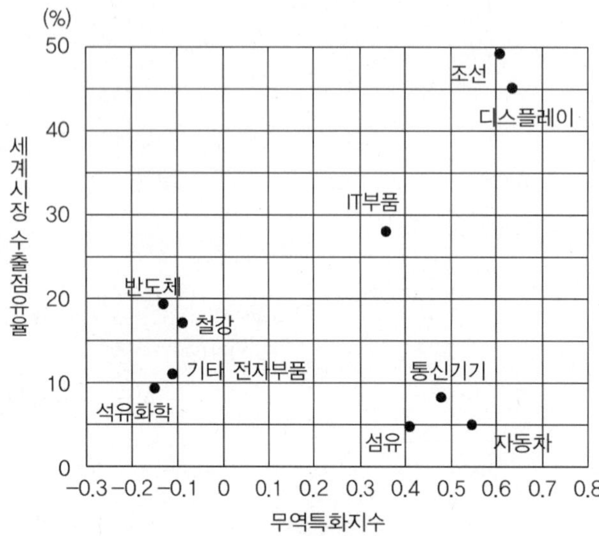

※ 1) 세계시장 수출점유율(%) = $\frac{\text{A국 해당산업 수출액}}{\text{세계 해당산업 수출액}} \times 100$

2) 무역특화지수 = $\frac{\text{A국 해당산업 수출액} - \text{A국 해당산업 수입액}}{\text{A국 해당산업 수출액} + \text{A국 해당산업 수입액}}$

설명
1. 세계시장 수출점유율 상위 10개 산업 중에서 A국 수출액보다 A국 수입액이 큰 산업은 2008년에 3개, 2013년에 4개이다. (O, X)
2. 2008년 세계시장 수출점유율 상위 10개 산업 중에서 2013년 세계시장 수출점유율이 2008년에 비해 하락한 산업은 모두 3개이다. (O, X)

✔ 자료(체크리스트)

① 각주를 확인했는가?

② 포섭될 배경지식이 있는가?

✔ 설명

▸ 목적 파트는?

▸ 정보 파트는?

▸ 정오 파트는?

간단 퀴즈

Q 유사 단어가 등장할 때는 어떻게 접근해야 할까?

A 차이에 집중한다.

관점 적용하기

1. (O) 수출액보다 수입액이 크다면 무역수지는 적자가 될 것이고,

   무역특화지수 = $\frac{\text{무역수지}}{\text{무역규모}}$이므로 음수가 된다.

   무역특화지수가 음수인 산업은 08년에는 IT부품, 기타전자부품, 반도체 3개이고, 13년에는 석유화학, 반도체, 기타 전자부품, 철강 4개이다.
2. (O) 2008년 세계시장 수출점유율 상위 10개 산업 중 시장점유율이 하락한 산업은 통신기기, 섬유, IT제품으로 3개이다.

답 (O, O)

적용문제-15 (민 18-19)

다음 〈표〉는 2000년과 2013년 한국, 중국, 일본의 재화 수출액 및 수입액 자료이고, 〈용어 정의〉는 무역수지와 무역특화지수에 대한 설명이다. 이에 대한 〈설명〉의 정오는?

〈표〉 한국, 중국, 일본의 재화 수출액 및 수입액

(단위: 억 달러)

연도	재화 \ 수출입액 \ 국가	한국		중국		일본	
		수출액	수입액	수출액	수입액	수출액	수입액
2000	원자재	578	832	741	1,122	905	1,707
	소비재	117	104	796	138	305	847
	자본재	1,028	668	955	991	3,583	1,243
2013	원자재	2,015	3,232	5,954	9,172	2,089	4,760
	소비재	138	375	4,083	2,119	521	1,362
	자본재	3,444	1,549	12,054	8,209	4,541	2,209

용어 정의

- 무역수지 = 수출액 − 수입액
  - 무역수지 값이 양(+)이면 흑자, 음(−)이면 적자이다.
- 무역특화지수 = $\frac{\text{수출액} - \text{수입액}}{\text{수출액} + \text{수입액}}$
  - 무역특화지수의 값이 클수록 수출경쟁력이 높다.

설명

1. 2013년 한국, 중국, 일본 각각에서 원자재 무역수지는 적자이다. (O, X)
2. 2013년 자본재 수출경쟁력은 일본이 한국보다 높다. (O, X)

✔ 자료(체크리스트)

① 각주를 확인했는가?

② 포섭될 배경지식이 있는가?

✔ 설명

▸ 목적 파트는?

▸ 정보 파트는?

▸ 정오 파트는?

간단 퀴즈

Q 무역특화지수의 공식을 보면 무엇이 보이는가?

A 가중평균

관점 적용하기

1. (O) 무역수지가 적자라는 것은, 수출액 〈 수입액이라는 것을 의미한다.
   13년 원자재의 경우 한중일 모두 수출액 〈 수입액이므로 모두 적자이다.
2. (X) 무역특화지수 = $\frac{\text{수출} - \text{수입}}{\text{수출} + \text{수입}} \propto \frac{\text{수출}}{\text{수입}}$ 이므로
   2013년 일본의 자본재($\frac{4,541}{2,209}$)는 한국의 자본재($\frac{3,444}{1,549}$)보다 작다.
   따라서 수출경쟁률도 일본이 한국보다 낮다.

답 (O, X)

MEMO

4 설명형각주

Q 설명형 각주란 무엇인가요?

설명형 각주란 위에서 푼 것처럼 각주에 식이 제공되는 형식이 아닌 줄글이 제공되는 형식을 말한다.
줄글로 표기하였어도 결국, 자료해석이라는 과목의 특징상 줄글은 수식을 표현하기 위한 글일 뿐이다.

Q 설명형 각주가 나오면 어떻게 풀어야 하나요?

수식을 표현하기 위한 줄글일 뿐이므로 우리는 줄글을 수식으로 만들어야 한다.
수식화를 할 때 가장 중요한 포인트는 최대한 '간단하게' 그리고 자신이 가진 지식으로 포섭하는 것이다.
만약, 간단하게 표기할 수 없거나, 지식으로 포섭할 수 없다면,
우리가 공부할 때처럼 스스로가 예시를 만들며 직접 숫자를 넣어보면 가장 빠르게 이해를 할 수 있는 길이다.
글로만 이해하는 것보다는 실제로 '적용' 해보는 것이 더욱더 빠른 이해를 만든다.

적용문제-01 (민 14-10)

다음 〈표〉는 2013년 11월 7개 도시의 아파트 전세가격 지수 및 전세수급 동향 지수에 대한 자료이다. 이에 대한 〈설명〉의 정오는?

〈표〉 아파트 전세가격 지수 및 전세수급 동향 지수

도시 \ 지수	면적별 전세가격 지수			전세수급 동향 지수
	소형	중형	대형	
서울	115.9	112.5	113.5	114.6
부산	103.9	105.6	102.2	115.4
대구	123.0	126.7	118.2	124.0
인천	117.1	119.8	117.4	127.4
광주	104.0	104.2	101.5	101.3
대전	111.5	107.8	108.1	112.3
울산	104.3	102.7	104.1	101.0

※1) 2013년 11월 전세가격 지수= $\frac{\text{2013년 11월 평균 전세가격}}{\text{2012년 11월 평균 전세가격}} \times 100$

2) 전세수급 동향 지수는 각 지역 공인중개사에게 해당 도시의 아파트 전세 공급 상황에 대해 부족·적당·충분 중 하나를 선택하여 응답하게 한 후, '부족'이라고 응답한 비율에서 '충분'이라고 응답한 비율을 빼고 100을 더한 값임.
예: '부족' 응답비율 30%, '충분' 응답비율 50%인 경우
전세수급 동향 지수는 (30 - 50) + 100 = 80

3) 아파트는 소형, 중형, 대형으로만 구분됨.

설명

1. 각 도시에서 아파트 전세공급 상황에 대해 '부족'이라고 응답한 공인중개사는 '충분'이라고 응답한 공인중개사보다 많다.
(O, X)

2. 대구의 공인중개사 중 60% 이상이 대구의 아파트 전세공급 상황에 대해 '부족'이라고 응답하였다.
(O, X)

자료(체크리스트)

① 포섭할 지식이 있는가?

② 설명형 각주를 공식으로 잘 변형했는가?

설명

▸ 목적 파트는?

▸ 정보 파트는?

▸ 정오 파트는?

관점 적용하기

공인중개사의 대답은 부족 + 적당 + 충분으로 구성, 전세수급 동향 지수 = 100 + (부족 - 충분)으로 구성됨.
(※ 부족이 많을수록 커지고, 충분이 많을수록 작아짐)
→ 미지수는 3개인데, 식이 2개이므로 부정방정식이다. 즉, 범위성 정보이다.

1. (O) 부족이 충분보다 많다면 전세수급 동향지수는 100보다 커야 한다.
모든 도시에서 100보다 크다.

2. (X) 대구의 전세수급 동향 지수는 124.0이다.
범위성 정보이므로 60%보다 낮게 만들 수 있는지를 확인하자.
부족 24%, 적당 76%, 충분 0%로 구성됐다면 전세수급 동향지수가 124가 나온다.
60% 보다 낮아질 수 있으므로 옳지 않다.

답 (O, X)

적용문제-02 (5급 09-03)

다음 〈표〉는 2005 ~ 2007년도의 지방자치단체 재정력지수에 대한 자료이다. 이에 대한 〈설명〉의 정오는?

〈표〉 지방자치단체 재정력지수

지방자치단체 \ 연도	2005	2006	2007	평균
서울	1.106	1.088	1.010	1.068
부산	0.942	0.922	0.878	0.914
대구	0.896	0.860	0.810	0.855
인천	1.105	0.984	1.011	1.033
광주	0.772	0.737	0.681	0.730
대전	0.874	0.873	0.867	0.871
울산	0.843	0.837	0.832	0.837
경기	1.004	1.065	1.032	1.034
강원	0.417	0.407	0.458	0.427
충북	0.462	0.446	0.492	0.467
충남	0.581	0.693	0.675	0.650
전북	0.379	0.391	0.408	0.393
전남	0.319	0.330	0.320	0.323
경북	0.424	0.440	0.433	0.432
경남	0.653	0.642	0.664	0.653

※ 1) 매년 지방자치단체의 기준재정수입액이 기준재정수요액에 미치지 않는 경우, 중앙정부는 그 부족분만큼의 지방교부세를 당해연도에 지급함.

2) 재정력지수 = $\frac{\text{기준재정수입액}}{\text{기준재정수요액}}$

설명

1. 3년간 지방교부세를 지원받은 적이 없는 지방자치단체는 서울, 인천, 경기 3곳이다.

(O, X)

2. 3년간 충북은 전남보다 기준재정수입액이 매년 많았다.

(O, X)

3. 3년간 지방교부세를 가장 많이 지원받은 지방자치단체는 전남이다.

(O, X)

4. 3년간 대전과 울산의 기준재정수입액이 매년 서로 동일하다면 기준재정수요액은 대전이 울산보다 항상 크다.

(O, X)

자료(체크리스트)

① 포섭할 지식이 있는가?

② 설명형 각주를 공식으로 잘 변형했는가?

설명

▸ 목적 파트는?

▸ 정보 파트는?

▸ 정오 파트는?

간단 퀴즈

Q 주어진 평균은 산술평균일까? 가중평균일까? 그렇게 판단한 근거는 무엇인가?

A 가중평균이다.

관점 적용하기

지수 자료이므로 기준값이 동일한 것을 찾아야 한다.
기준재정수입액 〈 기준재정수요액의 경우 지방교부세를 받는다. → 재정력지수가 1보다 작다면 지방교부세를 받는다.

1. (X) 매년 재정력지수가 1보다 큰 지역은 서울과 경기뿐이다.
2. (X) 충북의 재정력지수는 전남보다 크지만 기준값(기준재정수요액)이 다르기 때문에 비교할 수 없다.(지수에서 case.1)
3. (X) 기준값도, 해당값도 주지 않은 자료이기에 비교할 수 없다. (case.1 or case.2)
4. (X) 기준재정수입액(분모)가 같을 때, 기준재정수요액(분모)이 더 크다는 것은 재정력지수가 작다는 것이다.

   분모가 커질수록 분수는 작아진다. (※ $\frac{A}{B\uparrow} \rightarrow C\downarrow$)

   재정력지수는 매년 대전이 울산보다 크므로 기준재정수요액은 매년 대전이 울산보다 작다.

답 (X, X, X, X)

적용문제-03 (5급 20-18)

다음 〈그림〉과 〈정보〉는 A 해역의 해수면온도 변화에 따른 α 지수, 'E 현상' 및 'L 현상'에 관한 자료이다. 이에 대한 〈설명〉의 정오는?

〈그림〉 기준 해수면온도와 α 지수

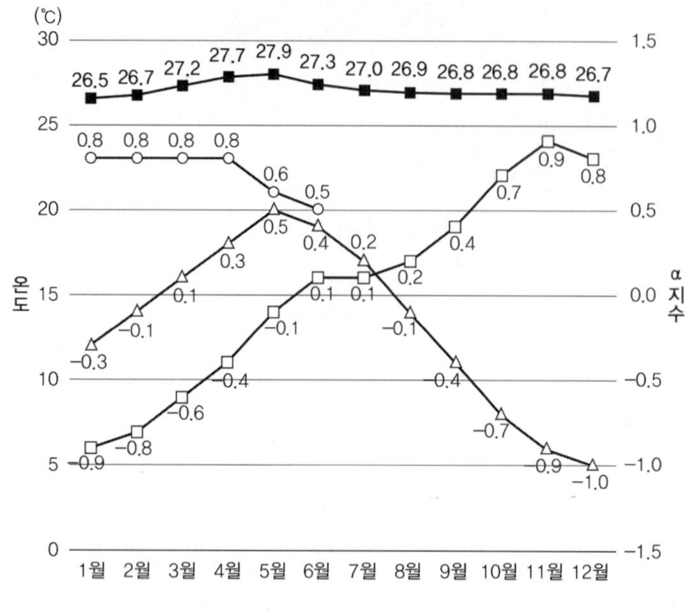

기준 해수면온도 (─■─), α지수 (─△─ 2017 ─□─ 2018 ─○─ 2019)

정보

- '기준 해수면온도'는 1985 ~ 2015년의 해당월 해수면온도의 평균임.
- '해수면온도 지표'는 해당월에 관측된 해수면온도에서 '기준 해수면온도'를 뺀 값임.
- α 지수는 전월, 해당월, 익월의 '해수면온도 지표'의 평균값임.
- 'E 현상'은 α 지수가 5개월 이상 계속 0.5 이상일 때, 0.5 이상인 첫 달부터 마지막 달까지 있었다고 판단함.
- 'L 현상'은 α 지수가 5개월 이상 계속 −0.5 이하일 때, −0.5 이하인 첫 달부터 마지막 달까지 있었다고 판단함.

설명

1. '기준 해수면온도'는 8월이 가장 높다.

(O, X)

2. 해수면온도는 2019년 6월까지만 관측되었다.

(O, X)

3. 'E 현상'은 8개월간 있었고, 'L 현상'은 7개월간 있었다.

(O, X)

4. 월별 '기준 해수면온도'가 1 °C 낮았더라도, 2017년에 'L 현상'이 있었다.

(O, X)

✓ 자료(체크리스트)

① 포섭할 지식이 있는가?

② 설명형 각주를 공식으로 잘 변형했는가?

✓ 설명

▸ 목적 파트는?

▸ 정보 파트는?

▸ 정오 파트는?

간단 퀴즈

Q 엘리뇨(El Niño)와 라니냐(La Niña)에 대하여 알고 있는가?

관점 적용하기

기준 해수면온도: 85년~15년 해수면 평균온도
해수면 온도 지표: 평균과의 차이값 (관측온도－기준 해수면온도)
α 지수: 해수면온도 지표의 3달(전월, 해당월, 익월)의 평균값
E현상: α 지수가 5개월 이상 0.5 이상일 때, 그 기간동안 E현상이 있다고 판단
L현상: α 지수가 5개월 이상 －0.5 이하일 때, 그 기간동안 L현상이 있다고 판단

1. (X) ■(기준 해수면온도)이 가장 높은 달은 5월이다.
2. (X) α 지수를 알기 위해서는 다음달에 대한 측정이 필요하다.
   2019년 7월의 α 지수에 대한 정보가 존재하므로 19년 7월의 관측결과도 필요하다.
3. (X) E 현상은 α 지수가 5달 연속 0.5 이상이여야 한다. α 지수는 18년 10월~19년 6월(9개월) 0.5 이상이다.
   L 현상은 α 지수가 5달 연속 －0.5 이하여야 한다. α 지수는 17년 10월~18년 3월(6개월) －0.5 이하이다.
4. (X) 기준 해수면 온도가 1℃ 낮아지면 α 지수는 1℃ 높아지므로 L현상은 발생하지 않는다.

답 (X, X, X, X)

적용문제-04 (5급 11-15)

다음 〈표〉는 6건의 거래에 대한 판매상품 목록이다. 아래 〈정의〉를 적용했을 때, 이에 대한 〈설명〉의 정오는?

〈표〉 거래일자별 판매상품 목록

거래일자	판매상품
2월 1일	소주, 콜라, 맥주 각 1병
2월 2일	소주, 콜라, 와인 각 1병
2월 3일	소주, 주스 각 1병
2월 4일	콜라, 맥주 각 1병
2월 5일	소주, 콜라, 맥주, 와인 각 1병
2월 6일	주스 1병

정의

- 서로 다른 두 상품 A와 B에 대해, 'A의 B에 대한 지지도'는 s(A → B)로 표기하고, 다음과 같이 정의됨.

$$s(A \rightarrow B) = \frac{\text{상품 A와 상품 B가 동시에 포함된 거래수}}{\text{전체 거래수}}$$

예를 들어, s(소주 → 콜라) = $\frac{3}{6}$임.

- 서로 다른 두 상품 A와 B에 대해, 'A의 B에 대한 신뢰도'는 r(A → B)로 표기하고, 다음과 같이 정의됨.

$$r(A \rightarrow B) = \frac{\text{상품 A와 상품 B가 동시에 포함된 거래 수}}{\text{상품 A가 포함된 거래 수}}$$

예를 들어, r(소주 → 콜라) = $\frac{3}{4}$임.

설명

1. s(A → B)는 s(B → A)와 항상 같다. (O, X)

2. r(A → B)는 r(B → A)보다 항상 크거나 같다. (O, X)

자료(체크리스트)

① 포섭할 지식이 있는가?

② 설명형 각주를 공식으로 잘 변형했는가?

설명

▸ 목적 파트는?

▸ 정보 파트는?

▸ 정오 파트는?

간단 퀴즈

Q 논리학을 이용해 보는 건 어떨까?

A 좋은 아이디어다.

관점 적용하기

주어진 A와 B는 미지수이기 때문에 A와 B에 무엇이 들어가던 아무런 문제가 없다.
즉, A와 B의 위치가 변화해도 아무런 문제가 없다는 것이다.

1. (O) s(A → B)의 주어진 정의에 따르면 A와 B의 위치는 공식에 아무런 변화를 주지 못한다.
2. (X) r(A → B)에서 A와 B는 미지수이므로 그 순서가 변화해도 문제가 없다.
즉, r(A → B)는 r(B → A)보다 항상 크거나 같다는 문장이 참이라면
r(B → A)는 r(A → B)보다 항상 크거나 같다는 문장도 참이어야 한다.
둘다 참인 경우는 오직, r(A → B)는 r(B → A)보다 같은 경우뿐이다.
그런데, r(A → B)의 정의에 따르면 A와 B의 위치에 따라서
분모의 크기 (상품A가 포함된 거래 수)의 변화가 생긴다.
A와 B의 위치에 따라서 분모의 크기가 변화하므로 r(A → B)는 r(B → A)는 항상 같을 수 없다.

답 (O, X)

적용문제-05 (민 18-20)

다음 〈표〉는 A ~ D국의 성별 평균소득과 대학진학률의 격차지수만으로 계산한 '간이 성평등지수'에 관한 자료이다. 이에 대한 〈설명〉의 정오는?

〈표〉 A ~ D국의 성별 평균소득, 대학진학률 및 '간이 성평등지수'

(단위: 달러, %)

항목 / 국가	평균소득			대학진학률			간이 성평등 지수
	여성	남성	격차 지수	여성	남성	격차 지수	
A	8,000	16,000	0.50	68	48	1.00	0.75
B	36,000	60,000	0.60	( )	80	( )	( )
C	20,000	25,000	0.80	70	84	0.83	0.82
D	3,500	5,000	0.70	11	15	0.73	0.72

※ 1) 격차지수는 남성 항목값 대비 여성 항목값의 비율로 계산하며, 그 값이 1을 넘으면 1로 함.
2) '간이 성평등지수'는 평균소득 격차지수와 대학진학률 격차지수의 산술 평균임.
3) 격차지수와 '간이 성평등지수'는 소수점 셋째 자리에서 반올림한 값임.

설명

1. A국의 여성 평균소득과 남성 평균소득이 각각 1,000달러씩 증가하면 A국의 '간이 성평등지수'는 0.80 이상이 된다.

(O, X)

2. B국의 여성 대학진학률이 85%이면 '간이 성평등지수'는 B국이 C국보다 높다.

(O, X)

자료(체크리스트)

① 포섭할 지식이 있는가?

② 설명형 각주를 공식으로 잘 변형했는가?

설명

▸ 목적 파트는?

▸ 정보 파트는?

▸ 정오 파트는?

간단 퀴즈

Q 성격차지수(GGI)에 대해서 알고 있는가?

관점 적용하기

격차지수 = $\frac{여성}{남성}$, 단 여성이 더 높은 경우는 1로 산정함

간이 성평등지수 = 평균소득의 격차지수와 대학진학률의 격차지수의 평균(합)임.

1. (X) 간이 성평등지수가 0.8이라면 평균소득 격차지수와 대학진학률의 격차지수의 합이 1.6보다 커야 한다.
대학 진학률의 격차지수가 1이므로 평균소득의 격차지수가 0.6보다 큰지에 대해서 물어보는 것이다.
$\frac{8,000+1,000}{16,000+1,000} = \frac{6,000+3,000}{10,000+7,000}$ 〈 60%이므로 0.6보다 작다.

2. (X) C국의 격차지수의 합은 1.62이므로 B국이 1.62 이상 될 수 있는지 생각해보자.
격차지수는 최대 1이므로 B국은 평균소득의 격차지수가 변화하지 않는 한 1.62 이상이 될 수 없다.

답 (X, X)

IV

체크리스트

01 체크리스트
02 외적구성
03 내적구성
04 추가 정보
05 그림 자료
06 다중 자료

그림 자료란 이미지화 된 자료를 의미한다.
대표적으로 꺾은선, 막대, x-y평면, 원형, 순서도 등이 있다.
그림 자료를 주는 가장 큰 이유는 '가시성' 때문이다.
'가시성'이라는 요소는 우리에게 힌트를 주기도,
또는 함정의 장치로 사용 되기도 한다.
따라서, '가시성'을 힌트적 요소로 사용하기 위한
체크리스트를 숙지 해야 한다.

꺾은선과 막대

Q 꺾은선과 막대자료 무엇인가요?

아래와 같은자료가 꺾은선과 막대자료이다.

〈그림〉 '갑'국 2010년, 2020년 이병, 병장의 월급

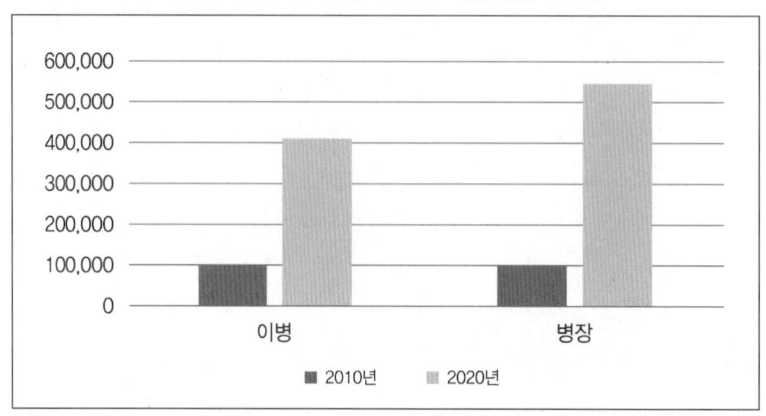

혹시 이병과 병장의 2010년대비 2020년 월급의 증가율을 비교 할 수 있을까?
숫자값이 없어서 당황했을 것이다.
하지만, 느낌상, 뭔가 병장의 임금의 증가율이 더 높을 것 같은데?라는 생각 또는 의심이 들 것이다.
그런 생각 또는 의심을 이용하는 것이 바로 '가시성'이다.
하지만 단순히 추측성으로만 접근한다면 문제가 발생할 수 있으므로
추측을 확신으로 바꾸기 위해 꺾은선과 막대의 가시성을 배워보자.

Q 꺾은선과 막대의 가시성에는 무엇이 있나요?

꺾은선과 막대에서 사용되는 가시성은 아래의 2개이다.

① 차이값 또는 폭폭폭 (B-A) ② 분수값 또는 율율율 ($\frac{B}{A}$)

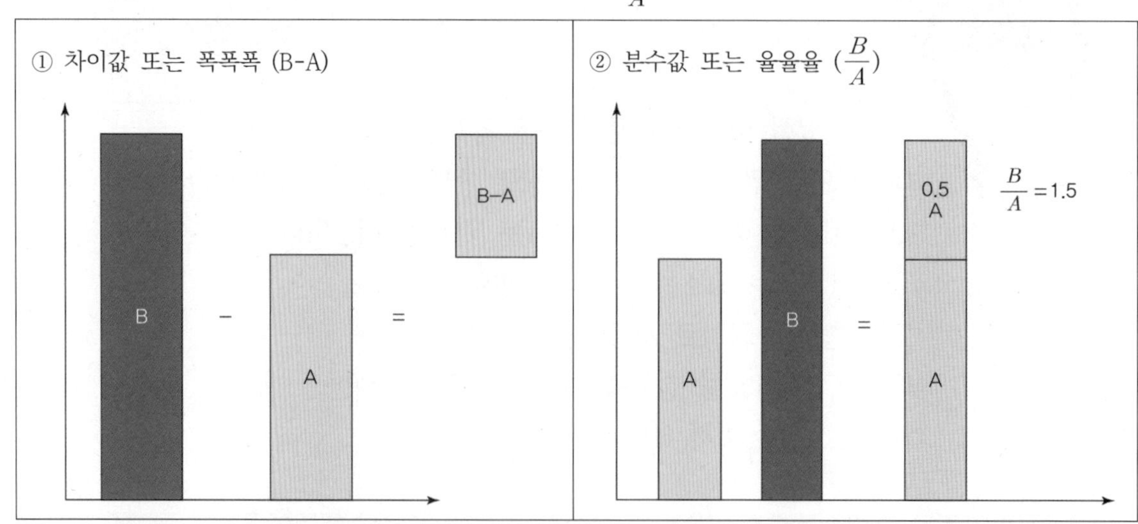

※ 주의 사항

① 가시성은 비교를 위한 용도이지 실제 크기를 파악하기 위한 용도는 아니다.
② 차이값 또는 폭폭폭의 경우, 축이 다른 경우에 사용할 수 없다.
③ 분수값 또는 율율율의 경우, 축이 생략된 경우나 증가가 균일하지 않은 경우 사용할 수 없다.

Q 꺾은선과 막대의 가시성을 사용하기 위한 체크리스트는 어떻게 되나요?

① 축의 생략 유무, ② 축의 1칸의 크기가 일정한지를 확인해야 한다.
① 축의 생략이 있다면, 차이값과 폭폭폭에 대한 가시성만 사용이 가능하다.
② 축의 1칸의 크기가 일정하지 않다면, 분수값 또는 율율율에 대한 가시성만 사용가능하다.
만약, 생략도 없고, 1칸의 크기도 일정하다면 모든 가시성이 이용 가능하다.

〈그림〉 연도별 응시인원 및 선발인원

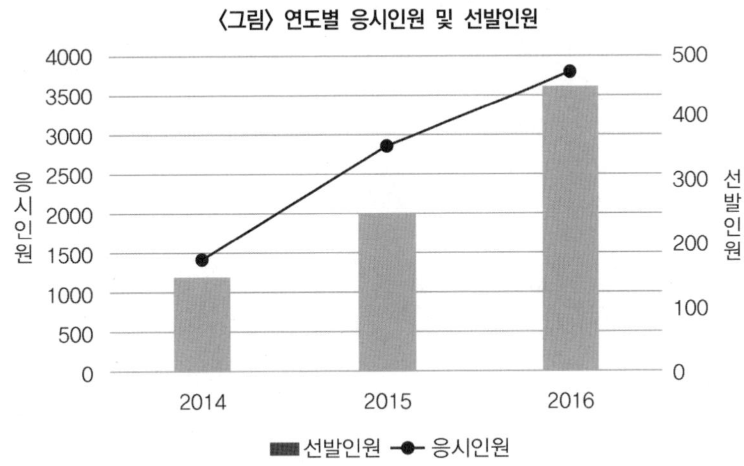

→ 축의 생략도, 1칸의 크기도 일정하므로 가시성이 사용 가능하다.
따라서, 차이값과 응시인원 대비 선발인원에 대한 정보를 가시적으로 확인 가능하다.

〈그림〉 '갑'사의 연도별 판매량 및 판매수익

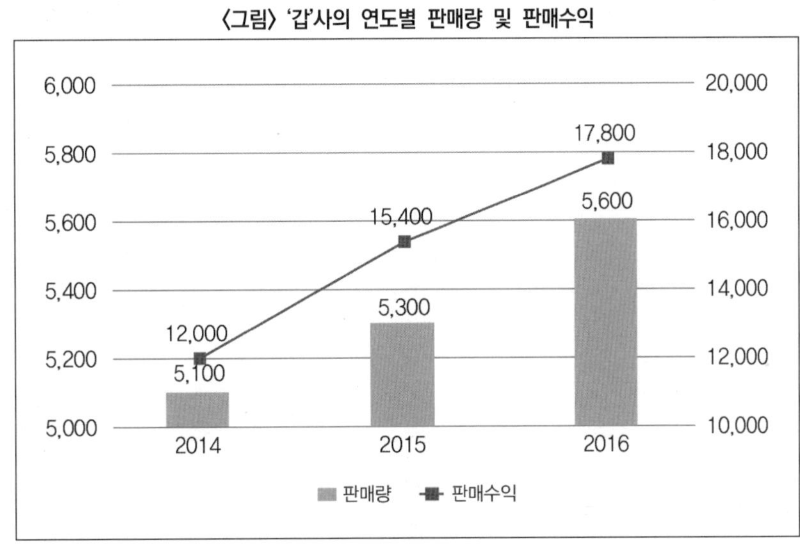

→ 축의 생략이 있고, 1칸의 크기도 일정하므로 차이값과 폭폭폭에 대한 가시성만 사용 가능하다.
따라서, 판매량 대비 판매수익에 대한 정보는 가시적으로 확인할 수 없다.
가시적으로는 2014년이 가장 큰 것으로 보이지만, 실제적으로는 2015년과 2016년이 더 크다.

적용문제-01 (5급 17-22)

다음 〈그림〉은 2012 ~ 2015년 '갑'국 기업의 남성육아휴직제 시행 현황에 관한 자료이다. 이에 대한 〈설명〉의 정오는?

〈그림〉 남성육아휴직제 시행기업수 및 참여직원수

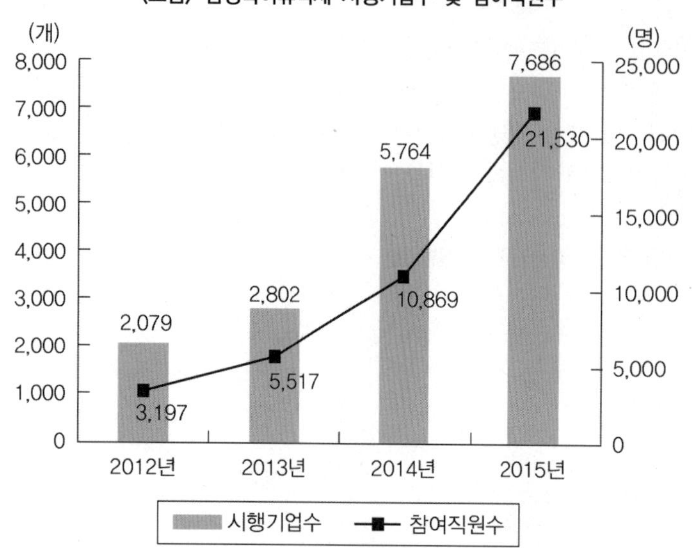

설명

1. 시행기업당 참여직원수가 가장 많은 해는 2015년이다.

(O, X)

2. 2013년 대비 2015년 시행기업수의 증가율은 참여직원수의 증가율보다 높다.

(O, X)

자료(체크리스트)

① 축을 확인 했는가?

설명

▸목적 파트는?

▸정보 파트는?

▸정오 파트는?

간단 퀴즈

Q 설명 2를 해결 할 때, 가시성을 다른 방법으로 이용할 순 없을까?

관점 적용하기

체크리스트: ① 축의 생략 X ② 한칸의 크기 일정 → 가시성 모두 사용가능

1. (O) 시행기업당 참여직원수 = $\frac{참여직원수}{시행기업당}$ → 막대그래프 안에서의 ■ 위치

2015년이 막대그래프 안에서 ■의 위치가 비율적으로 가장 높으므로 2015년이 가장 크다.

2. (X) 증가율에 대한 비교는 배수비교법($\frac{현재값}{과거값}$)으로 가능하다. 따라서 가시적으로 접근하자.

시행기업수는 2015년 안에 2013년이 2~3개가 들어가는 반면,
참여직원수는 2015년 안에 2013년이 3~4개가 들어간다.
시행기업수의 증가율이 참여직원수 보다 낮다.

답 (O, X)

적용문제-02 (5급 15-09)

다음 〈표〉와 〈그림〉은 2008～2011년 연도별 노인돌봄종합서비스 이용 및 매출 현황을 나타낸 자료이다. 이에 대한 〈설명〉의 정오는?

〈그림〉 연도별 전국 노인돌봄종합서비스 매출 현황

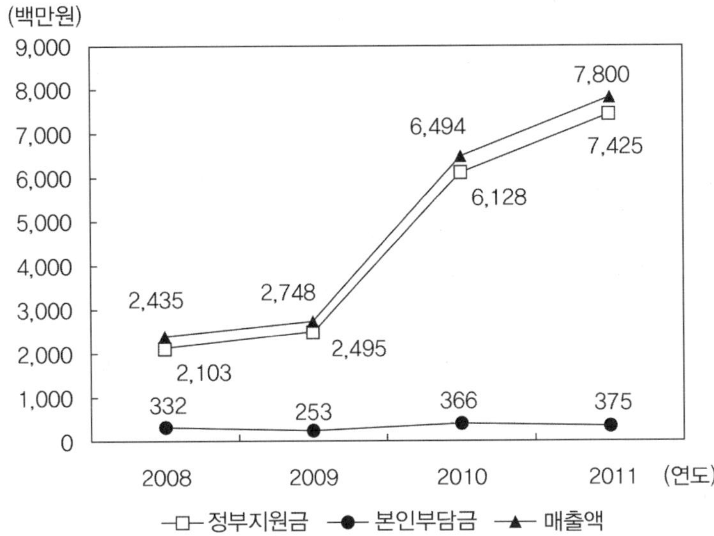

※ 매출액 = 정부지원금 + 본인부담금

설명

1. 전국 노인돌봄종합서비스 매출액에서 본인부담금이 차지하는 비중은 매년 감소하였다.

(O, X)

자료(체크리스트)

① 축을 확인 했는가?

설명

▸ 목적 파트는?

▸ 정보 파트는?

▸ 정오 파트는?

간단 퀴즈

Q 본인 부담금이 가시적으로 잘 보이지 않는다면 어떻게 해야 할까?

A 여집합을 이용해 본다.

관점 적용하기

체크리스트: ① 축의 생략 X ② 한칸의 크기 일정 → 가시성 모두 사용가능

1. (O) 전체에서 본인부담금이 차지하는 비중 = $\frac{\text{본인부담금}}{\text{매출액}}$

가시적으로 매년 매출액에서 본인부담금이 위치하고 있는 비율이 감소하였다.

답 (O)

적용문제-03 (5급 19-19)

다음 〈그림〉과 〈표〉는 '갑'국의 재생에너지 생산 현황에 관한 자료이다. 이에 대한 〈설명〉의 정오는?

〈그림〉 2011 ~ 2018년 재생에너지 생산량

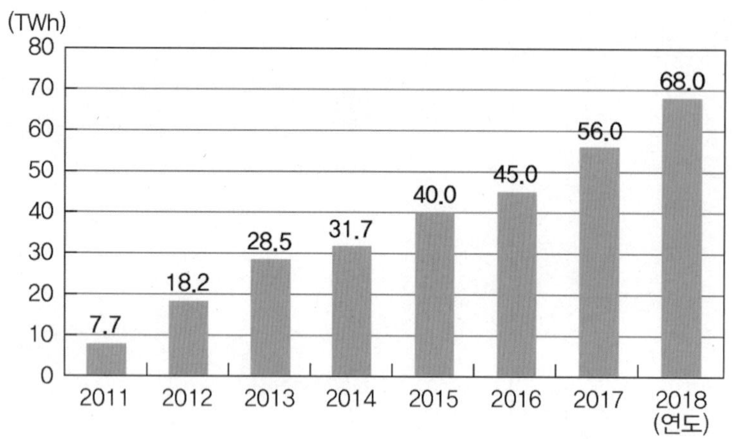

설명

1. 2012 ~ 2018년 재생에너지 생산량은 매년 전년대비 10% 이상 증가하였다.

(O, X)

✓ 자료(체크리스트)

① 축을 확인 했는가?

✓ 설명

▸ 목적 파트는?

▸ 정보 파트는?

▸ 정오 파트는?

간단 퀴즈

Q 고정값과의 비교 시 가시성은 어떤 용도로 사용될 수 있을까?

관점 적용하기

체크리스트: ① 축의 생략 X ② 한칸의 크기 일정 → 가시성 모두 사용가능

1. (O) 가시성을 통해서는 증가율의 정확한 크기를 구할 수 없으므로 막대그래프에 적혀 있는 값을 이용하자.
   10%가 안될 것 같은 연도를 위주로 확인해야 계산량을 줄일 수 있다.
   증가율이 가장 작을 것 같은 연도는 2014년이므로 2014년의 증가율을 확인하자.
   확인법에 의하여 $\frac{317}{285}=\frac{330-13}{300-15}$ 〉 1.1이므로 매년 10% 이상 증가하였다.

답 (O)

적용문제-04 (민 19-14)

다음 〈그림〉은 한국, 일본, 미국, 벨기에의 2010년, 2015년, 2020년 자동차 온실가스 배출량 기준에 관한 자료이다. 이에 대한 〈설명〉의 정오는?

〈그림〉 자동차 온실가스 배출량 기준

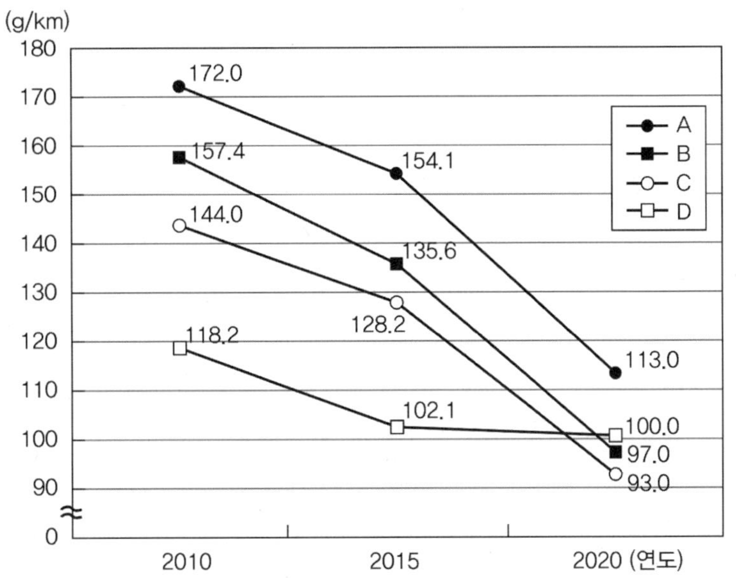

설명

1. 2010년 대비 2020년 자동차 온실가스 배출량 기준 감소율이 가장 높은 국가는 B국이다.

(O, X)

자료(체크리스트)

① 축을 확인 했는가?

설명

▸ 목적 파트는?

▸ 정보 파트는?

▸ 정오 파트는?

간단 퀴즈

Q 축의 생략이 없다면 감소율은 가시적으로 어떻게 비교해야 할까?

A 배수비교법

Q 가시성을 이용할 방법은 없는가?

A 폭을 이용하면 된다.

관점 적용하기

체크리스트: ① 축의 생략 O ② 한칸의 크기 일정 → 분수에 관한 가시성은 사용 불가

1. (O) 축에 생략 구간이 있으므로 가시성(분수값 또는 율율율)을 이용할 수 없다.

감소율의 정의($\frac{감소폭}{과거값}$)에 의하여, 감소율이 더 높기 위해서는, 감소폭이 더 크거나, 과거값이 더 작아야 한다.

축에 생략이 있더라도, 가시성(차이값과 폭폭폭)은 이용 가능하다.

A,B,C의 차이값이 가시적으로 유사해 보인다.

즉, B보다 과거값이 더 작은 C와 비교해보자. (비교이므로 배수비교법)

B(■) = $\frac{135.6}{97}$, C(○) = $\frac{128.2}{93}$ → 기울기 테크닉을 이용하면 $\frac{135.6-128.2}{97-93}=\frac{7.4}{4}$,

C의 기울기보다 더 큰 기울기로 나갔으므로 B의 기울기가 C의 기울기 보다 크다.

답 (O)

2 X-Y평면

Q X-Y 평면자료란 무엇인가요?

아래와 같은 자료가 X-Y평면 자료이다.

〈그림〉 1인당 GDP와 1인당 의료비지출액

(달러)
4,000
3,500
3,000
1인당 의료비 지출액 2,500
2,000
1,500
1,000
500
0
A B C D E F G H I J
20,000 40,000 60,000
1인당 GDP (달러)

X축과 Y축에 각각의 값이 존재하고, 각 점마다 이름이 정해져 있는 형태의 자료이며, X축 막대, Y축 막대 2개가 섞인 자료라고 생각하면 된다.
그렇기에, 막대자료에서 배운 가시성을 그대로 적용할 수 있으며,
또한 막대에서의 체크리스트와 주의사항이 그대로 적용된다.

Q X-Y평면 자료의 가시성에는 무엇이 있나요?

X-Y평면자료의 가시성은 총 4가지로 구성된다.
① 꺾은선과 막대의 가시성
② 기준선과의 거리 (Y=BX+A)
③ 기울기 (A = Y/X)
④ 넓이 (B = X×Y)

Q X-Y평면 자료의 체크리스트는 어떤 것인가요?

X-Y평면 자료에서의 체크리스트는 꺾은선과 막대처럼 X,Y축에 생략 여부이다.
생략 여부에 따라 X-Y평면의 가시성의 사용 여부가 달라지기 때문이다.
만약 축에 생략이 존재한다면 그에 맞는 방법으로 가시성을 이용해야 하기 때문에,
꼭, 생략여부를 체크하고, 그 후에 가시성을 적용해야 한다.

적용문제-01 (민 16-01)

다음 〈그림〉은 국가 A～J의 1인당 GDP와 1인당 의료비지출액을 나타낸 것이다. 이에 대한 〈설명〉의 정오는?

〈그림〉 1인당 GDP와 1인당 의료비지출액

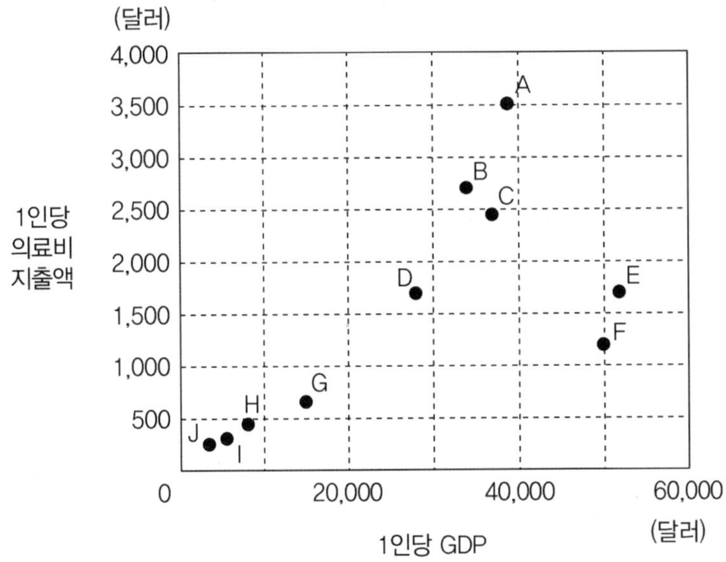

설명

1. 1인당 의료비지출액이 가장 많은 국가와 가장 적은 국가의 1인당 의료비지출액 차이는 3천달러 이상이다.
   (O, X)
2. 1인당 GDP 상위 5개 국가의 1인당 의료비지출액 합은 1인당 GDP 하위 5개 국가의 1인당 의료비지출액 합의 5배 이상이다.
   (O, X)

자료(체크리스트)

① 축을 확인 했는가?

설명

▸ 목적 파트는?

▸ 정보 파트는?

▸ 정오 파트는?

간단 퀴즈

Q X값과 Y값을 명확하게 주지 않았을 때, 그 값을 명확하게 생각할 필요가 있을까?

A 없다.

관점 적용하기

체크리스트: 축의 생략 X → 가시성 사용 가능

1. (O) 1인당 의료비 지출액 = Y값, 1인당 의료비 지출액의 차이 = Y값의 차이.
   1인당 의료비 지출액이 가장 큰 국가 = A, 가장 작은 국가 = J
   둘의 Y값의 차이 = 3,000달러 이상이다.
2. (X) 1인당 GDP = X값, 1인당 의료비 지출액 = Y값
   X값 상위 5개국 = A, B, C, E, F　X값 하위 5개국 = D, G, H, I, J
   각국의 Y값을 생각해보자.
   D의 5배가 되기 위해서는 3칸짜리가 5개, 15칸이 필요하고,
   H와 G의 5배가 되기 위해서는 적어도 5칸이 필요하다.
   즉, 상위 5개국이 적어도 25칸 이상이여야 5배 이상이라고 판단이 가능하다.
   하지만 상위 5개국의 Y의 칸수는 25칸에 미치지 못한다.
   따라서, 1인당 GDP는 상위 5개국이 1하위 5개국의 5배 이하이다.
   (※ 막대의 가시성으로 생각해보자.)

답 (O, X)

Q 가시성 ② 기준선과의 거리 (Y=BX+A)에 대해서 알려주세요.

〈그림〉을 이용하여 아래의 문제를 풀어보자.

〈그림〉 물건 A,B의 개당 판매단가 및 개당 구매단가

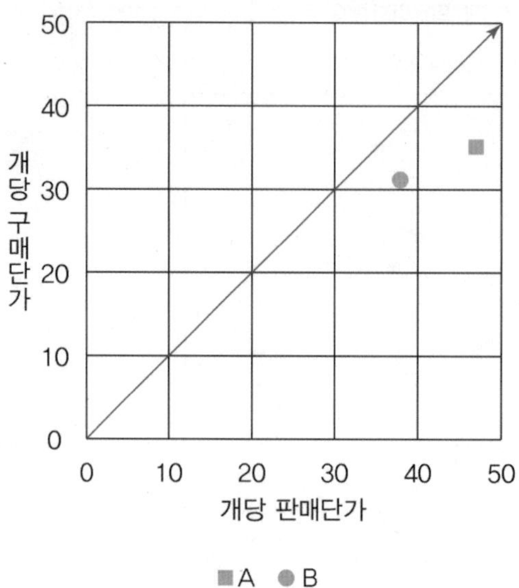

※ 개당 판매이익 = 개당 판매단가 - 개당 구매단가

Q. A와 B중 개당 판매이익이 더 큰 것은 무엇일까?

주어진 식에 개당 판매단가와 구매단가를 직접 대입하여 풀려고 했는데,
그 값이 존재하지 않아서 당황하였는가? 이럴 때 사용해야 할 것이 바로 '기준선과의 거리'이다.

개당 판매이익 = 개당 판매단가 - 개당 구매단가인데, 판매단가와 구매단가는 각각 X,Y의 값이다.
따라서 주어진 각주에 각각의 기호를 넣으면 개당 판매이익 = x-y로 구성된다.
개당 판매이익이 0이 되는 값을 위 〈그림〉에서 표현하면 파란색 선(기준선)으로 나타난다.
기준선을 기준으로 우측으로 가게 된다면, 판매단가가 증가하여, 개당 판매이익이 커지고,
기준선을 기준으로 좌측으로 가게 된다면, 판매단가가 감소하여, 개당 판매이익이 작아진다.
따라서, 정확한 값을 알 순 없지만, 기준선을 기점으로 우측으로 더 멀리 떨어진 A의 개당 판매이익이 더 크다.
하지만 단순히 감각적으로만 접근한다면 문제가 발생할 수 있다.
그러므로 우리는 이것을 확신으로 만들기 위해, 기준선과 점 사이의 거리를 파악하는 방법을 배워보자.

가시성 ② 기준선과의 거리는 어떻게 판단하나요?

기준선과의 거리를 판단하는 방법은 크게 2가지이다.

1) 기준선과 점 사이의 거리

첫 번째 방법은, 기준선에서 점과의 거리가 얼마인지 측정하는 방법이다.

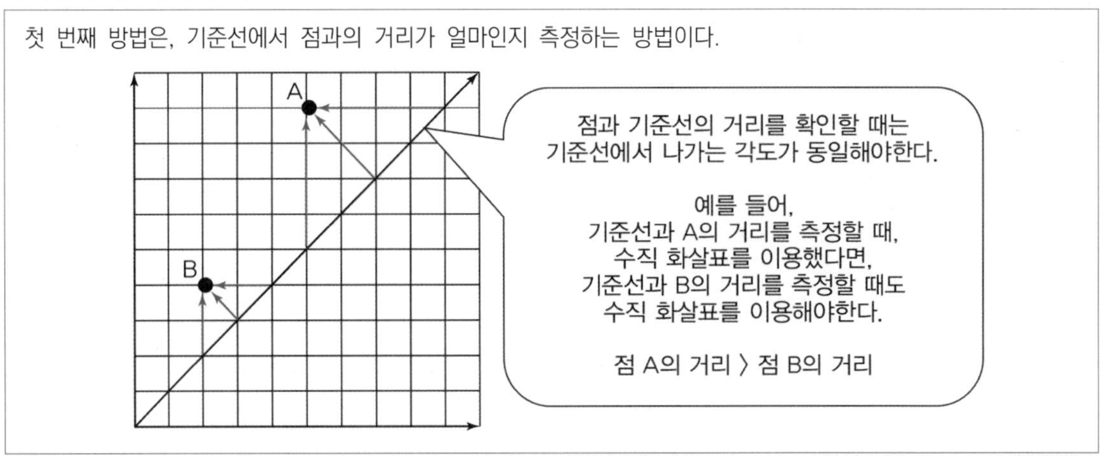

2) 기준선의 이동

두 번째로 방법은 기준선 자체를 옮기는 방법이다.
기준선과 점 사이의 거리가 비슷해 보이는 경우에 사용하면 좋은 방법으로 선을 평행하게 이동시키면 된다.

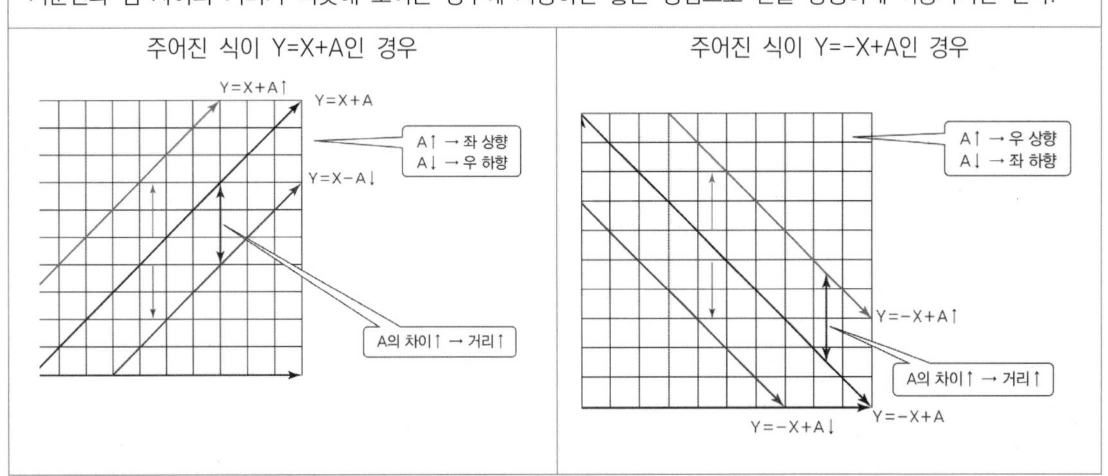

만약, 축에 생략이 존재한다면,
기준선을 그릴 때 식을 만족하는 점을 2개를 찍어서 직선으로 연결하면 기준선을 만들 수 있다.

예제

다음 〈그림〉은 가구 'A~F'의 5~6월 생활비에 관한 자료이다. 이에 대한 〈설명〉의 정오는?

〈그림〉 가구 'A~F'의 5,6월 생활비

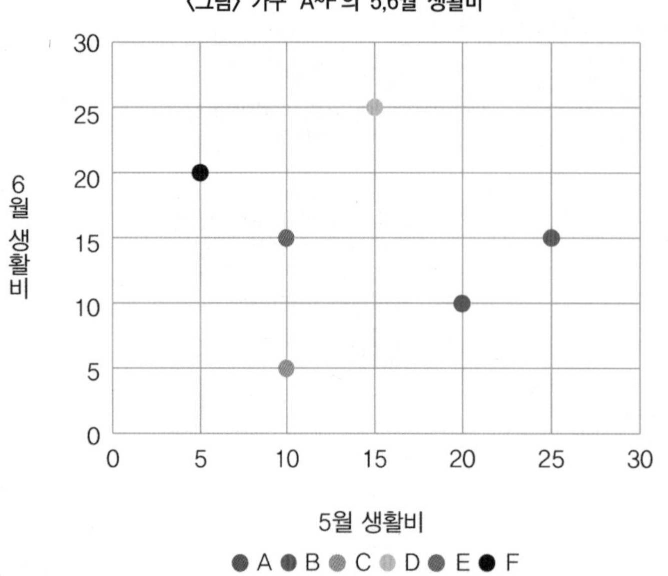

설명
1. 5월에 비해 6월에 생활비가 가장 많이 증가한 가구는 F이다. (O, X)

✔ 자료(체크리스트)

① 축을 확인했는가?

✔ 설명

▸ 목적 파트는?

▸ 정보 파트는?

▸ 정오 파트는?

관점 적용하기

체크리스트: 축의 생략 X → 가시성 사용 가능

1. (O) 6월 생활비 증가액 = 6월 생활비 - 5월 생활비 → 증가액 = Y-X → Y = X + 증가액
   증가액↑ = 좌상향을 기준으로 가장 멀리 떨어진 것은 F이므로 가장 많이 증가한 가구는 F이다.

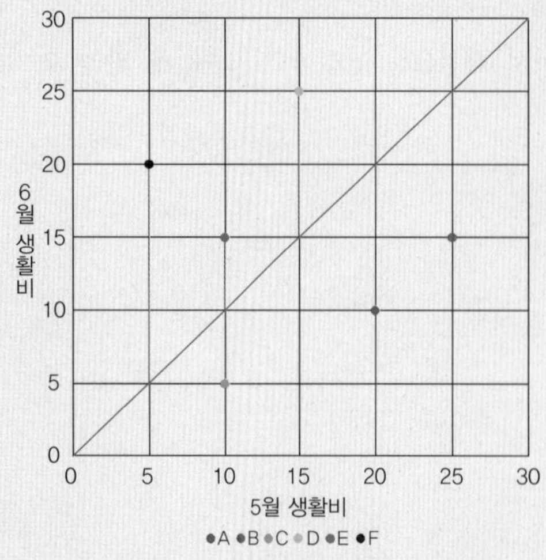

답 (O)

적용문제-01 (5급 14-30)

다다음 〈그림〉은 2000 ~ 2009년 A국의 수출입액 현황을 나타낸 자료이다. 이에 대한 〈설명〉의 정오는?

〈그림〉 A국의 수출입액 현황 (2000 ~ 2009년)

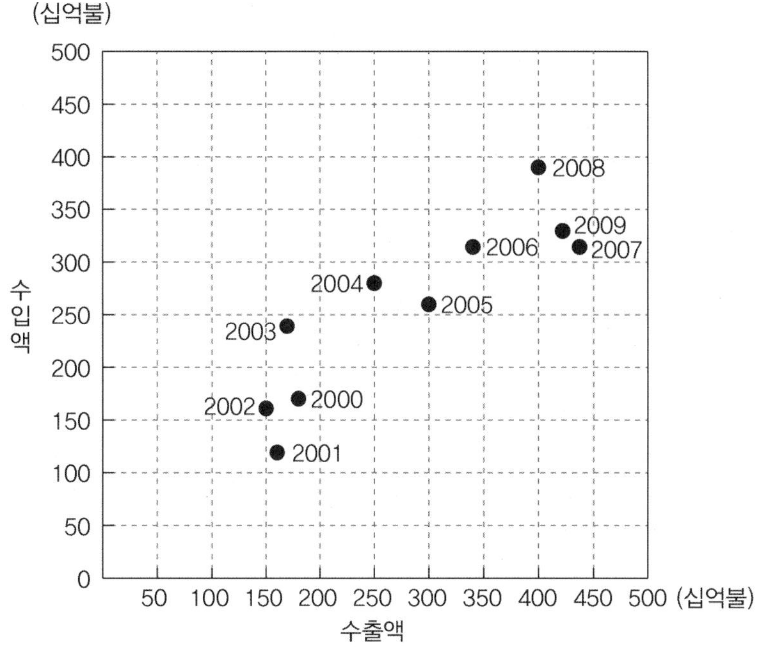

※ 1) 무역규모 = 수출액 + 수입액
2) 무역수지 = 수출액 - 수입액

설명

1. 무역규모가 가장 큰 해는 2008년이고, 가장 작은 해는 2001년이다. (O, X)

2. 무역수지 적자폭이 가장 큰 해는 2003년이며, 흑자폭이 가장 큰 해는 2007년이다. (O, X)

자료(체크리스트)

① 축을 확인했는가?

설명

▸ 목적 파트는?

▸ 정보 파트는?

▸ 정오 파트는?

간단 퀴즈

Q 함수식을 만드는 것이 어렵다면 어떤 식으로 접근하는 것이 좋을까?

A 점을 2개 찍는다.

관점 적용하기

체크리스트: 축의 생략 X → 가시성 사용 가능

1. (O) 무역규모 = X+Y → Y=−X+A
   무역규모가 크다 = A가 크다 = 우상향 → 2008년
   무역규모가 작다 = A가 작다 = 좌하향 → 2001년
2. (O) 무역수지 = X−Y → Y=X−A
   무역수지가 적자다 = A가 크다 = 좌상향 → 2003년
   무역수지가 흑자다 = A가 작다 = 우하향 → 2007년

답 (O, O)

적용문제-02 (5급 15-37)

다음 〈그림〉은 A산림경영구의 벌채 예정 수종 현황에 대한 자료이다. 이에 대한 〈설명〉의 정오는?

〈그림〉 A산림경영구의 벌채 예정 수종 현황

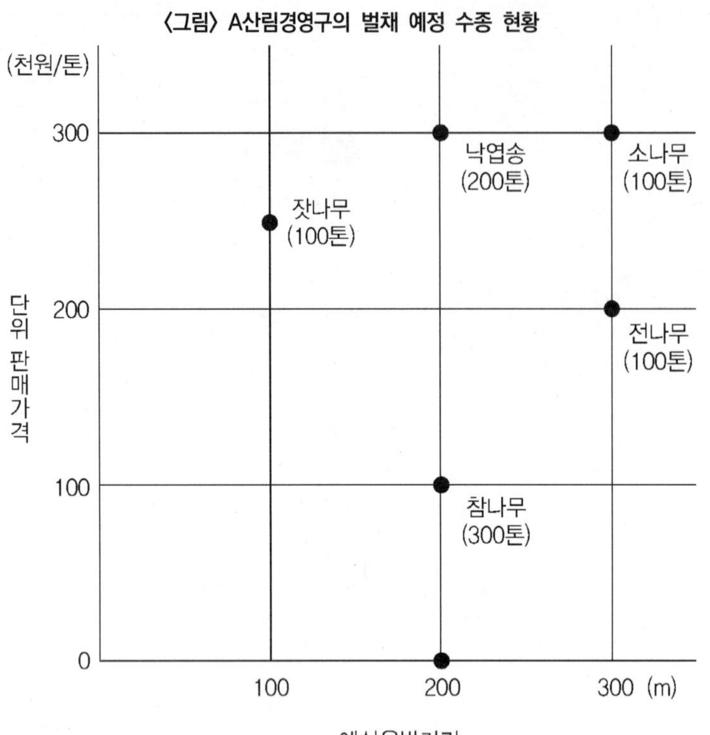

※( )안의 숫자는 벌채 예정량을 나타냄.

수종별 벌채 가능 판단기준

- 예상이익금이 0원을 초과하면 벌채 가능하다.
- 예상이익금(천원) = 벌채 예정량(톤) × 단위 판매가격(천원/톤) – 예상운반비(천원)
- 예상운반비(천원) = 벌채 예정량(톤) × 예상운반거리(m) × 운반비 단가(천원/(톤・m))
- 운반비 단가는 1천원/(톤・m) 이다.

설명

1. 벌채 가능한 수종은 잣나무, 낙엽송뿐이다.

(O, X)

2. 소나무의 경우 벌채 예정량이 2배가 되면 벌채 가능하다.

(O, X)

3. 운반비 단가가 2천원/(톤・m)이라면 벌채 가능한 수종은 잣나무뿐이다.

(O, X)

자료(체크리스트)

① 축을 확인했는가?

설명

▸ 목적 파트는?

▸ 정보 파트는?

▸ 정오 파트는?

간단 퀴즈

Q 판단기준의 단위조절시 어려움이 있었는가? 왜 어려웠는가?

관점 적용하기

체크리스트: 축의 생략 X → 가시성 사용 가능

예상이익금 = 벌채 예정량 × Y - 벌채 예정량 × X × 1
→ 예상이익금 = 벌채 예정량 (Y−X)
예상이익금이 0원을 초과시 벌채가능하다. → Y−X 〉 0이면 벌채 가능하다.
→ Y−X 〉 0 → Y 〉 X → Y=X의 좌상향에 위치한 수종만 벌채 가능하다.

1. (O) Y=X보다 좌상향에 위치한 수정은 잣나무와 낙엽송뿐이다.
2. (X) 벌채예정량은 예상이익금과 아무 관련이 없다.
3. (O) 운반비 단가가 2천원/(톤・m)이 되면 Y−2X 〉 0 이상인 수종만 벌채 가능하므로 Y=2X의 좌상향에 위치한 수종만 벌채 가능하므로 잣나무 뿐이다.

답 (O, X, O)

Q 가시성 ③ 기울기 (A=Y/X)에 대해서 알려주세요.

〈그림〉을 이용하여 아래의 문제를 풀어보자.

〈그림〉 범죄 A~E의 검거건수 및 발생건수

검거건수: 0, 2000, 4000, 6000, 8000

발생건수: 0, 1000, 2000, 3000, 4000, 5000, 6000, 7000, 8000, 9000

+ A ▲ B ■ C ◆ D ● E

※ 검거율 = $\frac{\text{검거건수}}{\text{발생건수}}$

Q. 검거율이 가장 높은 범죄는 무엇일까?

주어진 검거율 식에 검거건수와 발생건수를 직접 대입하려고 했다면,
이제는 당황하지도 않았을 것이다. 이번에 배울 가시성은 '기울기'이다.

검거율 = $\frac{\text{검거건서}}{\text{발생건수}}$인데, 발생건수와 검거건수는 각각 X,Y의 값이다.

따라서 주어진 각주에 각각의 기호를 넣으면 검거율 = $\frac{y}{x}$로 구성된다.

관점 익히기에서 기울기 테크닉을 배울 때, 분수 = 기울기라는 것을 배웠다.

$\frac{y}{x}$라는 것을 기울기로 정확하게 만들자면, x-y평면에서 원점을 기준으로 (x,y)만큼 움직였을 때 라고 볼 수 있다.

즉, 원점(0,0)을 기준으로 해당 좌표까지 직선으로 그어진 기울기가 검거율을 의미한다고 할 수 있다.

따라서, x-y 평면에서 $\frac{y}{x}$의 크기를 비교한다면 기울기를 통해서 비교하면 된다.

만약, $\frac{x}{y}$의 크기를 비교한다면 기울기와 반비례한다고 생각하면 된다.

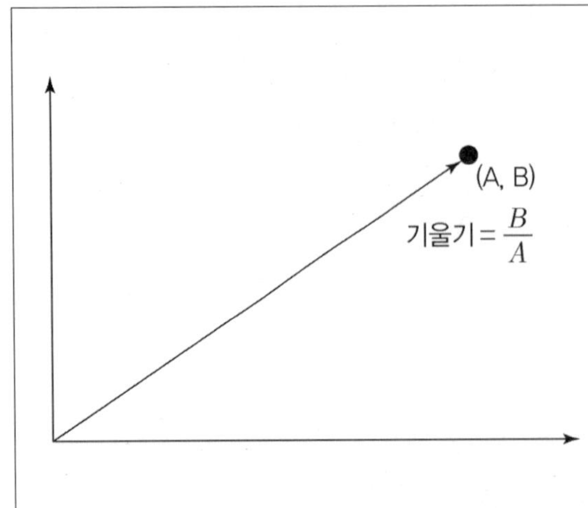

A, B를 기준으로
위쪽으로 가면 갈수록 더 가파르고,
(기울기가 더 커진다.)
아래쪽으로 가면 갈수록 더 완만하다.
(기울기가 더 작아진다.)

만약, $\frac{x}{y}$를 비교한다면,

기울기가 클수록 $\frac{x}{y}$는 작아지고,

기울기가 작아질수록 $\frac{x}{y}$는 커진다.

Q 원점이 없을 때 기울기를 판단하는 방법에 대해서 알려주세요.

기울기는 원점(0,0)을 기준으로 해당 좌표까지 직선으로 그어진 선을 의미한다.
따라서, 축에 생략이 존재하여 원점이 없다면, 직선을 그을 수가 없다.
이럴 땐, 비교하고 싶은 두 점을 직선으로 연결하여 기울기의 대소를 비교할 수 있다.
그 방법은 아래의 2가지와 같다.

1) X축과 Y축을 기준하여 기울기 파악 (X축 = y가 0인선, Y축 = x가 0인선)

<table>
<tr>
<td>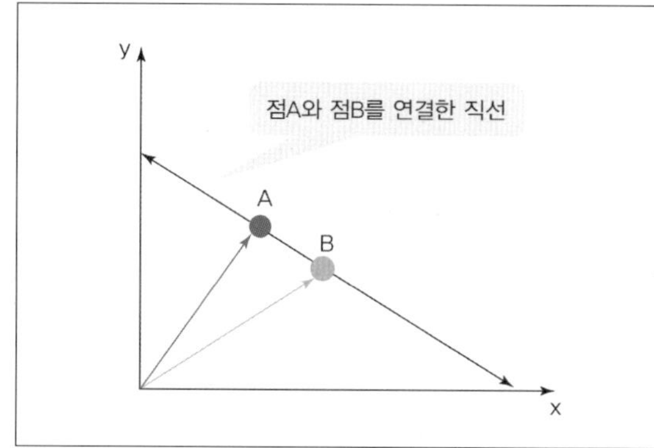
</td>
<td>두 점 A와 B를 연결한 직선이
x축에 닿았을 시,
x축에서 더 멀수록 점의 기울기가 크다.
→ 기울기 A가 B보다 크다.

두 점 A와 B를 연결한 직선이
y축에 닿았을 시,
y축에서 더 멀수록 기울기가 작다.
→ 기울기 B가 A보다 작다.</td>
</tr>
</table>

2) 기준선을 이용하는 방법
※ 기준선이란, 원점으로부터 시작된 직선(Y=AX), 단 기울기(A)값은 얼마이던 상관이 없다.

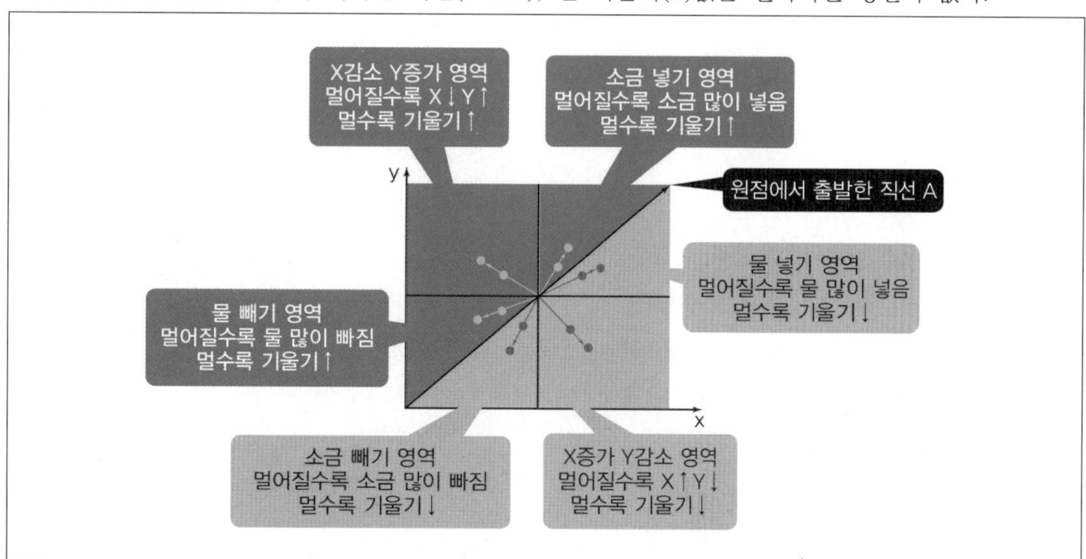

비교하고 싶은 두 점을 연결한 직선과 기준선과의 관계를 통해서 비교하는 방법이다.
기준선보다 위쪽에 있는 영역에서는 멀리 있는 점의 기울기가 더 크고
기준선보다 아래쪽에 있는 영역에서는 가까이 있는 점의 기울기가 더 작다.

적용문제-01 (5급 18-29)

다음 〈표〉와 〈그림〉은 2015 ~ 2017년 '갑'국 철강산업의 온실가스 배출량 및 철강 생산량에 관한 자료이다. 이에 대한 〈설명〉의 정오는?

〈그림〉 업체 A ~ J의 3년 평균(2015 ~ 2017년) 철강 생산량과 온실가스 배출량

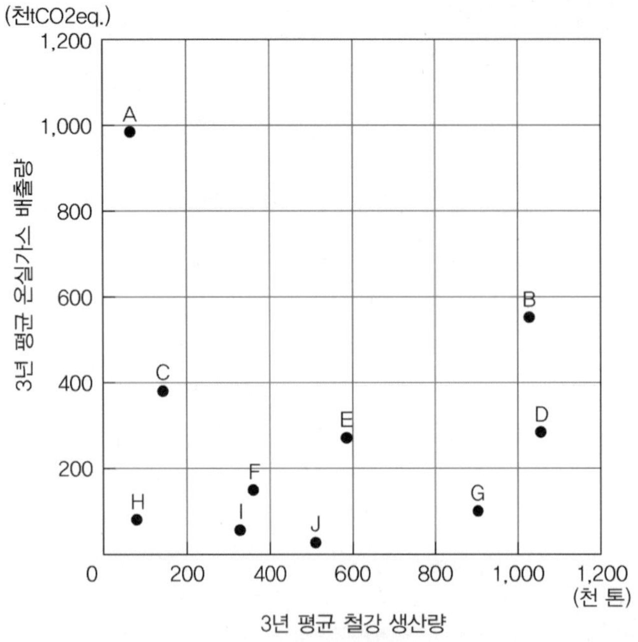

※ 온실가스 배출 효율성 = $\frac{\text{3년 평균 철강 생산량}}{\text{3년 평균 온실가스 배출량}}$

설명

1. 업체 A ~ J 중 2015 ~ 2017년의 온실가스 배출 효율성이 가장 낮은 업체는 J이고, 가장 높은 업체는 A이다.

(O, X)

2. 3년 평균을 기준으로 할 때, D업체는 E업체에 비하여 철강 1톤을 생산하는 데 50% 이상의 온실가스를 더 배출하였다.

(O, X)

자료(체크리스트)

① 축을 확인했는가?

설명

▸ 목적 파트는?

▸ 정보 파트는?

▸ 정오 파트는?

간단 퀴즈

Q 기울기간의 배수 비교가 가능할까?

A 쉽지 않다.

관점 적용하기

체크리스트: 축의 생략 X → 가시성 사용 가능

1. (X) 배출 효율성 = $\frac{X}{Y}$

배출 효율성이 가장 높다 → 기울기가 가장 작다 = J
배출 효율성이 가장 낮다 → 기울기가 가장 크다 = A

2. (X) 철강 생산량 당 온실가스 배출량 = $\frac{Y}{X}$

D업체가 E업체보다 더 많은 온실가스를 배출하였다고 하였는데,
기울기의 경우 D업체가 E업체보다 완만하다.
※ 만약, D업체의 기울기가 더 가파르다면, 기울기를 통해서 구할 수 있을까?

답 (X, X)

적용문제-02 (민 13-24)

다음 〈그림〉은 1～7월 동안 A사 주식의 이론가격과 시장가격의 관계에 대한 자료이다. 이에 대한 〈설명〉의 정오는?

〈그림〉 A사 주식의 이론가격과 시장가격의 관계

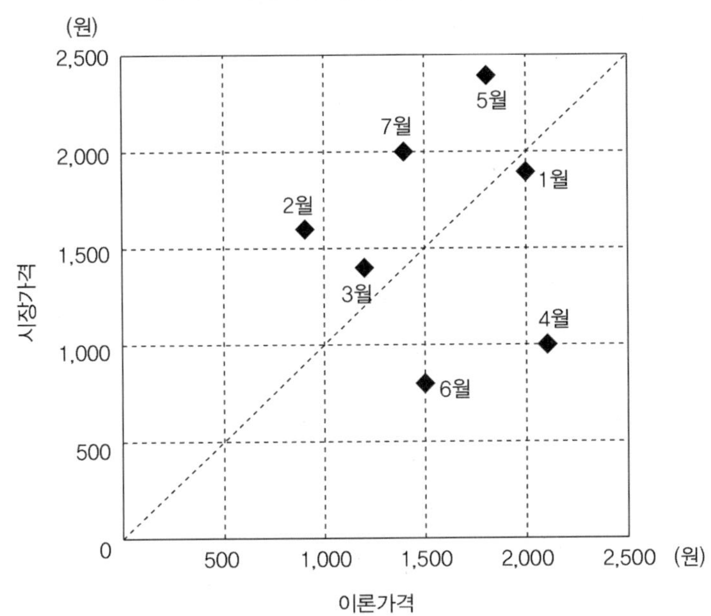

※ 해당 월 가격 괴리율(%) = $\left(\frac{\text{해당 월 시장가격 - 해당 월 이론가격}}{\text{해당 월 이론가격}}\right) \times 100$

설명

1. 가격 괴리율이 0% 이상인 달은 4개이다. (O, X)

2. 전월대비 가격 괴리율이 증가한 달은 3개 이상이다. (O, X)

자료(체크리스트)

① 축을 확인했는가?

설명

▸ 목적 파트는?

▸ 정보 파트는?

▸ 정오 파트는?

간단 퀴즈

Q 가격 괴리율을 보고 증가율이 떠올랐는가?

A 그렇다.

관점 적용하기

체크리스트: 축의 생략 X → 가시성 사용 가능

가격 괴리율 = $\frac{B-A}{A}$ = 증가율 → 배수비교법에 의하여 $\frac{B(\text{현재})}{A(\text{과거})} = \frac{B(\text{시장가격}=y)}{A(\text{이론가격}=x)}$

가격 괴리율은 기울기를 통하여 비교가능하다.

1. (O) 가격 괴리율이 0% 이상이다. → 증가율이 0% 이상이다.
   → $\frac{\text{현재}}{\text{과거}}$가 1 이상이다. → $\frac{y}{x}$(기울기)가 1 이상이다. → 2, 3, 5, 7 4개이다.
2. (O) 가격 괴리율이 증가하였다. → 기울기가 증가하였다. → 2월, 5월, 7월 3개이며, 1월의 전년대비에 대한 결과는 알 수 없으므로 3개 이상이다.

답 (O, O)

적용문제-03 (5급 20-34)

다음 〈그림〉은 2013 ~ 2019년 '갑'국의 건설업 재해에 관한 자료이다. 〈그림〉을 바탕으로 건설업의 재해건당 재해손실일수가 가장 큰 연도와 가장 작은 연도를 바르게 나열한 것은?

〈그림〉 연도별 건설업의 환산도수율과 환산강도율

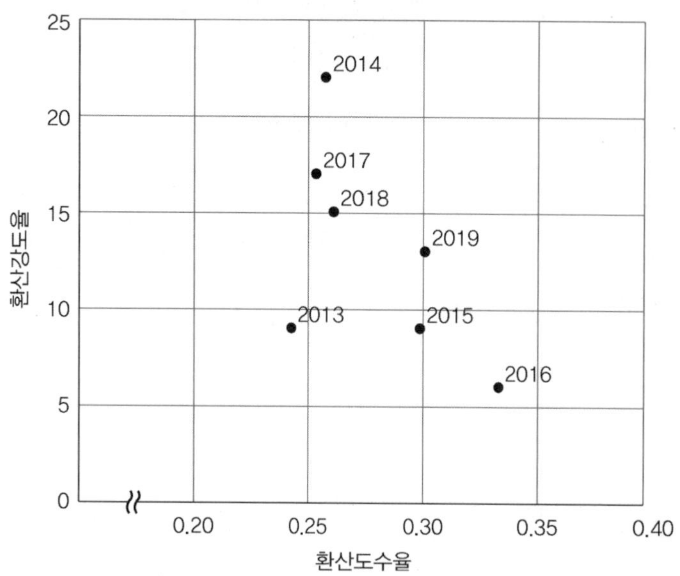

※ 1) 환산도수율 = $\frac{\text{재해건수}}{\text{총 근로시간}} \times 100{,}000$

2) 환산강도율 = $\frac{\text{재해손실일수}}{\text{총 근로시간}} \times 100{,}000$

	가장 큰 연도	가장 작은 연도
①	2013년	2014년
②	2013년	2016년
③	2014년	2013년
④	2014년	2016년
⑤	2016년	2014년

자료(체크리스트)

① 축을 확인했는가?

설명

▸ 목적 파트는?

▸ 정보 파트는?

▸ 정오 파트는?

관점 적용하기

체크리스트: 축의 생략 O → 축이 생략된 경우에 따른 기울기 비교 필요.
x축(y=0인선)은 생략이 없으므로, x축을 이용하자.

재해건당 재해손실일수 = $\frac{\text{환산강도율}}{\text{환산도수율}} = \frac{Y}{X}$

재해건당 재해손실일수가 크면 기울기가 크다.
x축에 닿게 된다면 멀리 있는 점의 기울기가 크다.
기울기가 가장 큰 연도 = 2014년도 기울기가 가장 작은 연도 = 2016년

답 ④

적용문제-04 (5급 16-10)

다음 〈그림〉과 〈표〉는 2000 ~ 2009년 A기업과 주요 5개 기업의 택배평균단가와 A기업 택배물량에 대한 자료이다. 이에 대한 〈설명〉의 정오는?

〈그림〉 A기업과 주요 5개 기업의 택배평균단가

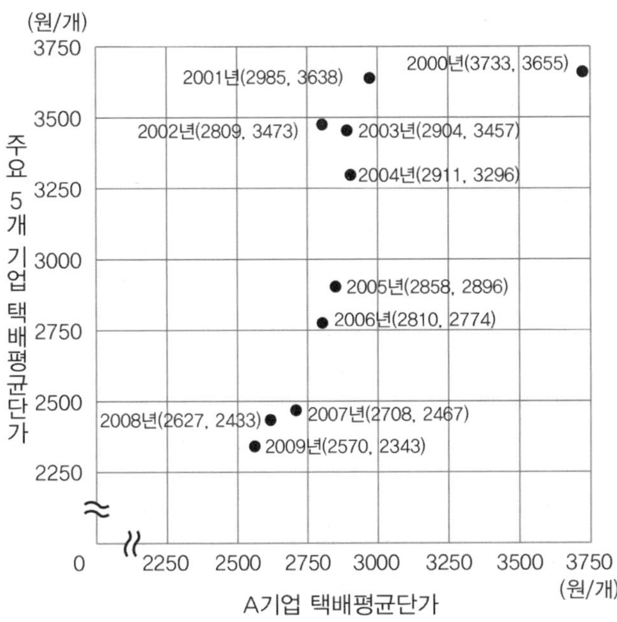

※ 1) 택배평균단가(원/개) = $\frac{\text{택배매출액}}{\text{택배물량}}$

2) A기업 택배평균단가 비교지수 = $\frac{\text{A기업 택배평균단가}}{\text{주요 5개 기업 택배평균단가}} \times 100$

3) 주요 5개 기업에 A기업은 포함되지 않음.

4) (,) 안의 수치는 각각 A기업 택배평균단가, 주요 5개 기업 택배 평균단가를 의미함.

설명

1. 2000 ~ 2009년 동안 A기업 택배평균단가 비교지수가 가장 작은 해는 2002년이다. (O, X)

자료(체크리스트)

① 축을 확인했는가?

설명

▸ 목적 파트는?

▸ 정보 파트는?

▸ 정오 파트는?

관점 적용하기

체크리스트: 축의 생략 O → 축이 생략된 경우에 따른 기울기 비교 필요, 축이 둘다 생략이 있으므로 기준선을 이용

1. (O) A기업의 택배평균단가 = $\frac{X}{Y}$(기울기 역수)

A기업의 택배평균단가가 가장 작은 해 = 기울기가 가장 큰 해
기준선을 하나 그리자. → (2,250, 2,250) → (3,750, 3,750) (원점에서 출발한 기울기가 1인 선)
2002년의 점과 다른 연도의 점을 연결해서 선을 그어 보면
원점에서 출발한 선을 기준으로 2002년이 다른 연도보다 더 멀리 존재한다.
즉, 2002년의 기울기가 가장 크다.

답 (O)

가시성 ③ 넓이 (B=X×Y)에 대해서 알려주세요.

'사각형의 넓이'하면 무엇이 떠오르는가?
사각 테크닉, 평균, 가중평균, 가중치 평균에서 계속 사용 했던 것처럼 사각형의 넓이 = 밑변 × 높이이다.
(※ 밑변 × 높이 = 사각형의 넓이)
X-Y평면에서 X를 밑변으로, Y를 높이라고 생각한다면, 사각형의 넓이에 관련된 지식을 그대로 적용할 수 있다.

즉, X-Y평면에서 X×Y의 크기를 비교시킨다면, 실제로 곱셈을 하는 것이 아니라 사각형의 넓이를 비교하면 된다.
넓이를 비교할 땐 앞에서 배운 사각테크닉을 그대로 적용하면 된다.
→ 공통넓이는 소거하고, 차이가 나는 부분의 넓이만을 비교한다.

만약, 넓이가 같은 지점이 궁금하다면 $y=\frac{B}{x}$이라는 곡선을 이용하면 된다.
(※ 넓이가 같은 지점끼리 연결하면 $B=xy$이고, 이것을 y에 대해 정리한 식이 위의 식이다.)

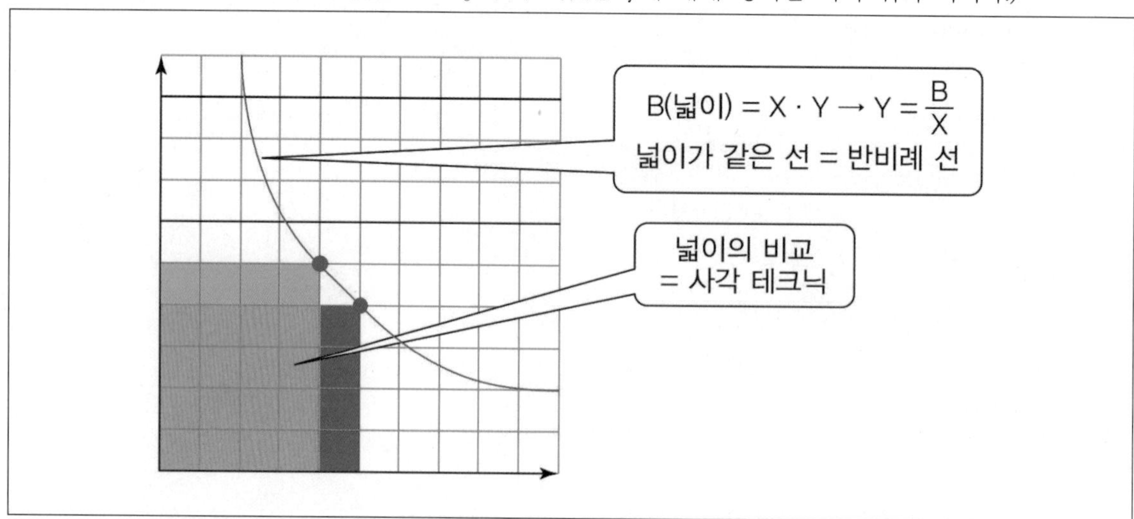

※ 만약 축에 생략 구간이 있다면 생략된 축의 넓이 부분을 상상하여 같이 고려하자.

적용문제-01 (민 18-16)

다음 〈그림〉은 기업 A, B의 2014 ~ 2017년 에너지원단위 및 매출액 자료이다. 이에 대한 〈설명〉의 정오는?

〈그림〉 기업 A, B의 2014 ~ 2017년 에너지원단위 및 매출액

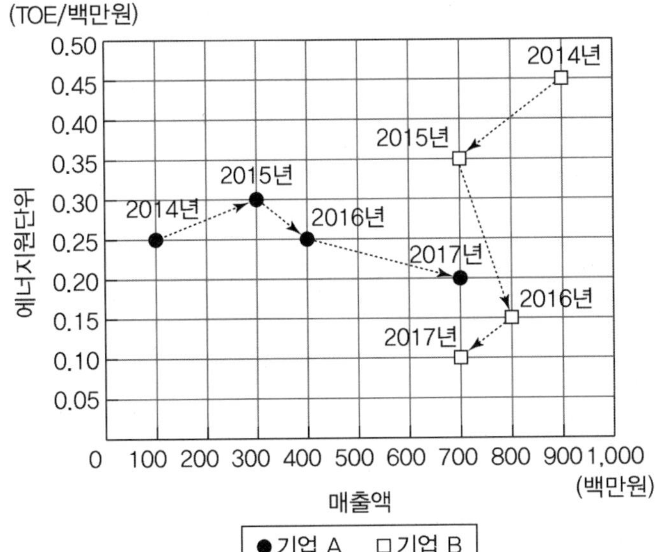

※ 에너지원단위(TOE/백만원) = $\frac{\text{에너지소비량(TOE)}}{\text{매출액(백만원)}}$

설명

1. 기업 A의 에너지소비량은 매년 증가하였다. (O, X)

2. 2016년 에너지소비량은 기업 B가 기업 A보다 많다. (O, X)

자료(체크리스트)

① 축을 확인했는가?

설명

▸ 목적 파트는?

▸ 정보 파트는?

▸ 정오 파트는?

간단 퀴즈

Q x와 y의 한 칸의 크기가 다르면, 가시성을 사용하는데 문제가 있을까?

A 없다.

관점 적용하기

체크리스트: 축의 생략 X → 가시성 사용 가능

에너지소비량 = 에너지원 단위 × 매출액 = X × Y(넓이)

1. (O) 사각테크닉으로 바라보면 기업 A의 넓이는 매년 증가한다.
2. (O) 사각테크닉으로 바라보면 2016년 기업 B의 넓이가 기업 A 보다 크다.

답 (O, O)

적용문제-02 (5급 13-38)

다음 〈그림〉은 OECD 국가의 대학졸업자 취업에 관한 자료이다. A ~ L 국가 중 '전체 대학졸업자' 대비 '대학졸업자 중 취업자' 비율이 OECD 평균보다 높은 국가만으로 바르게 짝지어진 것은?

〈그림〉 OECD 국가의 대학졸업자 취업률 및 경제활동인구 비중

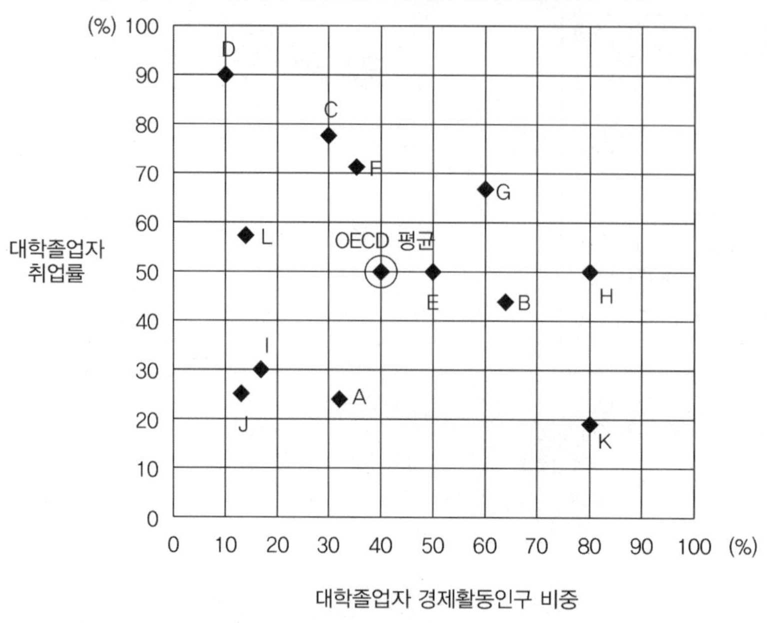

※ 1) 대학졸업자 취업률(%) = $\frac{\text{대학졸업자 중 취업자}}{\text{대학졸업자 중 경제활동인구}} \times 100$

2) 대학졸업자의 경제활동인구 비중(%) = $\frac{\text{대학졸업자 중 경제활동인구}}{\text{전체 대학졸업자}} \times 100$

① A, D
② B, C
③ D, H
④ G, K
⑤ H, L

자료(체크리스트)

① 축을 확인했는가?

설명

▸ 목적 파트는?

▸ 정보 파트는?

▸ 정오 파트는?

간단 퀴즈

Q 사각형의 넓이가 같은 점을 모으면 무엇이 될까?

A 쌍곡선

관점 적용하기

체크리스트: 축의 생략 X → 가시성 사용 가능
전체 대학 졸업자 중 취업자 = 대학졸업자 취업률 × 대학졸업자 중 경제활동인구 비중
OECD 평균과 넓이가 같은선 (반비례곡선)을 그리면
B, C, E, F, H만 OECD평균 넓이보다 더 크다는 것을 알 수 있다.

답 ②

적용문제-03 (5급 19-09)

다음 〈표〉와 〈그림〉은 2017년 지역별 정보탐색에 관한 자료이다. 이에 대한 〈설명〉의 정오는?

〈그림〉 지역별 정보탐색 시도율과 정보탐색 성공률 분포

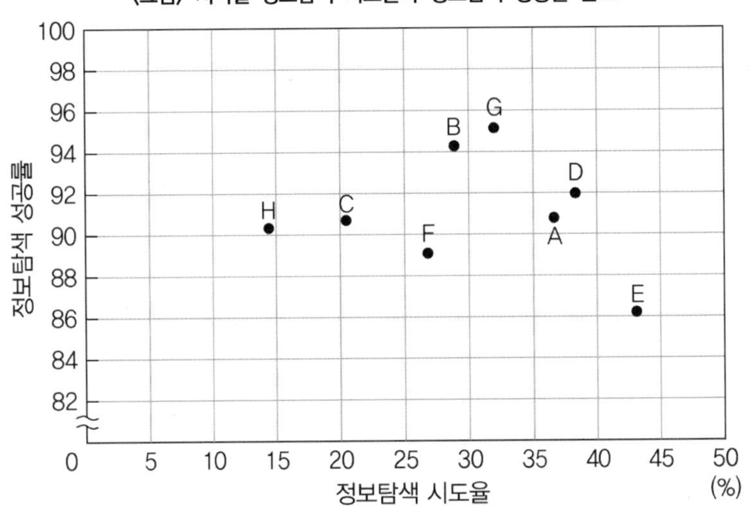

※ 1) 정보탐색 시도율(%) = $\frac{\text{정보탐색 시도자수}}{\text{인구수}} \times 100$

2) 정보탐색 성공률(%) = $\frac{\text{정보탐색 성공자수}}{\text{정보탐색 시도자수}} \times 100$

설명

1. 인구수 대비 정보탐색 성공자수의 비율은 B 지역이 D 지역보다 높다. (O, X)

2. 인구수 대비 정보탐색 성공자수의 비율이 가장 낮은 지역은 H 지역이다. (O, X)

자료(체크리스트)

① 축을 확인했는가?

설명

▸ 목적 파트는?

▸ 정보 파트는?

▸ 정오 파트는?

간단 퀴즈

Q 만약 공식의 가공을 하지 못하여 사각형의 넓이인 것을 파악하지 못하였다면 어떤 식으로 풀어야 할까?

관점 적용하기

체크리스트: 축의 생략 O → 가시성을 사용하기 위해서는 생각을 해야 함.
→ 생략된 부분을 확장시켜 생각하자.

1. (X) 인구수 대비 정보탐색 상공자수 = 정보탐색 시도율 × 정보탐색 성공률 (넓이)
B지역의 넓이와 D지역의 넓이의 공통부분을 소거하고, 생략된 부분을 추가하여 생각하면, D가 더 넓다.

2. (O) 인구수 대비 정보탐색 상공자수 = 정보탐색 시도율 × 정보탐색 성공률 (넓이)
넓이가 가장 작은 지역은 H이다. 따라서, H지역이 가장 낮다.

답 (X, O)

적용문제-04 (입 09-31)

다음 〈그림〉은 5개의 A~E의 재무상태에 대한 자료이다. 다음 자료를 이용해 대기업을 자산 규모가 큰 순서대로 바르게 나열한 것은?

〈그림〉 5개 대기업의 재무상태

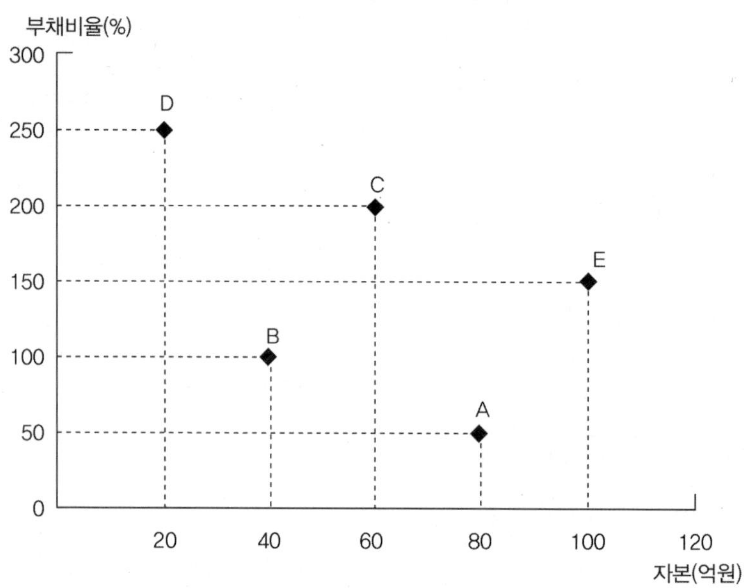

※ 1) 자산 = 부채 + 자본

2) 부채비율(%) = $\frac{\text{부채}}{\text{자본}}$ × 100

① E-C-A-B-D
② E-A-C-D-B
③ A-E-D-B-C
④ A-B-C-D-E
⑤ B-E-A-C-D

자료(체크리스트)

① 축을 확인했는가?

설명

▸ 목적 파트는?

▸ 정보 파트는?

▸ 정오 파트는?

간단 퀴즈

Q 만약 공식의 가공을 하지 못하여 사각형의 넓이인 것을 파악하지 못하였다면 어떤 식으로 풀어야 할까?

관점 적용하기

체크리스트: 축의 생략 X → 가시성 사용 가능
자산 = 부채 + 자본
주어진 〈그림〉에는 자본과 부채 비율뿐이므로 부채를 부채비율로 변환시키자.
→ 자산 = 자본 × 부채비율 + 자본 = 자본 × (부채비율 + 1)
자산은 자본 × (부채비율+100%)의 넓이와 같다.
E가 가장 크고, 그다음은 C가 크다.

답 ①

MEMO

3 원형 [Day15]

Q 원형자료란 무엇인가요?

아래와 같은 자료가 원형 자료이다.

〈그림〉 '갑'사의 제품 A~E의 생산량

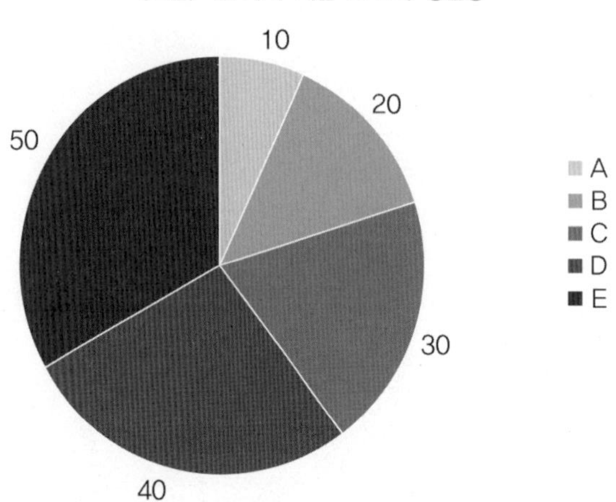

원형 자료는 하나의 원을 비율에 비례하여 분할하여 배분하는 형태의 자료이다.
따라서, 숫자가 크면 클수록 차지하는 영역이 크다.
숫자가 커짐에 따라 영역이 비례한다는 것은 마치 해당값 ∝ 비중의 관계와 유사하다.
그렇다. 원형 자료는 비중 또는 구성비를 표현하기 위한 그림이다.
(※ 참고로 원의 넓이가 크면 각도도 커지고, 호의 길이도 길어진다.)

Q 원형 자료의 가시성에 대해서 알려주세요.

원형 자료의 가시성은 다음과 같다.
원에서 차지하는 넓이가 커질수록, 자료의 크기가 커진다.
따라서, 원에서 차지하고 있는 각도가 클수록, 호의 길이가 길수록, 자료의 크기가 커진다.

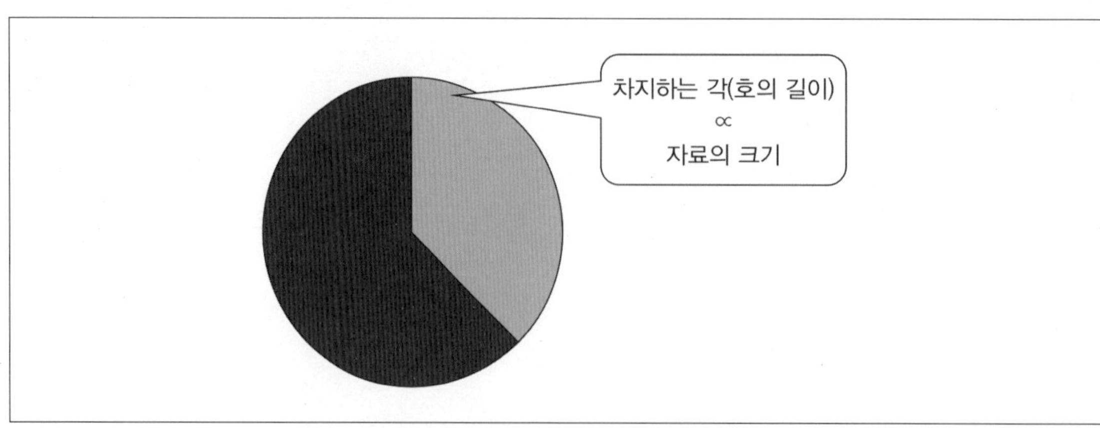

적용문제-01 (민 14-14)

다음 〈그림〉은 2013년 전국 지역별, 월별 영상회의 개최 실적에 관한 자료이다. 이에 대한 〈설명〉의 정오는?

〈그림 1〉 전국 지역별 영상회의 개최 건수

(단위: 건)

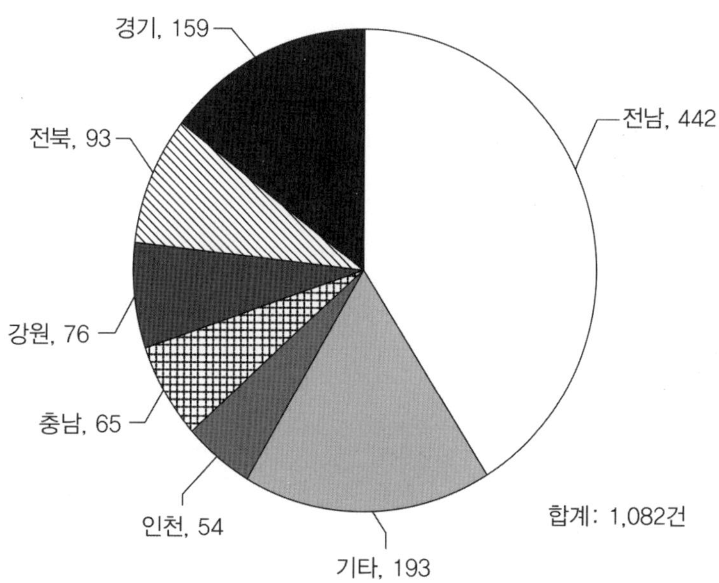

설명

1. 영상회의 개최 건수가 가장 많은 지역은 전남이다.

(O, X)

2. 강원, 전북, 전남의 영상회의 개최 건수의 합은 전국 영상회의 개최 건수의 50% 이상이다.

(O, X)

자료(체크리스트)

설명

▸ 목적 파트는?

▸ 정보 파트는?

▸ 정오 파트는?

관점 적용하기

1. (O) 가시적으로 확인하였을 때, 전남이 가장 큰 각도(호의 길이)를 차지하고 있다.
2. (O) 강원, 전북, 전남의 각도의 합은 180° 가 넘어가므로 50% 이상이다.

답 (O, O)

적용문제-02 (입 14-06)

다음 〈그림〉은 국내 발전기에 대한 자료이다. 이에 대한 〈설명〉의 정오는?

〈그림〉 2012년 국내 발전기 총용량 및 대수

발전기 총용량

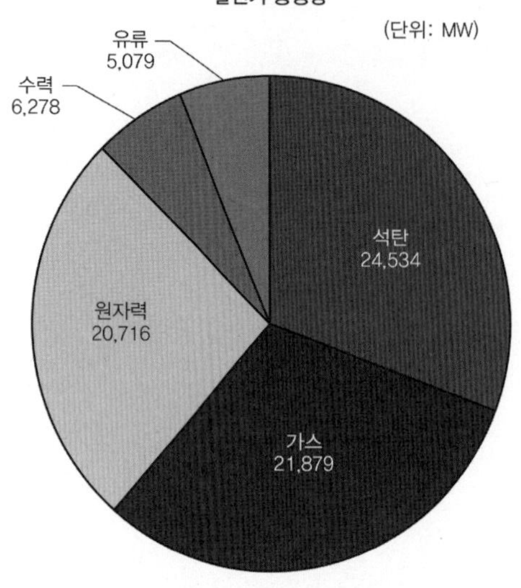

발전기 대수

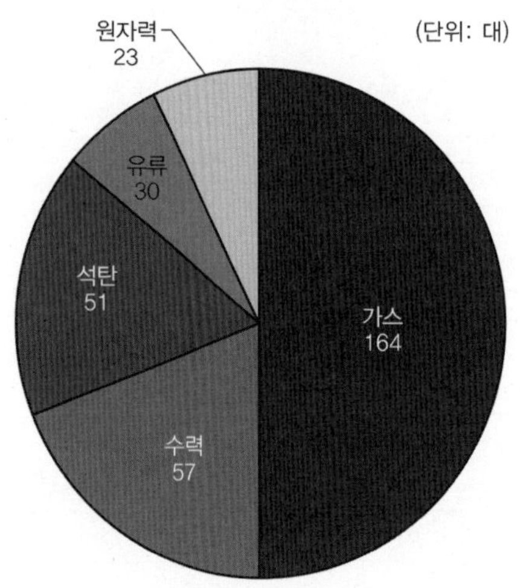

※ 발전기 총용량은 최대 생산가능 용량을 의미함.

설명

1. 각 자원별 발전기 1대당 평균 용량$\left(= \frac{\text{발전기 총용량}}{\text{발전기 대수}}\right)$을 큰 순서로 나열하면 원자력 – 석탄 – 가스 – 유류 – 수력 순이다. (O, X)

✓ 자료(체크리스트)

✓ 설명

▸ 목적 파트는?

▸ 정보 파트는?

▸ 정오 파트는?

관점 적용하기

1. (X) 가시성 (각도)를 이용해보면 가스 → 유류
   가스의 경우 분모인 발전기 대수는 180° 이고, 분자인 총용량은 90° 보다 조금 크다.
   유류의 경우, 분모와 분자가 각각 차지하는 각도의 크기가 비슷하므로
   가시적으로 가스가 유류보다 작다.

답 (X)

적용문제-03 (민 19-15)

다음 〈그림〉은 '갑' 자치구의 예산내역에 관한 자료이다. 이에 대한 〈설명〉의 정오는?

〈그림〉 '갑' 자치구 예산내역

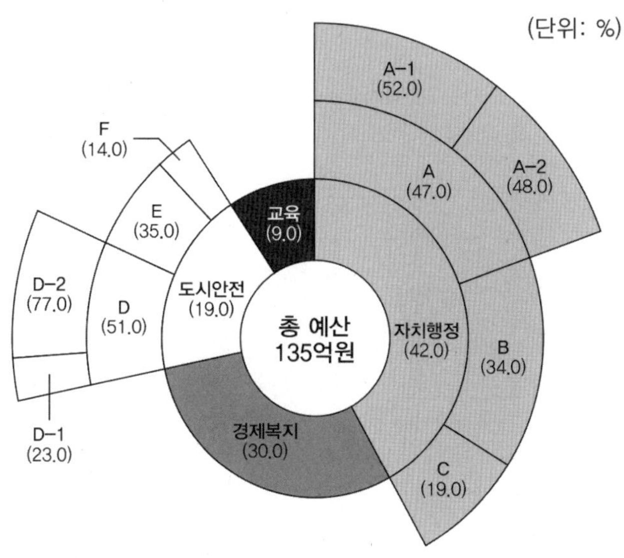

※ 1) 괄호 안의 값은 예산 비중을 의미함.
2) 예를 들어, A(47.0)은 A 사업의 예산이 '자치행정' 분야 예산의 47.0%임을 나타내고, D-1 사업의 예산은 3.0억 원임.

설명

1. C 사업 예산은 D 사업 예산보다 적다.

(O, X)

2. '경제복지' 분야 예산은 B사업과 C사업 예산의 합보다 많다.

(O, X)

자료(체크리스트)

설명

▸ 목적 파트는?

▸ 정보 파트는?

▸ 정오 파트는?

간단 퀴즈

Q 각도가 잘 안보인다면 어떻게 하는게 좋을까?

A 호의 길이를 이용하자.

관점 적용하기

1. (O) 중심에서의 각도를 생각하면 C산업의 각도는 D산업의 각도보다 작다.
2. (O) 중심에서의 각도를 생각하면 경제복지의 각도는 B산업 C산업이 차지하는 각도보다 크다.

답 (O, O)

4 순서도

Q 순서자료란 무엇인가요?

아래와 질문을 해결해보자.

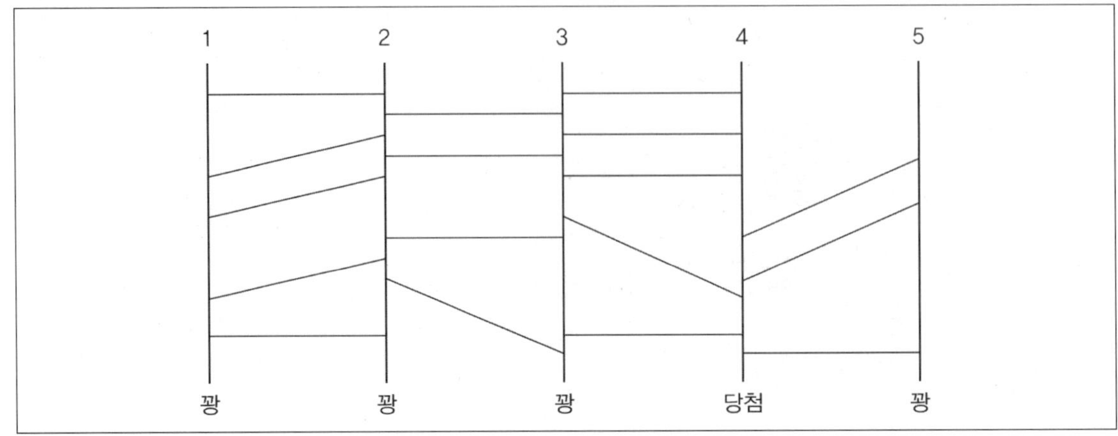

Q. 위의 사다리에서 당첨이 되는 번호는 몇 번일까?

혹시 당첨되는 번호를 찾기 위해서 1~5번을 모두 확인해야 할까?
그렇지 않다. 우리가 찾아야할 것은 오직 당첨된 번호 뿐이다
따라서, 당첨이라고 적힌 부분에서 역으로 올라가는 방법을 사용하는 것이 질문은 훨씬 빠르게 해결 할 수 있다.
이번에 우리가 배울 유형인 순서도는 위의 사다리와 같다.
사다리에서 우리가 궁금했던 것이 당첨인 것처럼 순서도에서 궁금한 것은 결론이다.

Q 순서도의 체크리스트는 무엇이 있나요?

순서도의 체크리스트는 단 1개이다. 바로 결론을 찾는 것이다.
그렇다면 결론의 위치는 어디일까?

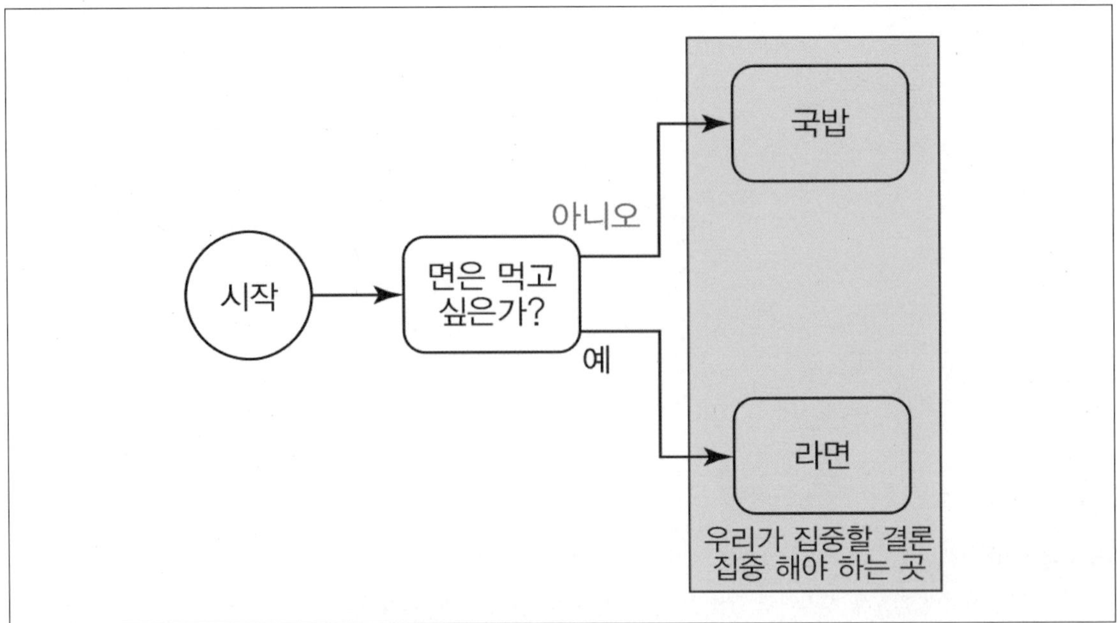

결론의 위치란, 가시적으로 더 이상 화살표가 출발하지 않는 곳을 의미한다.

적용문제-01 (민 20-24)

다음 〈그림〉은 '갑'지역의 주민을 대상으로 육교 설치에 대한 찬성 또는 반대 의견을 3차례 조사한 결과이다. 이에 대한 〈설명〉의 정오는?

〈그림〉 '갑'지역 육교 설치에 대한 1~3차 조사 결과

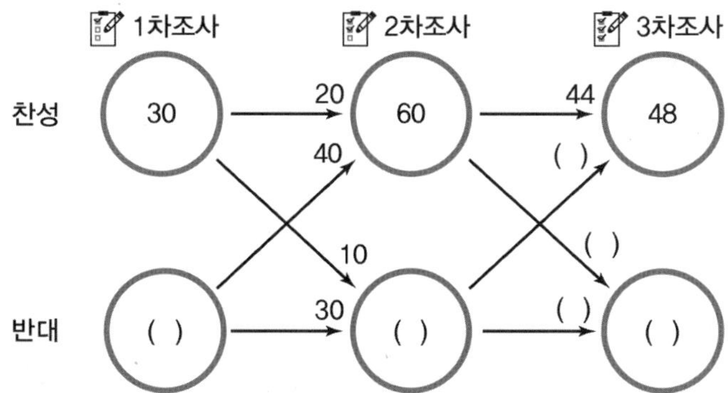

※1) 1~3차 조사에 응답한 사람은 모두 같고, 무응답과 복수응답은 없음.

2) 예를 들어, 찬성 (1차 조사) 30 —20→ (2차 조사) 60 은 1차 조사에서 찬성한다고 응답한 30명 중 20명이 2차 조사에서도 찬성한다고 응답하였고, 2차 조사에서 찬성한다고 응답한 사람은 총 60명임을 의미함.

설명

1. 3차 조사에 응답한 사람은 130명 이상이다.
   (O, X)

2. 2차 조사에서 반대한다고 응답한 사람 중 3차 조사에서도 반대한다고 응답한 사람은 32명이다.
   (O, X)

3. 1차 조사에서 반대한다고 응답한 사람 중 3차 조사에서 찬성한다고 응답한 사람은 45명 이상이다.
   (O, X)

자료(체크리스트)

① 결론은 무엇인가?

설명

▸ 목적 파트는?

▸ 정보 파트는?

▸ 정오 파트는?

관점 적용하기

체크리스트: 결론찾기 → 결론: 3차 조사 찬성 또는 반대 → 찬성과 반대인원의 합 = 전체 인원과 같다.
전체인원 = 1차 조사의 찬성 30명과 반대 40+30 = 70명, 전체 인원 = 100명

1. (X) 전체 인원이 100명이므로 130명 이상일수 없다.
2. (X) 전체 인원이 100명이므로 2차 조사의 반대 인원은 40명이다.
   이중 4명은 3차 조사에서 찬성을 하였고, 36명은 반대를 하였으므로 36명이다.
3. (X) 주어진 목적은 범위성정보이다. 따라서, 최소값이 45명보다 큰지 확인해야 한다.
   3차 조사에서 찬성한 인원은 총 48명이다. 즉, 이중에 3명만이 1차 조사에 찬성을 했는지 확인해보자.
   3차 조사에서 찬성한 인원 48명 중 44명은 2차 조사에서 찬성을 하였다.
   그런데 우리는 최소값을 생각해야 하므로 그 44명 중 20명이 1차 조사에서 찬성하였다고 생각 할 수 있다.
   따라서, 최소값을 45명보다 작게 만들 수 있다.

답 (X, X, X)

적용문제-02 (7급 모의-22)

다음 〈표〉는 제품 A ~ E의 회수 시점의 평가 항목별 품질 상태를 나타낸 자료이다. 〈정보〉에 근거하여 재사용 또는 폐기까지의 측정 및 가공 작업에 소요되는 비용이 가장 적은 제품과 가장 많은 제품을 바르게 나열한 것은?

〈표〉 제품 A ~ E의 회수 시점의 평가 항목별 품질 상태

제품 \ 평가 항목	오염도	강도	치수
A	12	11	12
B	6	8	8
C	5	11	7
D	5	3	8
E	10	9	12

〈정보〉

• 제품 품질 측정 및 가공 작업 공정

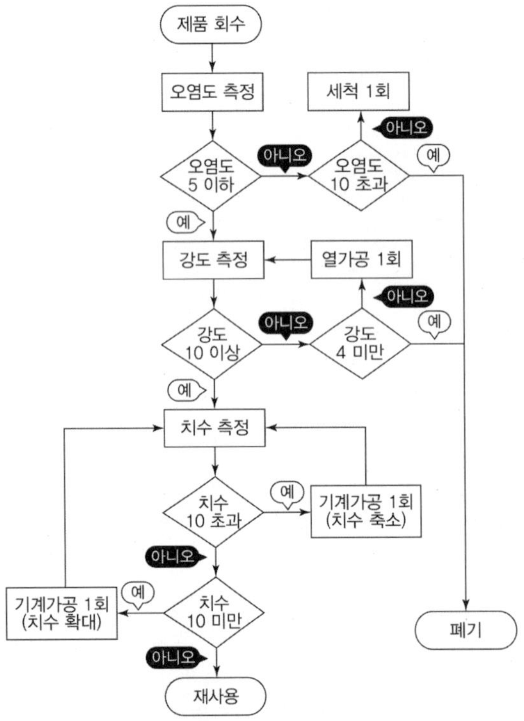

• 단위작업별 내용 및 1회당 비용 (단위: 천원)

단위작업	내용		비용
측정 작업	오염도 측정		5
	강도 측정		10
	치수 측정		2
가공 작업	세척		5
	열가공		50
	기계가공	치수 확대	20
		치수 축소	10

※ 세척 1회시 오염도 1 감소, 열가공 1회시 강도 1 증가, 기계가공 1회시 치수 1만큼 확대 또는 축소됨.

✓ 자료(체크리스트)

① 결론은 무엇인가?

✓ 설명

▸ 목적 파트는?

▸ 정보 파트는?

▸ 정오 파트는?

	비용이 가장 적은 제품	비용이 가장 많은 제품
①	A	B
②	A	C
③	C	E
④	D	B
⑤	D	C

관점 적용하기

체크리스트: 결론찾기 → 폐기 or 재사용

작업에 소용되는 비용이 적기 위해서는 작업의 양이 적어야 한다.
→ 작업의 양이 적기 위해서는 빠르게 폐기되던가, 대부분의 공정에 만족해야한다.
→ 오염도가 10을 초과하면 바로 폐기된다. → A의 경우 오염도가 10을 초과한다.
→ 비용 가장 적은 제품 = A
작업에 소용되는 비용이 많기 위해서는 작업의 양이 많아야 한다. (선지에 의하여 B or C)
B의 경우 세척 1회, 열가공 2회, 치수 확대 2회, C의 경우 치수 확대 3회
→ B가 더 많은 작업을 하며, 가장 비싼 작업인 열가공도 하므로 B의 비용이 더 비싸다.

답 ①

적용문제-03 (7급 21-05)

다음 〈그림〉은 A사 플라스틱 제품의 제조공정도이다. 1,000 kg의 재료가 '혼합' 공정에 투입되는 경우, '폐기처리' 공정에 전달되어 투입되는 재료의 총량은 몇 kg인가?

〈그림〉 A사 플라스틱 제품의 제조공정도

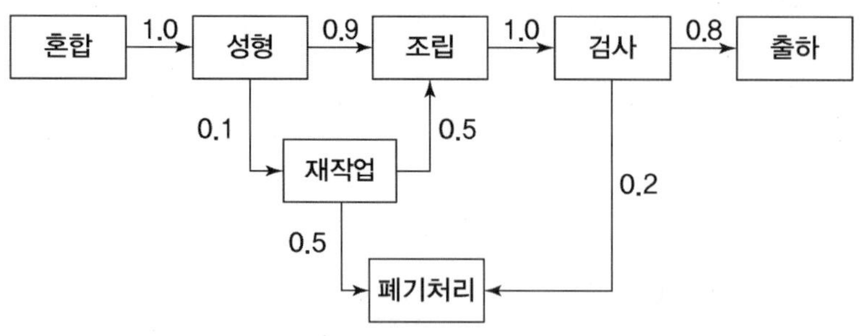

※ 제조공정도 내 수치는 직진율 $\left(= \frac{\text{다음 공정에 전달되는 재료의 양}}{\text{해당 공정에 투입되는 재료의 양}} \right)$을 의미함.

예를 들어, [가] —0.2→ [나] 는 해당 공정 '가'에 100 kg의 재료가 투입되면 이 중 20 kg (= 100 kg × 0.2)의 재료가 다음 공정 '나'에 전달되어 투입됨을 의미함.

① 50
② 190
③ 230
④ 240
⑤ 280

자료(체크리스트)

① 결론은 무엇인가?

설명

▸ 목적 파트는?

▸ 정보 파트는?

▸ 정오 파트는?

간단 퀴즈

Q 출하를 이용하여 폐기처리를 구할 수 있을까?

A 그렇다.

관점 적용하기

체크리스트: 결론찾기 → 폐기 or 출하

폐기처리로 오는 경우는 2가지
① 재작업 → 폐기처리, ② 검사 → 폐기처리
① 재작업 → 폐기처리의 경우
성형작업의 0.1 100kg가 재작업공정으로 오고, 이 중 0.5 50kg이 폐기된다.
② 검사 → 폐기처리
성형작업의 0.9와 재작업공정의 0.5가 조립공정으로 온다. 950kg
조립공정의 1.0이 검사 공정가고 이중 0.2가 폐기처리된다.
950×0.2 = 190kg
전체 폐기처리 되는 재료는 190+50 = 240kg

답 ④

MEMO

5 인포그래픽

Q 인포그래픽은 무엇인가요?

인포그래픽의 정의는 다음과 같다.
정보, 데이터, 지식을 시각적으로 표현한 것으로, 정보를 쉽게 표현하기 위해 사용된다.
여태까지 배운 그림 자료와는 시각적으로 표현을 하는 것에 대한 규정된 방법이 존재하지 않는다.
따라서, 자유성이 높은 그림자료의 형태를 가진다.
그렇기에 단순히 형상뿐만 아니라, 색상, 크기, 개수등에 따라서 다른 의미를 지닐 수 있는 그림 자료이다.
따라서, 인포그래픽을 풀 때 가장 중요한 것은 각각의 이미지의 의미를 파악해야만 한다.

Q 인포그래픽의 체크리스트에 대해서 알려주세요.

인포그래픽의 체크리스트는 단 1가지이다.
정리가 안된 것 같아 보이는 정보들을 정리하여 생각하기이다.
만약, 이것이 힘들다면, 주어진 설명의 목적을 먼저 잡아 물어보려 하는것이 무엇인지를 파악해주는 것이 좋다.

적용문제-01 (7급 22-01)

다음 〈그림〉은 2021년 7월 '갑'지역의 15세 이상 인구를 대상으로 한 경제활동인구조사 결과를 정리한 자료이다. 〈그림〉의 A, B에 해당하는 값을 바르게 나열한 것은?

〈그림〉 2021년 7월 경제활동인구조사 결과

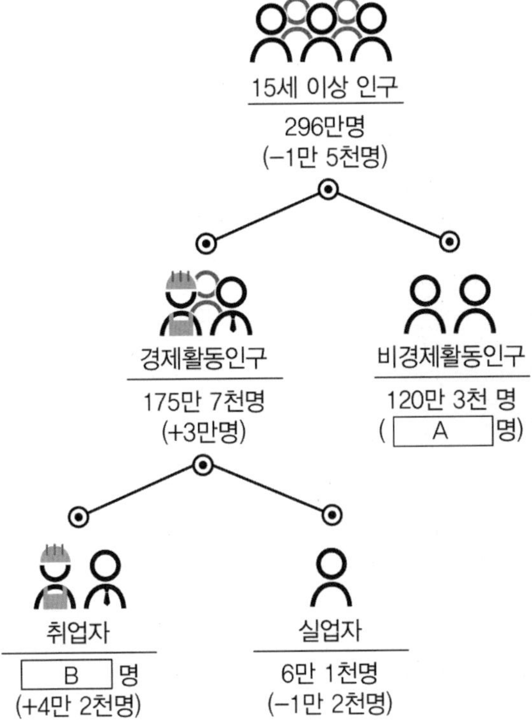

※( )는 2020년 7월 대비 증감 인구수임.

	A	B
①	-4만 5천	169만 6천
②	-4만 5천	165만 4천
③	-1만 2천	172만 7천
④	-1만 2천	165만 4천
⑤	+4만 2천	172만 7천

자료(체크리스트)

① 이미지가 가진 정보는 무엇인가?

설명

▸ 목적 파트는?

▸ 정보 파트는?

▸ 정오 파트는?

관점 적용하기

인포그래픽을 통해서 인구의 구성을 나누는 형태를 보여준다.
15세 이상 인구의 증감이 -1만 5천이므로, 경제활동인구와 비경제활동인구의 증감의 합도 -1만 5천이어야 한다.
따라서, 3만 + A = −1만 5천 이므로 A = −4만 5천이다.
경제활동인구가 175만 7천명이므로, 취업자와 실업자의 합도 175만 7천이어야 한다.
따라서, B + 6만 1천 = 175만 7천이므로, B = 169만 6천이다.

답 ①

적용문제-02 (5급 21-12)

다음 〈정보〉와 〈그림〉은 '갑'국의 2010년과 2020년 구획별 토지이용유형 현황을 보여주는 자료이다. 이에 대한 〈설명〉의 정오는?

〈정보〉

- '갑'국은 36개의 정사각형 구획으로 이루어져 있고, 각 구획의 토지면적은 동일함.
- '갑'국 각 구획의 토지이용 유형은 '도시', '산림', '농지', '수계', '나지'로만 구성됨.

〈그림〉 2010년, 2020년 구획별 토지이용 유형 현황

2010
토지이용유형
현황

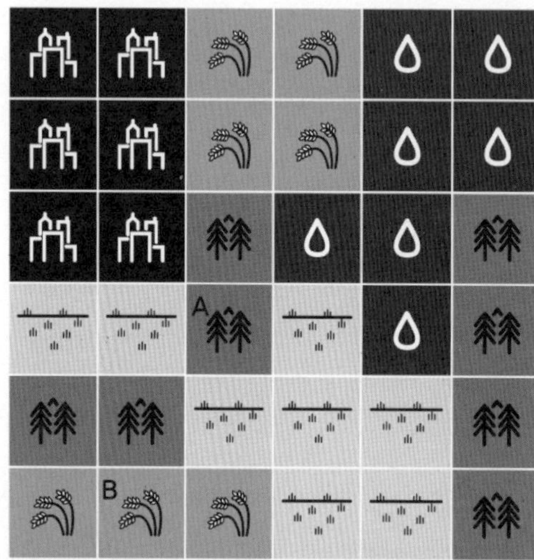

2020
토지이용유형
현황

✓ 자료(체크리스트)

① 이미지가 가진 정보는 무엇인가?

✓ 설명

▸ 목적 파트는?

▸ 정보 파트는?

▸ 정오 파트는?

간단 퀴즈

Q 시간이 흐름에 따라 도시의 변화는 어떻게 됐는가?

설명

1. 2010년 대비 2020년 토지이용유형별 토지면적 증감량은 가장 큰 유형이 두 번째로 큰 유형의 1.5배 이상이다.

(O, X)

2. 2010년 '산림' 구획 중 2020년 '산림'이 아닌 구획의 토지면적은 2010년 '농지'가 아닌 구획 중 2020년 '농지'인 구획의 토지면적보다 작다.

(O, X)

관점 적용하기

이미지에 따른 각각 다른 의미를 지니고 있다.
각각의 토지 이용 구획은 다음과 같다.

	도시	수계	산림	농지	나지
2010년	6	7	8	7	8
2020년	12	6	7	7	4

1. (O) 증감량이 가장 큰 유형은 도시(6) 두 번째로 큰 유형은 나지(4)이므로 1.5배 이다.
2. (O) 10년에 산림인 구획 중 20년에 산림이 아닌 구획 = 3개
   10년에 농지가 아닌 구획 중 20년에 농지인 구획 = 4개 따라서, 작다.

답 (O, O)

적용문제-03 (7급 21-20)

다음 〈표〉는 '갑'국 하수처리장의 1일 하수처리용량 및 지역등급별 방류수 기준이고, 〈그림〉은 지역등급 및 36개 하수처리장 분포이다. 이에 대한 〈설명〉의 정오는?

〈표〉 하수처리장 1일 하수처리용량 및 지역등급별 방류수 기준

(단위: mg/L)

1일 하수처리용량	지역등급 \ 항목	생물학적 산소요구량	화학적 산소요구량	총질소	총인
$500 m^3$ 이상	Ⅰ	5 이하	20 이하	20 이하	0.2 이하
	Ⅱ	5 이하	20 이하	20 이하	0.3 이하
	Ⅲ	10 이하	40 이하	20 이하	0.5 이하
	Ⅳ	10 이하	40 이하	20 이하	2.0 이하
$50 m^3$ 이상 $500 m^3$ 미만	Ⅰ ~ Ⅳ	10 이하	40 이하	20 이하	2.0 이하
$50 m^3$ 미만	Ⅰ ~ Ⅳ	10 이하	40 이하	40 이하	4.0 이하

〈그림〉 지역등급 및 하수처리장 분포

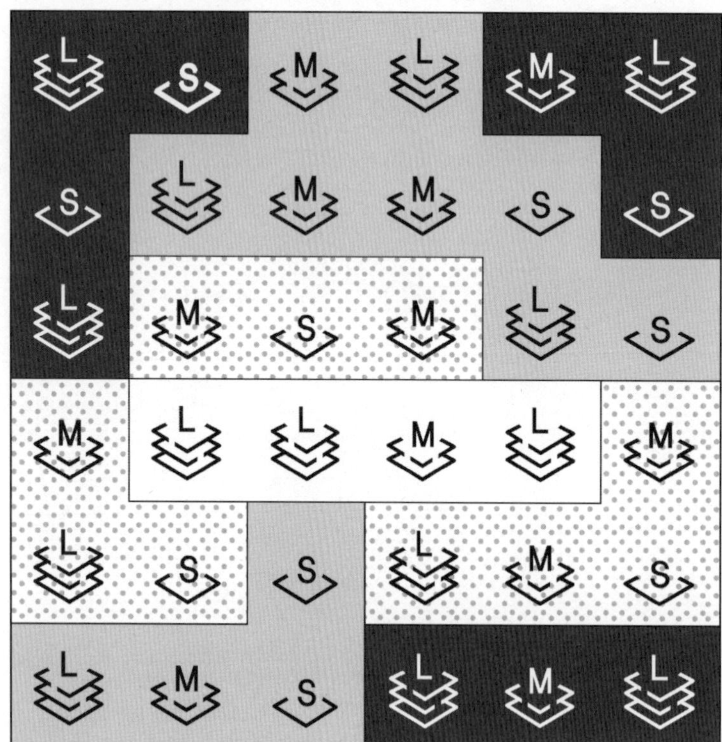

지역 등급	하수처리장 1일 하수처리용량
□ Ⅰ	L $500m^3$ 이상
▨ Ⅱ	M $50m^3$ 이상 $500m^3$ 미만
▩ Ⅲ	S $50m^3$ 미만
■ Ⅳ	

✓ 자료(체크리스트)

① 이미지가 가진 정보는 무엇인가?

✓ 설명

▸ 목적 파트는?

▸ 정보 파트는?

▸ 정오 파트는?

간단 퀴즈

Q 인포그래픽의 2가지 분류기준 중 눈에 더 잘 뛰는 것은 어느 것인가?

A 지역등급

설명

1. 방류수의 생물학적 산소요구량 기준이 '5 mg/L 이하'인 하수처리장 수는 5개이다.

(O, X)

2. II등급 지역에서 방류수의 총인 기준이 '0.3 mg/L 이하'인 하수처리장의 1일 하수처리용량 합은 최소 1,000 m^3이다.

(O, X)

관점 적용하기

이미지에 따른 각각 다른 의미를 지니고 있다.
색상 = 등급, 그림 = 처리 용량

1. (O) 산소요구량 기준이 5mg/L이기 위한 조건은 1일 하수처리용량은 500㎥ 이상이고 지역등급은 Ⅰ 또는 Ⅱ이다.
   이것을 인포그래픽으로 변환하면, 1일 하수처리용량은 500㎥ 이상 = L, 지역등급은 Ⅰ = □ Ⅱ = ⊡ 이다.
   2가지 조건(1일 하수처리용량 + 지역등급)을 모두 만족하는 하수처리장은 총 5개이다.
2. (O) Ⅱ등급지역이면서 방류수 총인이 0.3mg/L 이하인 하수처리장의 1일 하수처리용량은 500㎥ 이상이다.
   이것을 인포그래픽으로 변환하면, 1일 하수처리용량은 500㎥ 이상 = L, 지역등급은 Ⅱ = ⊡ 이다.
   2가지 조건(1일 하수처리용량 + 지역등급)을 모두 만족하는 하수처리장은 총 2개이다.
   1일 하수처리용량이 L인 하수처리장이 2개이므로 1일 하수처리용량 합은 최소 1,000㎥이다.

답 (O, O)

IV

체크리스트

01 체크리스트
02 외적구성
03 내적구성
04 추가 정보
05 그림 자료
06 다중 자료

주어진 문제에 자료가 여러개 존재하는 경우를 다중자료라고 부른다.
각각의 자료가 가지고 있는 정보도 존재하지만,
자료간의 관계를 통해서 추가적으로 추론 가능한 정보도 존재한다.
따라서, 한 문제에 여러 개의 자료가 존재한다면,
추가적으로 추론 가능한 정보를 생각 해봐야 한다.

1 다중 자료

Q. 다중자료란 무엇인가요?

아래의 지문을 읽고 아래의 문제를 풀어보자.

> 대한민국 국군이 사용하는 기본돌격소총은 K-2이다.
> K-2소총에는 2가지 탄약을 사용할 수 있다.
> 첫 번째는 0.223 레밍턴탄이다. 레밍턴탄의 유효사거리는 460m이고, 최대 사거리는 2,653m이다.
> 두 번째는 5.56 NATO탄이다. NATO탄의 유효사거리는 600m이고, 최대 사거리는 3,300m이다.

Q. 대한민국 국군이 사용하는 기본돌격소총에 5.56 NATO탄을 사용할 때 유효사거리는 얼마인가?

질문에 대한 답변을 할 때 큰 어려움 없이 600m라고 답하였을 것이다.

어떻게 그럴 수 있었을까?
"대한민국 국군이 사용하는 기본돌격소총은 K-2이다." 라는 문장과 "K-2소총에는 2가지 탄약을 사용할 수 있다."는 문장을 연결하면, "대한민국 국군이 사용하는 기본돌격소총에는 2가지 탄약을 사용할 수 있다."라는 정보를 추론할 수 있기 때문이다. 그리고 2가지 탄약 중 문제에서 제시한 5.56 NATO탄의 유효사거리가 600m라는 정보와 연결하여 이를 해결할 수 있다.

자료와 자료사이의 연결 관계를 파악하는 것은 위의 질문과 다를 것이 없다.
위의 문장에서 연결관계는 '동일한 단어'에서 시작된 것처럼 자료간의 관계도 동일한 단어에서 시작된다.
따라서 자료와 자료사이의 연결 관계는 외적구성과 내적구성을 확인하며 '동일한 단어'에서 시작된다.
그렇게 파악한 연결관계를 통해서 다중자료는 추가적인 정보를 제공한다.

※ 다중자료는 토익의 PART.7의 다중 지문과 같다.
자료에 다중자료가 있다고 모든 설명에서 추론되는 정보를 이용한 정오판단을 요구하지는 않는다.
즉, 개별적인 자료를 통한 정오를 판단해야 하는 설명이 분명히 존재한다.

Q 다중자료의 체크리스트는 무엇인가요?

다중자료의 체크리스트는 동일한 단어를 찾자.

〈표〉 '갑'국의 군대의 계급별 인원

(단위: 천명)

구분 / 계급	육군	해군	공군
병사	515.2	52.3	10.1
부사관	110.2	12.0	5.2
사관	20.5	1.1	0.3

〈그림〉 '갑'국 육군 병사의 계급별 구성비

(단위:%)

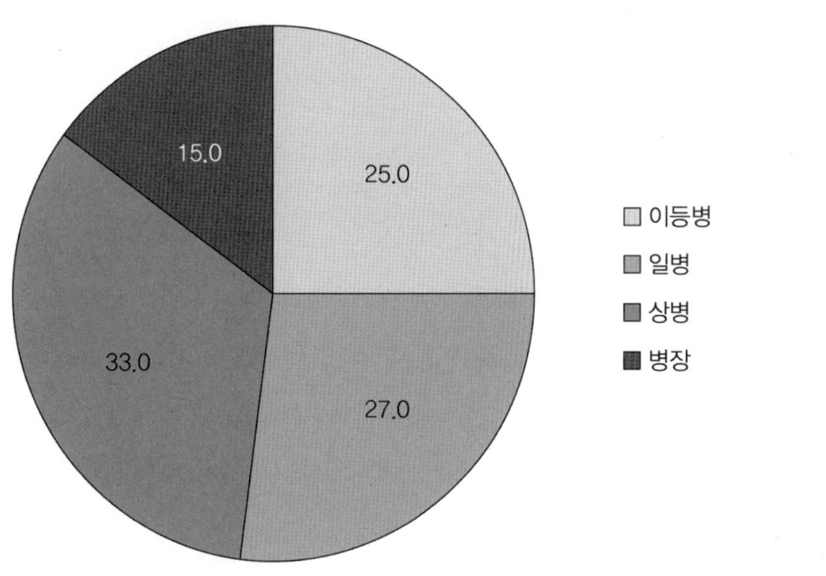

주어진 〈표〉의 육군 병사와 〈그림〉의 육군 병사는 동일한 단어이다.
따라서, 두 개의 자료는 연결이 가능하게 된다.
이를 통해서 육군 병사의 계급별 인원에 대한 정보가 추가로 추론 가능하다.
예를 들면, '갑'국 육군 이등병 인원은 다음과 같이 구해진다.
'갑'국 육군 이등병 인원: 515.2(천명)×25% = 128.8(천명) = 128,800명

적용문제-01 (5급 19-15)

다음 〈표〉는 우리나라 근로장려금과 자녀장려금 신청 현황에 관한 자료이다. 이에 대한 〈설명〉의 정오는?

〈표 1〉 2011 ~ 2015년 전국 근로장려금 및 자녀장려금 신청 현황

(단위: 천 가구, 십억 원)

구분 연도	근로장려금만 신청		자녀장려금만 신청		근로장려금과 자녀장려금 모두 신청			
	가구 수	금액	가구 수	금액	가구 수	금액		
						근로	자녀	소계
2011	930	747	1,210	864	752	712	762	1,474
2012	1,020	719	1,384	893	692	882	765	1,647
2013	1,060	967	1,302	992	769	803	723	1,526
2014	1,658	1,419	1,403	975	750	715	572	1,287
2015	1,695	1,155	1,114	775	608	599	451	1,050

※ 1) 장려금은 근로장려금과 자녀장려금으로만 구성됨.
2) 단일 연도에 같은 종류의 장려금을 중복 신청한 가구는 없음.

〈표 2〉 2015년 지역별 근로장려금 및 자녀장려금 신청 현황

(단위: 천 가구, 십억 원)

구분 지역	근로장려금만 신청		자녀장려금만 신청		근로장려금과 자녀장려금 모두 신청		
	가구 수	금액	가구 수	금액	가구 수	금액	
						근로	자녀
서울	247	174	119	95	83	86	57
인천	105	72	79	52	40	39	30
경기	344	261	282	188	144	144	106
강원	71	44	42	29	23	23	17
대전	58	35	38	26	21	20	16
충북	59	36	41	29	20	20	16
충남	70	43	46	33	24	23	19
세종	4	3	4	2	2	2	1
광주	62	39	43	31	24	23	18
전북	91	59	54	40	31	30	25
전남	93	58	51	38	29	28	24
대구	93	64	59	39	33	32	23
경북	113	75	68	47	36	34	27
부산	126	88	70	45	37	35	26
울산	26	15	20	13	10	10	7
경남	109	74	79	54	40	39	30
제주	24	15	19	14	11	11	9

✔ 자료(체크리스트)

① 자료간의 관계를 통해 추론되는 정보는?

✔ 설명

▸ 목적 파트는?

▸ 정보 파트는?

▸ 정오 파트는?

간단 퀴즈

Q 설명 2.를 기울기 테크닉으로 생각해보는 것은 어떨까?

A 매우 좋다.

설명

1. 2015년 자녀장려금만 신청한 가구 중 경기 지역 가구가 차지하는 비중은 20% 이상이다.

(O, X)

2. 2015년 근로장려금을 신청한 가구의 가구당 근로장려금 신청금액은 부산이 전국보다 크다.

(O, X)

관점 적용하기

1. (O) 〈표 2〉는 2015년을 지역으로 세부 항목으로 표기한 것이므로 〈표 1〉의 2015년의 값이 〈표 2〉의 전체값이다.
〈표 1〉의 2015년에 자녀장려금만 신청한 가구는 1,114가구이고, 이 중 경기 지역은 282가구이다.
$\frac{282}{1,114}$ 〉 20%이므로 경기지역이 차지하는 비중은 20% 이상이다.

2. (X) 근로장려금을 신청한 = 근로장려금만 신청 + 근로장려금과 자녀장려금 모두 신청
금액의 경우 근로장려금과 자녀장려금 모두 신청에서 근로장려금 부분만 추가한다.
부산 = $\frac{88+35}{126+37}=\frac{123}{163}$, 전국 = $\frac{1,155+599}{1,695+608}=\frac{1,754}{2,303}$
→ 부산과 전국 모두 75% 이상이므로 비교법(뺄셈법)으로 접근하자.
부산 = $\frac{123}{163-123}=\frac{123}{40}\fallingdotseq 3$, 전국 = $\frac{1,754}{2,303-1,754}=\frac{1,754}{549}=3\uparrow$ 이므로 부산보다 전국이 더 크다.

답 (O, X)

적용문제-02 (5급 15-22)

다음 〈표〉는 2011 ~ 2013년 개인정보분쟁조정위원회에 접수된 개인정보에 대한 분쟁사건 접수유형 및 조정결정 현황에 관한 자료이다. 이에 대한 〈설명〉의 정오는?

〈표 1〉 개인정보에 대한 분쟁사건의 접수유형 구성비

(단위: %)

접수유형 \ 연도	2011	2012	2013
이용자 동의 없는 개인정보수집	9.52	11.89	12.14
과도한 개인정보수집	0.79	0.70	2.89
목적 외 이용 및 제3자 제공	15.08	49.65	24.86
개인정보취급자에 의한 훼손·침해·누설	3.17	1.40	2.31
개인정보보호 기술적·관리적 조치 미비	57.14	13.29	15.03
수집 또는 제공받은 목적 달성 후 개인정보 미파기	3.97	6.99	7.51
열람·정정·삭제 또는 처리정지요구 불응	1.59	0.70	7.51
동의철회·열람·정정을 수집보다 쉽게 해야 할 조치 미이행	0.00	0.70	0.58
개인정보·사생활침해 일반	3.17	3.50	1.73
기타	5.57	11.18	25.44

※ 주어진 값은 소수점 아래 셋째 자리에서 반올림한 값임.

〈표 2〉 개인정보에 대한 분쟁사건 조정결정 현황

(단위: 건)

조정결정 \ 연도			2011	2012	2013
조정 전 합의			21	32	40
위원회 분쟁조정	인용결정	조정성립	30	29	14
		조정불성립	19	15	10
	기각결정		55	20	8
	각하결정		1	47	101
계			126	143	173

※ 조정결정은 접수된 분쟁사건만을 대상으로 하며, 접수된 모든 분쟁사건은 당해년도에 조정결정이 이루어짐.

설명

1. '목적 외 이용 및 제3자 제공' 건수는 2012년이 2013년의 2배 이하이다. (O, X)

자료(체크리스트)

① 자료간의 관계를 통해 추론되는 정보는?

설명

▸ 목적 파트는?

▸ 정보 파트는?

▸ 정오 파트는?

간단 퀴즈

Q 건수를 구한 계산값이 소수점으로 나온다면 어떻게 처리해야 할까?

A 반올림 처리한다.

관점 적용하기

〈표 1〉는 분쟁사건에 대한 비중 자료이고, 〈표 2〉은 분쟁사건의 건수에 대한 자료이다.
즉, 〈표 1〉의 전체값 = 〈표 2〉 계이다.

1. (O) 목적 외 이용 및 제3자 제공 = 비중 × 전체값으로 구성된다.
   2012년(49.65%×143), 2013년(25.44%×173)
   비중은 2배 이하이고, 계는 오히려 감소했으므로 2배 이하이다.

답 (O)

적용문제-03 (5급 18-27)

다음 〈자료〉와 〈표〉는 2017년 11월말 기준 A지역 청년통장 사업 참여인원에 관한 자료이다. 이에 대한 〈설명〉의 정오는?

자료

• 청년통장 사업에 참여한 근로자의 고용형태별, 직종별, 근무연수별 인원

1) 고용형태

(단위: 명)

전체	정규직	비정규직
6,500	4,591	1,909

2) 직종

(단위: 명)

전체	제조업	서비스업	숙박 및 음식점업	운수업	도·소매업	건설업	기타
6,500	1,280	2,847	247	58	390	240	1,438

3) 근무연수

(단위: 명)

전체	6개월 미만	6개월 이상 1년 미만	1년 이상 2년 미만	2년 이상
6,500	1,669	1,204	1,583	2,044

〈표〉 청년통장 사업별 참여인원 중 유지인원 현황

(단위: 명)

사업명	참여인원	유지인원	중도해지인원
청년통장 Ⅰ	500	476	24
청년통장 Ⅱ	1,000	984	16
청년통장 Ⅲ	5,000	4,984	16
전체	6,500	6,444	56

설명

1. 청년통장 사업에 참여한 정규직 근로자 중 근무연수가 2년 이상인 근로자의 비율은 2% 이상이다.

(O, X)

2. 청년통장 사업에 참여한 정규직 근로자 중 제조업과 서비스업을 제외한 직종의 근로자는 450명보다 적다.

(O, X)

✓ 자료(체크리스트)

① 자료간의 관계를 통해 추론되는 정보는?

✓ 설명

▸목적 파트는?

▸정보 파트는?

▸정오 파트는?

간단 퀴즈

Q 교/합집합에 대해서 물어보기 위해서 필요한 것은 무엇일까?

A 2개 이상의 분류기준

관점 적용하기

자료와 〈표〉의 합계가 모두 동일하다.

1. (O) 범위성 정보에서 ~이상인지 물었으므로 최소값을 확인하자.
   정규직 ∩ 근무연수 2년 이상의 최소값은 2,044−1,909 = 135
   (※ 비정규직이 모두 2년 이상이라고 생각하자.)
   사업에 참여한 정규직 중 135명 이상이므로 $\frac{135}{4,591}$ 〉 2%으로 2% 이상이다.
2. (X) 범위성 정보에서 ~보다 적다고 하였으므로 최댓값을 확인하자.
   제조업과 서비스업은 모두 정규직이라고 생각하자.
   4,591−1,280−2,847 = 464명이므로 450명보다 많다.

답 (O, X)

적용문제-04 (5급 18-09)

다음 〈표〉는 서울시 10개구의 대기 중 오염물질 농도 및 오염물질별 대기환경지수 계산식에 관한 것이다. 이에 대한 〈설명〉의 정오는?

〈표 1〉 대기 중 오염물질 농도

지역 \ 오염물질	미세먼지 (㎍/㎥)	초미세먼지 (㎍/㎥)	이산화질소 (ppm)
종로구	46	36	0.018
중구	44	31	0.019
용산구	49	35	0.034
성동구	67	23	0.029
광진구	46	10	0.051
동대문구	57	25	0.037
중랑구	48	22	0.041
성북구	56	21	0.037
강북구	44	23	0.042
도봉구	53	14	0.022
평균	51	24	0.033

〈표 2〉 오염물질별 대기환경지수 계산식

오염물질 \ 계산식	조건	계산식
미세먼지 (㎍/㎥)	농도가 51 이하일 때	0.9 × 농도
	농도가 51 초과일 때	1.0 × 농도
초미세먼지 (㎍/㎥)	농도가 25 이하일 때	2.0 × 농도
	농도가 25 초과일 때	1.5 × (농도 − 25) + 51
이산화질소 (ppm)	농도가 0.04 이하일 때	1,200 × 농도
	농도가 0.04 초과일 때	800 × (농도 − 0.04) + 51

※ 통합대기환경지수는 오염물질별 대기환경지수 중 최댓값임.

설명

1. 중랑구의 통합대기환경지수는 미세먼지의 대기환경지수와 같다. (O, X)

2. 용산구의 통합대기환경지수는 성동구의 통합대기환경지수보다 작다. (O, X)

✓ 자료(체크리스트)

① 자료간의 관계를 통해 추론되는 정보는?

✓ 설명

▸ 목적 파트는?

▸ 정보 파트는?

▸ 정오 파트는?

관점 적용하기

〈표 1〉의 오염물질 농도는 〈표 2〉의 계산식에 따라서 대기환경지수의 점수가 산출된다.
(※ 주어진 계산식을 보면 각각 농도 초과 조건인 경우에 51점 이상을 달성한다.)

1. (X) 중랑구의 오염물질 중 초과 조건을 넘어가는 물질은 이산화질소뿐이다.
   즉, 통합대기환경지수는 이산화질소와 같다.
2. (O) 용산구의 오염물질 중 초과 조건을 넘어가는 물질은 초미세먼지뿐이다.
   즉, 통합대기환경지수는 $1.5 \times (35-25)+51 = 66$
   성동구의 오염물질 중 초과 조건을 넘어가는 물질은 미세먼지뿐이다.
   즉, 통합대기환경지수는 $1.0 \times 67 = 67$
   용산구의 통합대기환경지수는 용산구가 성동구보다 작다.

답 (X, O)

적용문제-05 (민 19-09)

다음 〈표〉와 〈그림〉은 2018년 A 대학의 학생상담 현황에 대한 자료이다. 이에 대한 〈설명〉의 정오는?

〈표〉 상담자별, 학년별 상담건수

(단위: 건)

상담자 \ 학년	1학년	2학년	3학년	4학년	합
교수	1,085	1,020	911	1,269	4,285
상담직원	154	97	107	56	414
진로컨설턴트	67	112	64	398	641
전체	1,306	1,229	1,082	1,723	5,340

〈그림 1〉 상담횟수별 학생 수

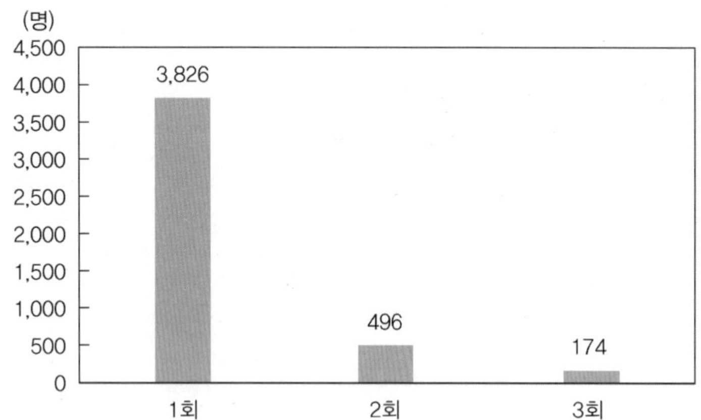

〈그림 2〉 전체 상담건수의 유형별 구성비

(단위: %)

설명

1. '진로컨설턴트'가 상담한 유형이 모두 진로상담이고, '상담직원'이 상담한 유형이 모두 생활상담 또는 학업상담이라면 '교수'가 상담한 유형 중 진로상담이 차지하는 비중은 30% 이상이다.

(O, X)

2. 전체 상담건수 중 2회 이상을 상담받은 학생이 차지하는 상담건수의 비율은 30% 이상이다.

(O, X)

✓ 자료(체크리스트)

① 자료간의 관계를 통해 추론되는 정보는?

✓ 설명

▸ 목적 파트는?

▸ 정보 파트는?

▸ 정오 파트는?

관점 적용하기

〈표〉의 경우 상담 건수에 대한 내용이고, 〈그림 1〉의 상담횟수별 학생수에 대한 내용이다.
즉, 〈그림 1〉의 학생들이 받은 전체 상담 건수는 〈표〉의 합계와 같아진다.

〈그림 2〉의 경우 상담건수의 유형별 구성비($\frac{해당값}{전체값}$)이므로 〈표〉의 계가 〈그림 2〉의 전체값이 된다.

1. (O) 진로 컨설턴트는 모두 진로상담을 하였다.

   → 45%중에서 10%↑($\frac{641}{5,340}$)는 진로컨설턴트의 상담이다. → 남은 상담 = 35%↓

   상담직원은 모두 생활상담 또는 학업상담을 하였다.

   → 55%중에서 10%↓($\frac{414}{5,340}$)는 상담직원의 상담이다. → 남은 상담 = 45%↑

   교수의 상담은 진로상담 35↓(=45−10↑)% 나머지는 45↑(=55−10↓)%으로 구성된다.

   교수의 상담 중 진로상담의 비율은 $\frac{35\downarrow}{80}$이므로 당연히 30% 이상이다.

2. (X) 2회 이상 상담을 받은 학생의 상담건수는 〈그림 1〉에 의하여 $496\times2 + 174\times3$이다.

   상담횟수는 1,2,3회로만 구성되었으므로 여집합으로 접근해보자.

   1회 학생의 비중은 $\frac{3,826}{5,340}$으로 70% 이상이다.

   따라서, 2회 이상 상담 받은 학생이 차지하는 상담건수의 비율은 30% 이하이다.

답 (O, X)

적용문제-06 (5급 18-32)

다음 〈표〉와 〈그림〉은 기계 100대의 업그레이드 전·후 성능지수에 관한 자료이다. 이에 대한 〈설명〉의 정오는?

〈표〉 업그레이드 전·후 성능지수별 대수

(단위: 대)

구분 \ 성능지수	65	79	85	100
업그레이드 전	80	5	0	15
업그레이드 후	0	60	5	35

※ 성능지수는 네 가지 값(65, 79, 85, 100)만 존재하고, 그 값이 클수록 성능지수가 향상됨을 의미함.

〈그림〉 성능지수 향상폭 분포

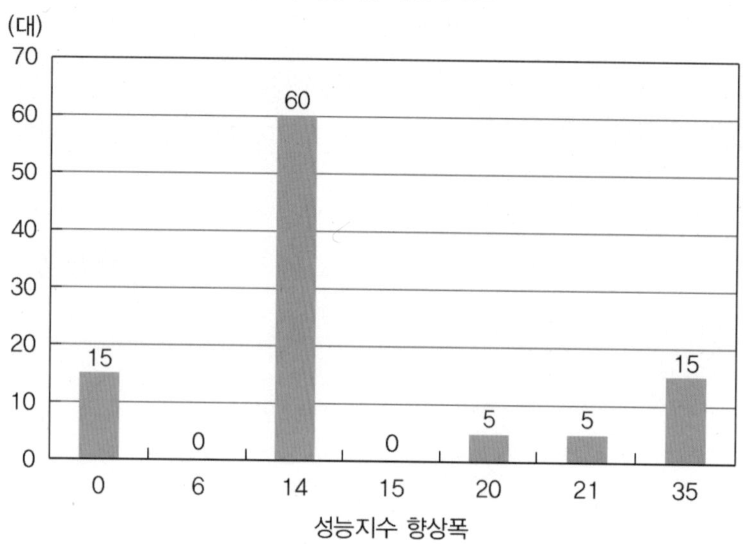

※ 1) 업그레이드를 통한 성능 감소는 없음.
2) 성능지수 향상폭 = 업그레이드 후 성능지수 - 업그레이드 전 성능지수

설명

1. 업그레이드 전 성능지수가 65이었던 기계의 15%가 업그레이드 후 성능지수 100이 된다.

(O, X)

2. 업그레이드 전 성능지수가 100이 아니었던 기계 중, 업그레이드를 통한 성능지수 향상폭이 0인 기계가 있다.

(O, X)

✓ 자료(체크리스트)

① 자료간의 관계를 통해 추론되는 정보는?

✓ 설명

▸ 목적 파트는?

▸ 정보 파트는?

▸ 정오 파트는?

관점 적용하기

〈표〉에 의하면 기계가 가능한 점수 향상의 폭은
65 → 79 14점, 65 → 85 20점, 65 → 100 35점
79 → 85 6점, 79 → 100 21점, 85 → 100 15점
6가지로 구성되며, 〈그림〉을 이용하여 각각의 기계 대수를 알 수 있다.
14점이 60대이므로 65 → 79 60대,
20점이 5대이므로 65 → 85 5대
21점이 5대이므로 79 → 100 5대
35점이 5대이므로 65 → 100 15대이다.
즉, 업그레이드전 65, 79인 기계는 모두 점수가 올랐다.

1. (X) 65였던 기계 중 100점이 된 기계는 15대이므로 $\frac{15}{80}$는 15%가 아니다.
2. (X) 65점과 79점인 기계는 모두 향상되었다.

답 (X, X)

적용문제-07 (5급 13-17)

다음 〈표〉는 1901 ~ 2010년 동안 A상의 수상 결과와 1981 ~ 2010년 동안 분야별 수상자 현황을 나타낸 자료이다. 〈보기〉의 ㄱ ~ ㄷ에 해당하는 값을 바르게 나열한 것은?

〈표 1〉 1901 ~ 2010년 기간별 · 분야별 A상의 수상 결과 (단위: 회, %)

구분 기간	전체 수상 횟수	분야별 공동 수상 횟수				공동 수상 비율
		생리 · 의학상	물리학상	화학상	합	
1901 ~ 1910	30	2	3	0	5	16.7
1911 ~ 1920	15	0	1	1	2	13.3
1921 ~ 1930	27	3	2	1	6	22.2
1931 ~ 1940	24	3	3	4	10	41.7
1941 ~ 1950	24	6	0	2	8	33.3
1951 ~ 1960	30	6	8	3	17	56.7
1961 ~ 1970	( )	9	5	4	18	60.0
1971 ~ 1980	30	9	9	5	23	76.7
1981 ~ 1990	30	8	8	6	22	73.3
1991 ~ 2000	30	8	8	6	22	73.3
2001 ~ 2010	( )	9	10	8	27	90.0
계	300	63	57	40	160	( )

※ 1) 공동 수상 비율(%) = $\frac{\text{공동 수상 횟수}}{\text{전체 수상 횟수}} \times 100$

2) 공동 수상 비율은 소수점 아래 둘째자리에서 반올림한 값임.

3) 모든 수상자는 연도 및 분야에 관계없이 1회만 수상함.

〈표 2〉 1901 ~ 2010년 분야별 A상의 공동 수상 결과 (단위: 회)

구분		수상분야			합
		생리 · 의학상	물리학상	화학상	
전체 수상 횟수		100	100	100	300
공동 수상 횟수	2인 공동 수상	31	29	22	82
	3인 공동 수상	32	28	18	78
	소계	63	57	40	160

〈표 3〉 1981 ~ 2010년 기간별 · 분야별 A상의 수상자 현황 (단위: 명)

구분 기간	분야별 수상자 수			합
	생리 · 의학상	물리학상	화학상	
1981 ~ 1990	23	23	19	65
1991 ~ 2000	21	22	20	63
2001 ~ 2010	27	29	25	81
계	71	74	64	209

✓ 자료(체크리스트)

① 자료간의 관계를 통해 추론되는 정보는?

✓ 설명

▸ 목적 파트는?

▸ 정보 파트는?

▸ 정오 파트는?

보기

ㄱ. 1981 ~ 1990년 동안 전체 공동 수상자 수

ㄴ. 2001 ~ 2010년 동안 전체 단독 수상자 수

ㄷ. 1901 ~ 2010년 동안 물리학상 전체 수상자 수

	ㄱ	ㄴ	ㄷ
①	55	3	189
②	57	5	185
③	55	5	189
④	57	3	189
⑤	57	3	185

관점 적용하기

〈표 1〉과 〈표 2〉는 수상 횟수를 기준으로 한 자료이고, 〈표 3〉은 수상자 수를 기준으로 한 자료이다.

ㄱ → 1981~1990년 전체 수상자 수는 〈표 3〉에 의하여 65명이고,
〈표 1〉에 의하여 이중 단독 수상자가 8명이므로 공동수상자는 65−8 = 57명이다.

ㄴ → 2001~2010 단독 수상자 〈표 1〉에 의하면 공동수상 횟수가 27회이고 이것은 전체의 90%이다.
따라서 전체 수상횟수는 30회이고, 이중 3회가 단독수상 횟수이므로 단독수상자는 3명이다.

ㄷ → 1901~2010 〈표 2〉에 의하면 물리학의 전체 수상 횟수는 100회인데,
이 중 29회는 2인 공동수상, 28회는 3인 공동수상이므로 단독수상은 43회이다.
전체 수상자 수는 43×1 + 29×2 + 28×3 = 185이다.

답 ⑤

적용문제-08 (5급 17-18)

다음 〈표〉는 2013 ~ 2015년 기업역량개선사업에 선정된 업체와 선정 업체의 과제 이행 실적에 대한 자료이다. 이에 대한 〈설명〉의 정오는?

〈표 1〉 산업별 선정 업체 수

(단위: 개)

연도 \ 산업	엔지니어링	바이오	디자인	미디어
2013	3	2	3	6
2014	2	2	2	6
2015	2	5	5	3

※ 기업역량개선사업은 2013년 시작되었고, 전 기간 동안 중복 선정된 업체는 없음.

〈표 2〉 선정 업체의 연도별 과제 이행 실적 건수

(단위: 건)

연도	2013	2014	2015	전체
과제 이행 실적	12	24	19	55

※ 선정 업체가 이행하는 과제 수에는 제한이 없음.

〈표 3〉 선정 업체의 3년 간(2013 ~ 2015년) 과제 이행 실적별 분포

(단위: 개)

과제 이행 실적	없음	1건	2건	3건	4건	5건	전체
업체 수	15	11	4	9	1	1	41

설명

1. 전체 선정 업체 중 3년 간 과제 이행 실적 건수 상위 15개 업체의 과제 이행 실적 건수는 전체 과제 이행 실적 건수의 80%를 차지하였다.

(O, X)

2. 2013년 선정 업체 중 당해 연도 과제 이행 실적이 한 건도 없는 업체는 3개 이상이다.

(O, X)

자료(체크리스트)

① 자료간의 관계를 통해 추론되는 정보는?

설명

▸ 목적 파트는?

▸ 정보 파트는?

▸ 정오 파트는?

관점 적용하기

〈표 1〉은 업체수에 대한 자료
〈표 2〉는 과제이행 실적에 대한 자료
〈표 3〉은 업체의 과제 이행 실적에 대한 정보로
〈표 1〉과 〈표 2〉를 〈표 3〉이 이어준다.

1. (O) 이행 실적 상위 15개 업체는 〈표 3〉의 이행실적 건수가 많은 순서대로 15개의 업체이다.
즉, 5건(1), 4건(1), 3건(9), 2건(4)의 업체를 의미한다.
전체 실적건수는 〈표 2〉에 의하여 55건이고 여집합으로 생각하면 나머지 업체가 20%를 차지했는지 확인해보자.
나머지 업체의 경우 1건을 한 11개의 업체이므로 $\frac{11}{55}$=20%이다. 즉, 상위 15개 업체가 80%를 차지하였다.

2. (O) 이행 실적이 없는 업체를 3개보다 적게 만들 수 있는 지 생각해보자.
이행 실적이 없는 업체가 많아지려면 어떻게 해야 할까?
→ 과제를 이행한 업체 각각이 이행한 과제수가 적어야 한다.
〈표 1〉에 의하여 2013년의 업체는 3+2+3+6 = 14개이고, 〈표 2〉에 의하여 12건을 이행하였다.
〈표 3〉에 의하여 1건을 이행한 업체는 최대 11개로 14개중 11개의 업체가 1건으로 가정시 12건을 채울 수 없다.
1건 이행 업체 10개, 2건 이행 업체 2건으로 구성되었다고 가정했을 때가,
이행 실적이 없는 업체의 최소값(14−10−1=3)이다. 최소가 3개이므로 업체는 3개 이상이다.

답 (O, O)

적용문제-09 (5급 21-20)

다음 〈표〉는 2020년 1 ~ 4월 애니메이션을 등록한 회사의 애니메이션 등록 현황에 관한 자료이다. 이에 대한 〈설명〉의 정오는?

〈표 1〉 월별 애니메이션 등록 회사와 유형별 애니메이션 등록 현황

(단위: 개사, 편)

월	회사 \ 유형	국내단독	국내합작	해외합작	전체
1	13	6	6	2	14
2	6	4	0	2	6
3	( )	6	4	1	11
4	7	3	5	0	8

※ 애니메이션 1편당 등록 회사는 1개사임.

〈표 2〉 1 ~ 4월 동안 2편 이상의 애니메이션을 등록한 회사의 월별 애니메이션 등록 현황

(단위: 편)

회사	유형 \ 월	1	2	3	4
아트팩토리	국내단독	0	1	1	0
꼬꼬지	국내단독	1	1	0	0
코닉스	국내단독	0	0	1	1
제이와이제이	국내합작	1	0	0	1
유이락	국내단독	2	0	3	1
한스튜디오	국내합작	1	0	1	2

설명

1. 1월에 국내단독 유형인 애니메이션을 등록한 회사는 5개사이다.
(O, X)

2. 3월에 애니메이션을 등록한 회사는 9개사이다.
(O, X)

3. 1~4월 동안 1편의 애니메이션만 등록한 회사는 20개사 이상이다.
(O, X)

자료(체크리스트)

① 자료간의 관계를 통해 추론되는 정보는?

설명

▸ 목적 파트는?

▸ 정보 파트는?

▸ 정오 파트는?

간단 퀴즈

Q 애니메이션 등록 회사를 월별로 나누어 확인해야 할까?

A 그렇지 않다.

관점 적용하기

〈표 1〉에서는 월별 애니메이션을 등록한 회사의 수와 등록된 애니메이션의 수를 알려주고,
〈표 2〉에서는 1~4월동안 2편 이상의 애니메이션을 등록한 회사의 현황에 대해서 알려준다.
예를들어서 1월의 경우 13개의 회사가 14편의 애니메이션을 등록했으며, 이 중 꼬꼬지, 제이와이제이, 한스튜디오은 1편의 애니메이션을 유이락의 경우 2편의 애니메이션을 등록했다.

1. (O) 1월의 국내단독으로 등록된 애니메이션은 총 6편인데, 이중 2편은 유이락이라는 1개의 회사에서 등록했으므로 1편의 애니메이션을 등록한 4개의 회사와 2편의 애니메이션을 등록한 유이락으로 총 5개사이다.
2. (O) 3월의 경우, 총 11편의 애니메이션이 등록되었다.
   이 중 여러 작품을 등록한 회사는 3편을 등록한 유이락 뿐이다.
   즉, 3편의 에니메이션을 등록한 유이락과 1편의 애니메이션을 등록한 회사들이 총 11편의 애니메이션을 제작하였다. 11 = 3×1 + 1×? 이므로 ?은 8이다.
   즉, 1편의 애니메이션을 등록한 회사는 8개와 유이락을 합쳐 총 9개사가 3월의 애니메이션을 등록하였다.
3. (O) 1~4월동안 2편 이상의 애니메이션을 등록한 회사는
   모두 〈표 2〉에 기입되므로 6개의 회사를 제외한 나머지 회사는 모두 중복된 회사가 아니다.
   1월의 경우 꼬꼬지, 제이와이제이, 유이락, 한스튜디오를 제외한 9개의 회사
   2월의 경우 아트팩토리와 꼬꼬지를 제외한 4개의 회사
   3월의 경우 아트팩토리, 코닉스, 유이락, 한스튜디오를 제외한 5개의 회사
   4월의 경우 코닉스, 제이와이제이, 유이락, 한스튜디오를 제외한 3개의 회사
   총 21개(9+4+5+3) 회사에서 애니메이션을 등록하였다.

답 (O, O, O)

적용문제-10 (7급 21-19)

다음 〈조건〉과 〈표〉는 2018 ~ 2020년 '가'부서 전체 직원 성과급에 관한 자료이다. 이를 근거로 판단할 때, '가'부서 전체 직원의 2020년 기본 연봉의 합은?

조건

- 매년 각 직원의 기본 연봉은 변동 없음.
- 성과급은 전체 직원에게 각 직원의 성과등급에 따라 매년 1회 지급함.
- 성과급 = 기본 연봉 × 지급비율
- 성과등급별 지급비율 및 인원 수

구분 \ 성과등급	S	A	B
지급비율	20%	10%	5%
인원 수	1명	2명	3명

〈표〉 2018 ~ 2020년 '가'부서 전체 직원 성과급

(단위: 백만원)

직원 \ 연도	2018	2019	2020
갑	12.0	6.0	3.0
을	5.0	20.0	5.0
병	6.0	3.0	6.0
정	6.0	6.0	12.0
무	4.5	4.5	4.5
기	6.0	6.0	12.0

① 430백만원
② 460백만원
③ 490백만원
④ 520백만원
⑤ 550백만원

✓ 자료(체크리스트)

① 자료간의 관계를 통해 추론되는 정보는?

✓ 설명

▸ 목적 파트는?

▸ 정보 파트는?

▸ 정오 파트는?

관점 적용하기

연도별로 S는 1명뿐이다. 즉, S인 사람을 찾자.
연봉은 변화가 없고, S, A, B가 2배씩 차이 난다. 즉, 4배가 차이 나는 성과급이 있다면 S급이다.
따라서 2018년의 S = 갑, 2019년의 S = 을이며, 2020년은 알 수 없다.
S는 연도별로 단 1명만 가능하므로 2020년 직원성과급이 다른 연도보다 높아야 한다.
2020년의 S가 가능한 직원은 정 또는 기이다.
나머지 직원들의 연도별 등급을 채우면

	갑	을	병	정	무	기
2018	S	B	A	B(A)	B	A(B)
2019	A	S	B	B(A)	B	A(B)
2020	B	B	A	A(S)	B	S(A)

각 직원들의 A등급일 때의 성과급을 모두 더하면

갑	을	병	정	무	기	합
6	10	6	12(6)	9	6(12)	49

기본연봉의 10%의 합이 49백만원이므로 기본연봉의 합은 490만원이다.

답 ③

자료통역사의
통하는 자료해석

②권 풀이편 (PART Ⅲ) 체크리스트

Part Ⅲ 용
계산연습

계산연습 3-01 (플마 찢기)

■ 문제지 (플마 찢기를 통해서 대소를 비교하세요.)

번호	분수		%	번호	분수		%	번호	분수		%	번호	분수		%
01)	$\frac{545}{4528}$	○	10%	16)	$\frac{428}{4400}$	○	10%	31)	$\frac{551}{2792}$	○	20%	46)	$\frac{3749}{4657}$	○	80%
02)	$\frac{857}{1124}$	○	75%	17)	$\frac{4510}{8667}$	○	50%	32)	$\frac{3328}{4721}$	○	70%	47)	$\frac{2598}{4240}$	○	60%
03)	$\frac{2705}{5946}$	○	45%	18)	$\frac{5441}{5961}$	○	90%	33)	$\frac{6892}{7551}$	○	90%	48)	$\frac{4701}{7263}$	○	65%
04)	$\frac{951}{1159}$	○	80%	19)	$\frac{247}{1519}$	○	15%	34)	$\frac{6739}{8452}$	○	80%	49)	$\frac{969}{3582}$	○	25%
05)	$\frac{7685}{9368}$	○	80%	20)	$\frac{2076}{5328}$	○	40%	35)	$\frac{6664}{8826}$	○	75%	50)	$\frac{6565}{8608}$	○	75%
06)	$\frac{478}{1137}$	○	40%	21)	$\frac{3655}{7899}$	○	45%	36)	$\frac{1050}{2895}$	○	35%	51)	$\frac{4811}{6900}$	○	70%
07)	$\frac{1111}{2851}$	○	40%	22)	$\frac{8017}{9462}$	○	85%	37)	$\frac{395}{4063}$	○	10%	52)	$\frac{4620}{8210}$	○	55%
08)	$\frac{8635}{8970}$	○	95%	23)	$\frac{486}{1553}$	○	30%	38)	$\frac{1325}{1859}$	○	70%	53)	$\frac{1313}{2600}$	○	50%
09)	$\frac{1427}{3084}$	○	45%	24)	$\frac{2071}{5114}$	○	40%	39)	$\frac{5263}{8926}$	○	60%	54)	$\frac{1689}{6624}$	○	25%
10)	$\frac{1015}{4604}$	○	20%	25)	$\frac{1903}{2068}$	○	90%	40)	$\frac{3146}{5668}$	○	55%	55)	$\frac{4985}{7522}$	○	65%
11)	$\frac{1419}{5401}$	○	25%	26)	$\frac{4804}{6299}$	○	75%	41)	$\frac{1194}{7007}$	○	15%	56)	$\frac{8565}{9041}$	○	95%
12)	$\frac{2172}{2936}$	○	75%	27)	$\frac{4653}{5055}$	○	90%	42)	$\frac{301}{1217}$	○	25%	57)	$\frac{3713}{8301}$	○	45%
13)	$\frac{658}{1813}$	○	35%	28)	$\frac{1972}{2217}$	○	90%	43)	$\frac{205}{1955}$	○	10%	58)	$\frac{7354}{8057}$	○	90%
14)	$\frac{4589}{8819}$	○	50%	29)	$\frac{881}{8387}$	○	10%	44)	$\frac{3506}{3671}$	○	95%	59)	$\frac{6771}{8065}$	○	85%
15)	$\frac{5574}{8611}$	○	65%	30)	$\frac{3384}{3958}$	○	85%	45)	$\frac{2318}{5095}$	○	45%	60)	$\frac{2413}{6652}$	○	35%

■ 답안지

번호	답	번호	답	번호	답	번호	답
01)	12.04%	16)	9.73%	31)	19.73%	46)	80.50%
02)	76.27%	17)	52.04%	32)	70.50%	47)	61.27%
03)	45.50%	18)	91.27%	33)	91.27%	48)	64.73%
04)	82.04%	19)	16.27%	34)	79.73%	49)	27.04%
05)	82.04%	20)	38.96%	35)	75.50%	50)	76.27%
06)	42.04%	21)	46.27%	36)	36.27%	51)	69.73%
07)	38.96%	22)	84.73%	37)	9.73%	52)	56.27%
08)	96.27%	23)	31.27%	38)	71.27%	53)	50.50%
09)	46.27%	24)	40.50%	39)	58.96%	54)	25.50%
10)	22.04%	25)	92.04%	40)	55.50%	55)	66.27%
11)	26.27%	26)	76.27%	41)	17.04%	56)	94.73%
12)	73.96%	27)	92.04%	42)	24.73%	57)	44.73%
13)	36.27%	28)	88.96%	43)	10.50%	58)	91.27%
14)	52.04%	29)	10.50%	44)	95.50%	59)	83.96%
15)	64.73%	30)	85.50%	45)	45.50%	60)	36.27%

계산연습 3-01 (분수값 읽기)

■ 문제지

[※ 심심하시면, 분모의 영향을 이용하여 정밀한 분수값도 확인해보세요. 단, 여러분의 멘탈을 책임지지 않습니다.]

문제지	어림셈	정밀셈	문제지	어림셈	정밀셈
01) $\frac{330}{1933}$ =			16) $\frac{1255}{1565}$ =		
02) $\frac{5689}{7626}$ =			17) $\frac{4948}{5613}$ =		
03) $\frac{6335}{6546}$ =			18) $\frac{698}{2491}$ =		
04) $\frac{5837}{6215}$ =			19) $\frac{2866}{2938}$ =		
05) $\frac{1004}{3747}$ =			20) $\frac{1486}{9070}$ =		
06) $\frac{2520}{4573}$ =			21) $\frac{1344}{3567}$ =		
07) $\frac{4172}{5696}$ =			22) $\frac{4060}{4960}$ =		
08) $\frac{1743}{2557}$ =			23) $\frac{520}{4392}$ =		
09) $\frac{1481}{1609}$ =			24) $\frac{3501}{6845}$ =		
10) $\frac{6440}{9670}$ =			25) $\frac{3194}{6210}$ =		
11) $\frac{1633}{4458}$ =			26) $\frac{8411}{9617}$ =		
12) $\frac{6915}{8079}$ =			27) $\frac{372}{3451}$ =		
13) $\frac{1445}{9016}$ =			28) $\frac{968}{5264}$ =		
14) $\frac{9219}{9747}$ =			29) $\frac{1038}{2399}$ =		
15) $\frac{1777}{3237}$ =			30) $\frac{1809}{4834}$ =		

■ 답안지

01)	17.06%	11)	36.63%	21)	37.69%
02)	74.60%	12)	85.59%	22)	81.86%
03)	96.78%	13)	16.03%	23)	11.83%
04)	93.91%	14)	94.58%	24)	51.15%
05)	26.79%	15)	54.91%	25)	51.43%
06)	55.10%	16)	80.22%	26)	87.46%
07)	73.25%	17)	88.16%	27)	10.78%
08)	68.18%	18)	28.04%	28)	18.38%
09)	92.04%	19)	97.56%	29)	43.25%
10)	66.60%	20)	16.38%	30)	37.42%

계산연습 3-01 (정보 찾기 연습)

■ 문제지 〈표〉의 값을 이용하여 〈설명〉을 해결하시오. (최대한 머리를 통해 해결)

〈표〉 계산연습 문제

	A	B	C	D	E
갑	2705	2176	1885	1636	1741
을	3230	3246	3297	3851	4676
병	4253	3422	3476	3886	3747
정	2514	2651	2428	2229	2707
전체	6935	7176	7505	7864	8212

※ 전체는 갑~무의 합이 아님.

설명

1. 갑의 비중이 가장 큰 알파벳과 가장 낮은 알파벳은?
2. 을의 비중이 가장 큰 알파벳과 가장 낮은 알파벳은?
3. 병의 비중이 가장 큰 알파벳과 가장 낮은 알파벳은?
4. 정의 비중이 가장 큰 알파벳과 가장 낮은 알파벳은?

〈표〉 계산연습 문제

	A	B	C	D	E
전체	9598	10003	10465	10840	11176
갑	4521	5028	4858	3915	3136
을	7400	6750	6860	7585	8731
병	6026	5798	5602	4794	5039
정	5435	6045	6143	5564	5014

※ 전체는 갑~무의 합이 아님.

설명

1. 갑의 비중이 가장 큰 알파벳과 가장 낮은 알파벳은?
2. 을의 비중이 가장 큰 알파벳과 가장 낮은 알파벳은?
3. 병의 비중이 가장 큰 알파벳과 가장 낮은 알파벳은?
4. 정의 비중이 가장 큰 알파벳과 가장 낮은 알파벳은?

■ 답안지

〈표〉 전체 대비 갑~정의 답안

	A	B	C	D	E
갑/전체	39.00%	30.33%	25.11%	20.80%	21.20%
을/전체	46.58%	45.23%	43.93%	48.96%	56.93%
병/전체	61.32%	47.69%	46.32%	49.42%	45.63%
정/전체	36.25%	36.95%	32.36%	28.34%	32.96%

〈표〉 전체 대비 갑~정의 답안

	A	B	C	D	E
갑/전체	47.10%	50.26%	46.42%	36.11%	28.06%
을/전체	77.10%	67.48%	65.55%	69.98%	78.12%
병/전체	62.78%	57.96%	53.53%	44.23%	45.08%
정/전체	56.63%	60.43%	58.70%	51.33%	44.86%

∴ 계산연습 3-01 (정보 찾기 연습)

■ 문제지 〈표〉의 값을 이용하여 〈설명〉을 해결하시오.

〈표〉 계산연습 문제

	갑	을	병	정	전체
A	546	1384	1648	387	5676
B	578	1534	1414	371	5891
C	551	1846	1349	391	6091
D	638	2047	1630	414	6325
E	772	2168	1808	500	6573

※ 전체는 갑~무의 합이 아님.

설명

1. 갑의 비중이 가장 큰 알파벳과 가장 낮은 알파벳은?

2. 을의 비중이 가장 큰 알파벳과 가장 낮은 알파벳은?

3. 병의 비중이 가장 큰 알파벳과 가장 낮은 알파벳은?

4. 정의 비중이 가장 큰 알파벳과 가장 낮은 알파벳은?

〈표〉 계산연습 문제

	전체	갑	을	병	정
A	6169	2238	2015	3455	2407
B	6476	1835	1954	3523	2695
C	6678	2112	1859	3704	2564
D	6996	1833	1892	3399	2994
E	7304	2133	1729	2937	3485

※ 전체는 갑~무의 합이 아님.

설명

1. 갑의 비중이 가장 큰 알파벳과 가장 낮은 알파벳은?

2. 을의 비중이 가장 큰 알파벳과 가장 낮은 알파벳은?

3. 병의 비중이 가장 큰 알파벳과 가장 낮은 알파벳은?

4. 정의 비중이 가장 큰 알파벳과 가장 낮은 알파벳은?

■ 답안지

〈표〉 전체 대비 갑~정의 답안

	갑/전체	을/전체	병/전체	정/전체
A	9.62%	24.39%	29.04%	6.82%
B	9.81%	26.04%	24.00%	6.29%
C	9.05%	30.32%	22.15%	6.42%
D	10.09%	32.36%	25.77%	6.54%
E	11.74%	32.98%	27.51%	7.61%

〈표〉 전체 대비 갑~정의 답안

	갑/전체	을/전체	병/전체	정/전체
A	36.28%	32.67%	56.01%	39.02%
B	28.33%	30.18%	54.41%	41.62%
C	31.63%	27.84%	55.46%	38.39%
D	26.19%	27.04%	48.58%	42.79%
E	29.20%	23.67%	40.21%	47.71%

계산연습 3-02 (플마 찢기)

■ 문제지 (플마 찢기를 통해서 대소를 비교하세요.)

번호	분수		기준	번호	분수		기준	번호	분수		기준	번호	분수		기준
01)	$\frac{4474}{5612}$	○	80%	16)	$\frac{2324}{2833}$	○	80%	31)	$\frac{3203}{4330}$	○	75%	46)	$\frac{3164}{7526}$	○	40%
02)	$\frac{2906}{3019}$	○	95%	17)	$\frac{1610}{2661}$	○	60%	32)	$\frac{2279}{3866}$	○	60%	47)	$\frac{1805}{1994}$	○	90%
03)	$\frac{4293}{7006}$	○	60%	18)	$\frac{1898}{4687}$	○	40%	33)	$\frac{637}{6070}$	○	10%	48)	$\frac{1074}{3162}$	○	35%
04)	$\frac{538}{3472}$	○	15%	19)	$\frac{539}{6017}$	○	10%	34)	$\frac{2032}{9552}$	○	20%	49)	$\frac{4286}{7942}$	○	55%
05)	$\frac{4991}{7003}$	○	70%	20)	$\frac{5829}{8899}$	○	65%	35)	$\frac{3138}{8839}$	○	35%	50)	$\frac{4734}{5487}$	○	85%
06)	$\frac{7936}{9954}$	○	80%	21)	$\frac{3570}{4477}$	○	80%	36)	$\frac{1478}{3991}$	○	35%	51)	$\frac{1571}{8287}$	○	20%
07)	$\frac{1515}{5766}$	○	25%	22)	$\frac{6828}{7150}$	○	95%	37)	$\frac{6536}{8837}$	○	75%	52)	$\frac{2467}{3461}$	○	70%
08)	$\frac{3788}{4967}$	○	75%	23)	$\frac{5677}{7369}$	○	75%	38)	$\frac{6885}{7268}$	○	95%	53)	$\frac{2459}{4725}$	○	50%
09)	$\frac{5237}{9182}$	○	55%	24)	$\frac{1352}{2179}$	○	60%	39)	$\frac{3408}{3598}$	○	95%	54)	$\frac{4061}{5143}$	○	80%
10)	$\frac{6569}{6824}$	○	95%	25)	$\frac{2631}{5782}$	○	45%	40)	$\frac{5377}{6744}$	○	80%	55)	$\frac{3160}{9098}$	○	35%
11)	$\frac{4397}{7457}$	○	60%	26)	$\frac{2053}{4511}$	○	45%	41)	$\frac{2718}{3029}$	○	90%	56)	$\frac{1731}{3536}$	○	50%
12)	$\frac{3177}{4908}$	○	65%	27)	$\frac{2141}{7200}$	○	30%	42)	$\frac{1077}{2561}$	○	40%	57)	$\frac{2903}{6905}$	○	40%
13)	$\frac{3510}{7058}$	○	50%	28)	$\frac{2118}{3816}$	○	55%	43)	$\frac{5856}{8941}$	○	65%	58)	$\frac{5956}{6471}$	○	90%
14)	$\frac{1687}{2545}$	○	65%	29)	$\frac{1906}{2106}$	○	90%	44)	$\frac{3550}{5944}$	○	60%	59)	$\frac{2809}{4239}$	○	65%
15)	$\frac{318}{2050}$	○	15%	30)	$\frac{774}{4996}$	○	15%	45)	$\frac{462}{4750}$	○	10%	60)	$\frac{3356}{3708}$	○	90%

■ 답안지

번호	답	번호	답	번호	답	번호	답
01)	79.73%	16)	82.04%	31)	73.96%	46)	42.04%
02)	96.27%	17)	60.50%	32)	58.96%	47)	90.50%
03)	61.27%	18)	40.50%	33)	10.50%	48)	33.96%
04)	15.50%	19)	8.96%	34)	21.27%	49)	53.96%
05)	71.27%	20)	65.50%	35)	35.50%	50)	86.27%
06)	79.73%	21)	79.73%	36)	37.04%	51)	18.96%
07)	26.27%	22)	95.50%	37)	73.96%	52)	71.27%
08)	76.27%	23)	77.04%	38)	94.73%	53)	52.04%
09)	57.04%	24)	62.04%	39)	94.73%	54)	78.96%
10)	96.27%	25)	45.50%	40)	79.73%	55)	34.73%
11)	58.96%	26)	45.50%	41)	89.73%	56)	48.96%
12)	64.73%	27)	29.73%	42)	42.04%	57)	42.04%
13)	49.73%	28)	55.50%	43)	65.50%	58)	92.04%
14)	66.27%	29)	90.50%	44)	59.73%	59)	66.27%
15)	15.50%	30)	15.50%	45)	9.73%	60)	90.50%

계산연습 3-02 (분수값 읽기)

■ 문제지

[※ 심심하시면, 분모의 영향을 이용하여 정밀한 분수값도 확인해보세요. 단, 여러분의 멘탈을 책임지지 않습니다.]

문제지	어림셈	정밀셈	문제지	어림셈	정밀셈
01) $\frac{477}{1760}$ =			16) $\frac{1359}{8514}$ =		
02) $\frac{1437}{1929}$ =			17) $\frac{865}{3576}$ =		
03) $\frac{1826}{4660}$ =			18) $\frac{1647}{1708}$ =		
04) $\frac{8858}{9887}$ =			19) $\frac{227}{1217}$ =		
05) $\frac{747}{1549}$ =			20) $\frac{2166}{3625}$ =		
06) $\frac{1302}{2290}$ =			21) $\frac{1626}{5456}$ =		
07) $\frac{716}{2167}$ =			22) $\frac{2816}{8932}$ =		
08) $\frac{1805}{2436}$ =			23) $\frac{1095}{2328}$ =		
09) $\frac{875}{2484}$ =			24) $\frac{3614}{7277}$ =		
10) $\frac{4532}{6713}$ =			25) $\frac{1814}{4541}$ =		
11) $\frac{5595}{7864}$ =			26) $\frac{2668}{7135}$ =		
12) $\frac{801}{5610}$ =			27) $\frac{5022}{9756}$ =		
13) $\frac{2428}{7472}$ =			28) $\frac{1216}{4635}$ =		
14) $\frac{2237}{6918}$ =			29) $\frac{4225}{7294}$ =		
15) $\frac{4145}{4741}$ =			30) $\frac{7846}{8490}$ =		

■ 답안지

01)	27.11%	11)	71.15%	21)	29.81%
02)	74.47%	12)	14.27%	22)	31.53%
03)	39.19%	13)	32.49%	23)	47.02%
04)	89.59%	14)	32.34%	24)	49.66%
05)	48.24%	15)	87.43%	25)	39.94%
06)	56.87%	16)	15.96%	26)	37.39%
07)	33.04%	17)	24.19%	27)	51.48%
08)	74.11%	18)	96.41%	28)	26.23%
09)	35.22%	19)	18.65%	29)	57.92%
10)	67.51%	20)	59.75%	30)	92.42%

∴ 계산연습 3-02 (정보 찾기 연습)

■ 문제지 〈표〉의 값을 이용하여 〈설명〉을 해결하시오. (최대한 머리를 통해 해결)

〈표〉 계산연습 문제

	A	B	C	D	E
갑	2862	3047	2752	2365	2878
을	2263	2523	2027	1843	1597
병	1544	1721	1382	1464	1562
정	3238	3449	2942	2381	2421
전체	7203	7526	7776	8082	8459

※ 전체는 갑~무의 합이 아님.

설명

1. 갑의 비중이 가장 큰 알파벳과 가장 낮은 알파벳은?
2. 을의 비중이 가장 큰 알파벳과 가장 낮은 알파벳은?
3. 병의 비중이 가장 큰 알파벳과 가장 낮은 알파벳은?
4. 정의 비중이 가장 큰 알파벳과 가장 낮은 알파벳은?

〈표〉 계산연습 문제

	A	B	C	D	E
전체	3486	3591	3732	3874	3992
갑	902	947	956	1059	1219
을	1720	1806	2094	2425	2184
병	2938	3085	2497	2018	2221
정	1999	1599	1774	2054	1747

※ 전체는 갑~무의 합이 아님.

설명

1. 갑의 비중이 가장 큰 알파벳과 가장 낮은 알파벳은?
2. 을의 비중이 가장 큰 알파벳과 가장 낮은 알파벳은?
3. 병의 비중이 가장 큰 알파벳과 가장 낮은 알파벳은?
4. 정의 비중이 가장 큰 알파벳과 가장 낮은 알파벳은?

■ 답안지

〈표〉 전체 대비 갑~정의 답안

	A	B	C	D	E
갑/전체	39.73%	40.49%	35.40%	29.27%	34.02%
을/전체	31.42%	33.52%	26.06%	22.80%	18.88%
병/전체	21.43%	22.87%	17.78%	18.12%	18.46%
정/전체	44.96%	45.82%	37.84%	29.46%	28.62%

〈표〉 전체 대비 갑~정의 답안

	A	B	C	D	E
갑/전체	25.88%	26.38%	25.62%	27.35%	30.53%
을/전체	49.35%	50.31%	56.12%	62.60%	54.71%
병/전체	84.29%	85.93%	66.91%	52.09%	55.62%
정/전체	57.34%	44.54%	47.54%	53.03%	43.77%

계산연습 3-02 (정보 찾기 연습)

■ 문제지 〈표〉의 값을 이용하여 〈설명〉을 해결하시오.

〈표〉 계산연습 문제

	갑	을	병	정	전체
A	2735	260	3362	1221	4019
B	2620	236	3388	1047	4171
C	2252	274	3929	952	4336
D	1803	247	4128	763	4469
E	1818	261	4162	807	4640

※ 전체는 갑~무의 합이 아님.

설명

1. 갑의 비중이 가장 큰 알파벳과 가장 낮은 알파벳은?
2. 을의 비중이 가장 큰 알파벳과 가장 낮은 알파벳은?
3. 병의 비중이 가장 큰 알파벳과 가장 낮은 알파벳은?
4. 정의 비중이 가장 큰 알파벳과 가장 낮은 알파벳은?

〈표〉 계산연습 문제

	전체	갑	을	병	정
A	4406	3739	764	2123	1100
B	4545	3558	612	2232	937
C	4700	2861	676	2242	800
D	4866	2304	815	1917	644
E	5095	2458	951	2046	752

※ 전체는 갑~무의 합이 아님.

설명

1. 갑의 비중이 가장 큰 알파벳과 가장 낮은 알파벳은?
2. 을의 비중이 가장 큰 알파벳과 가장 낮은 알파벳은?
3. 병의 비중이 가장 큰 알파벳과 가장 낮은 알파벳은?
4. 정의 비중이 가장 큰 알파벳과 가장 낮은 알파벳은?

■ 답안지

〈표〉 전체 대비 갑~정의 답안

	갑/전체	을/전체	병/전체	정/전체
A	68.05%	6.48%	83.65%	30.37%
B	62.80%	5.67%	81.23%	25.10%
C	51.93%	6.32%	90.61%	21.96%
D	40.34%	5.53%	92.37%	17.06%
E	39.18%	5.63%	89.70%	17.39%

〈표〉 전체 대비 갑~정의 답안

	갑/전체	을/전체	병/전체	정/전체
A	84.86%	17.33%	48.18%	24.97%
B	78.28%	13.47%	49.11%	20.61%
C	60.87%	14.38%	47.69%	17.03%
D	47.35%	16.74%	39.40%	13.24%
E	48.25%	18.66%	40.15%	14.76%

계산연습 3-03 (플마 찢기)

■ 문제지 (플마 찢기를 통해서 대소를 비교하세요.)

01)	$\frac{5595}{6079}$	○	90%	16)	$\frac{5762}{6679}$	○	85%	31)	$\frac{192}{1975}$	○	10%	46)	$\frac{665}{2687}$	○	25%
02)	$\frac{505}{3429}$	○	15%	17)	$\frac{944}{3702}$	○	25%	32)	$\frac{5672}{8134}$	○	70%	47)	$\frac{137}{1301}$	○	10%
03)	$\frac{2563}{3215}$	○	80%	18)	$\frac{2162}{9021}$	○	25%	33)	$\frac{1002}{6803}$	○	15%	48)	$\frac{2035}{4030}$	○	50%
04)	$\frac{248}{1258}$	○	20%	19)	$\frac{1124}{6596}$	○	15%	34)	$\frac{2337}{3351}$	○	70%	49)	$\frac{3179}{5392}$	○	60%
05)	$\frac{992}{1244}$	○	80%	20)	$\frac{4442}{6166}$	○	70%	35)	$\frac{4421}{6203}$	○	70%	50)	$\frac{6392}{9535}$	○	65%
06)	$\frac{1474}{2405}$	○	60%	21)	$\frac{3871}{9935}$	○	40%	36)	$\frac{549}{2220}$	○	25%	51)	$\frac{948}{3955}$	○	25%
07)	$\frac{4196}{6085}$	○	70%	22)	$\frac{6950}{8634}$	○	80%	37)	$\frac{1013}{1119}$	○	90%	52)	$\frac{527}{1327}$	○	40%
08)	$\frac{2990}{4512}$	○	65%	23)	$\frac{1991}{2308}$	○	85%	38)	$\frac{801}{1464}$	○	55%	53)	$\frac{2530}{4129}$	○	60%
09)	$\frac{6721}{8724}$	○	75%	24)	$\frac{1246}{3135}$	○	40%	39)	$\frac{1582}{3181}$	○	50%	54)	$\frac{3023}{9436}$	○	30%
10)	$\frac{1691}{4176}$	○	40%	25)	$\frac{3260}{5255}$	○	60%	40)	$\frac{4081}{6088}$	○	65%	55)	$\frac{3065}{7568}$	○	40%
11)	$\frac{2218}{8698}$	○	25%	26)	$\frac{2755}{5626}$	○	50%	41)	$\frac{5743}{9614}$	○	60%	56)	$\frac{1431}{9234}$	○	15%
12)	$\frac{404}{2744}$	○	15%	27)	$\frac{1810}{3640}$	○	50%	42)	$\frac{1595}{3065}$	○	50%	57)	$\frac{357}{1489}$	○	25%
13)	$\frac{290}{1416}$	○	20%	28)	$\frac{1119}{5458}$	○	20%	43)	$\frac{1645}{1818}$	○	90%	58)	$\frac{1660}{3189}$	○	50%
14)	$\frac{4056}{4991}$	○	80%	29)	$\frac{2225}{8470}$	○	25%	44)	$\frac{2250}{7569}$	○	30%	59)	$\frac{5465}{8246}$	○	65%
15)	$\frac{1235}{7589}$	○	15%	30)	$\frac{5157}{8063}$	○	65%	45)	$\frac{956}{9108}$	○	10%	60)	$\frac{1021}{5384}$	○	20%

■ 답안지

01)	92.04%	16)	86.27%	31)	9.73%	46)	24.73%
02)	14.73%	17)	25.50%	32)	69.73%	47)	10.50%
03)	79.73%	18)	23.96%	33)	14.73%	48)	50.50%
04)	19.73%	19)	17.04%	34)	69.73%	49)	58.96%
05)	79.73%	20)	72.04%	35)	71.27%	50)	67.04%
06)	61.27%	21)	38.96%	36)	24.73%	51)	23.96%
07)	68.96%	22)	80.50%	37)	90.50%	52)	39.73%
08)	66.27%	23)	86.27%	38)	54.73%	53)	61.27%
09)	77.04%	24)	39.73%	39)	49.73%	54)	32.04%
10)	40.50%	25)	62.04%	40)	67.04%	55)	40.50%
11)	25.50%	26)	48.96%	41)	59.73%	56)	15.50%
12)	14.73%	27)	49.73%	42)	52.04%	57)	23.96%
13)	20.50%	28)	20.50%	43)	90.50%	58)	52.04%
14)	81.27%	29)	26.27%	44)	29.73%	59)	66.27%
15)	16.27%	30)	63.96%	45)	10.50%	60)	18.96%

계산연습 3-03 (분수값 읽기)

■ 문제지

[※ 심심하시면, 분모의 영향을 이용하여 정밀한 분수값도 확인해보세요. 단, 여러분의 멘탈을 책임지지 않습니다.]

문제지	어림셈	정밀셈	문제지	어림셈	정밀셈
01) $\frac{2086}{8217}$ =			16) $\frac{4470}{6628}$ =		
02) $\frac{1923}{3475}$ =			17) $\frac{6413}{7282}$ =		
03) $\frac{6057}{8807}$ =			18) $\frac{3845}{8421}$ =		
04) $\frac{1493}{4545}$ =			19) $\frac{3141}{4772}$ =		
05) $\frac{4674}{5162}$ =			20) $\frac{6902}{9853}$ =		
06) $\frac{3036}{3664}$ =			21) $\frac{1976}{7960}$ =		
07) $\frac{3806}{4854}$ =			22) $\frac{3048}{6239}$ =		
08) $\frac{5216}{9727}$ =			23) $\frac{2608}{3345}$ =		
09) $\frac{6153}{7636}$ =			24) $\frac{1473}{5832}$ =		
10) $\frac{1712}{2761}$ =			25) $\frac{1085}{1506}$ =		
11) $\frac{5285}{8734}$ =			26) $\frac{3281}{3702}$ =		
12) $\frac{501}{4127}$ =			27) $\frac{5287}{6531}$ =		
13) $\frac{5204}{9597}$ =			28) $\frac{6279}{9244}$ =		
14) $\frac{4968}{7264}$ =			29) $\frac{4799}{8680}$ =		
15) $\frac{1599}{2404}$ =			30) $\frac{1700}{2377}$ =		

■ 답안지

01)	25.39%	11)	60.51%	21)	24.83%
02)	55.33%	12)	12.15%	22)	48.86%
03)	68.77%	13)	54.23%	23)	77.96%
04)	32.85%	14)	68.39%	24)	25.25%
05)	90.55%	15)	66.53%	25)	72.04%
06)	82.85%	16)	67.44%	26)	88.63%
07)	78.41%	17)	88.06%	27)	80.95%
08)	53.62%	18)	45.66%	28)	67.93%
09)	80.58%	19)	65.82%	29)	55.29%
10)	62.01%	20)	70.05%	30)	71.51%

계산연습 3-03 (정보 찾기 연습)

■ 문제지 〈표〉의 값을 이용하여 〈설명〉을 해결하시오. (최대한 머리를 통해 해결)

〈표〉 계산연습 문제

	A	B	C	D	E
갑	3333	3714	2983	3307	3638
을	3981	3641	3652	4414	4856
병	1140	1042	1202	1273	1018
정	7679	6255	7526	8343	7927
전체	9252	9664	9985	10370	10682

※ 전체는 갑~무의 합이 아님.

설명

1. 갑의 비중이 가장 큰 알파벳과 가장 낮은 알파벳은?

2. 을의 비중이 가장 큰 알파벳과 가장 낮은 알파벳은?

3. 병의 비중이 가장 큰 알파벳과 가장 낮은 알파벳은?

4. 정의 비중이 가장 큰 알파벳과 가장 낮은 알파벳은?

〈표〉 계산연습 문제

	A	B	C	D	E
전체	8864	9297	9629	10091	10456
갑	4150	4644	4206	4702	5671
을	4954	5791	4666	5682	6286
병	854	1042	1047	961	823
정	1713	1916	2023	1857	2054

※ 전체는 갑~무의 합이 아님.

설명

1. 갑의 비중이 가장 큰 알파벳과 가장 낮은 알파벳은?

2. 을의 비중이 가장 큰 알파벳과 가장 낮은 알파벳은?

3. 병의 비중이 가장 큰 알파벳과 가장 낮은 알파벳은?

4. 정의 비중이 가장 큰 알파벳과 가장 낮은 알파벳은?

■ 답안지

〈표〉 전체 대비 갑~정의 답안

	A	B	C	D	E
갑/전체	36.02%	38.43%	29.88%	31.89%	34.06%
을/전체	43.03%	37.67%	36.58%	42.57%	45.46%
병/전체	12.32%	10.79%	12.04%	12.27%	9.53%
정/전체	83.00%	64.72%	75.37%	80.45%	74.20%

〈표〉 전체 대비 갑~정의 답안

	A	B	C	D	E
갑/전체	46.82%	49.94%	43.68%	46.59%	54.24%
을/전체	55.89%	62.28%	48.45%	56.31%	60.12%
병/전체	9.64%	11.20%	10.88%	9.53%	7.87%
정/전체	19.32%	20.61%	21.01%	18.40%	19.64%

계산연습 3-03 (정보 찾기 연습)

■ 문제지 〈표〉의 값을 이용하여 〈설명〉을 해결하시오.

〈표〉 계산연습 문제

	갑	을	병	정	전체
A	768	2269	1132	1303	2956
B	776	2521	1257	1187	3077
C	938	2166	1143	1376	3197
D	991	2503	921	1522	3311
E	941	2879	967	1674	3411

※ 전체는 갑~무의 합이 아님.

설명

1. 갑의 비중이 가장 큰 알파벳과 가장 낮은 알파벳은?

2. 을의 비중이 가장 큰 알파벳과 가장 낮은 알파벳은?

3. 병의 비중이 가장 큰 알파벳과 가장 낮은 알파벳은?

4. 정의 비중이 가장 큰 알파벳과 가장 낮은 알파벳은?

〈표〉 계산연습 문제

	전체	갑	을	병	정
A	6744	5447	2118	2643	1774
B	6954	4908	1696	3042	1865
C	7265	4735	1637	2935	2079
D	7551	4069	1570	3256	2202
E	7854	4110	1350	3940	2665

※ 전체는 갑~무의 합이 아님.

설명

1. 갑의 비중이 가장 큰 알파벳과 가장 낮은 알파벳은?

2. 을의 비중이 가장 큰 알파벳과 가장 낮은 알파벳은?

3. 병의 비중이 가장 큰 알파벳과 가장 낮은 알파벳은?

4. 정의 비중이 가장 큰 알파벳과 가장 낮은 알파벳은?

■ 답안지

〈표〉 전체 대비 갑~정의 답안

	갑/전체	을/전체	병/전체	정/전체
A	25.97%	76.77%	38.28%	44.09%
B	25.22%	81.93%	40.85%	38.58%
C	29.35%	67.74%	35.74%	43.04%
D	29.92%	75.58%	27.80%	45.95%
E	27.59%	84.39%	28.34%	49.07%

〈표〉 전체 대비 갑~정의 답안

	갑/전체	을/전체	병/전체	정/전체
A	80.77%	31.40%	39.19%	26.31%
B	70.59%	24.40%	43.75%	26.82%
C	65.18%	22.53%	40.40%	28.62%
D	53.89%	20.79%	43.12%	29.17%
E	52.34%	17.20%	50.17%	33.94%

계산연습 3-04 (플마 찢기)

■ 문제지 (플마 찢기를 통해서 대소를 비교하세요.)

01)	$\frac{2995}{4467}$	○	65%	16)	$\frac{1166}{6151}$	○	20%	31)	$\frac{1773}{6122}$	○	30%	46)	$\frac{2506}{3143}$	○	80%
02)	$\frac{878}{3984}$	○	20%	17)	$\frac{2238}{3977}$	○	55%	32)	$\frac{2209}{4774}$	○	45%	47)	$\frac{3494}{6919}$	○	50%
03)	$\frac{3671}{5539}$	○	65%	18)	$\frac{3387}{8207}$	○	40%	33)	$\frac{7597}{8806}$	○	85%	48)	$\frac{3842}{6007}$	○	65%
04)	$\frac{1118}{4134}$	○	25%	19)	$\frac{4021}{8990}$	○	45%	34)	$\frac{187}{1778}$	○	10%	49)	$\frac{1483}{9113}$	○	15%
05)	$\frac{2636}{3564}$	○	75%	20)	$\frac{2352}{3508}$	○	65%	35)	$\frac{2327}{3638}$	○	65%	50)	$\frac{1854}{6079}$	○	30%
06)	$\frac{4737}{7930}$	○	60%	21)	$\frac{2761}{8618}$	○	30%	36)	$\frac{2909}{3242}$	○	90%	51)	$\frac{3852}{4588}$	○	85%
07)	$\frac{1953}{6402}$	○	30%	22)	$\frac{2154}{8198}$	○	25%	37)	$\frac{4909}{7322}$	○	65%	52)	$\frac{1165}{3212}$	○	35%
08)	$\frac{1069}{2544}$	○	40%	23)	$\frac{3087}{5932}$	○	50%	38)	$\frac{2358}{2606}$	○	90%	53)	$\frac{4204}{4474}$	○	95%
09)	$\frac{1559}{7330}$	○	20%	24)	$\frac{3140}{5819}$	○	55%	39)	$\frac{5953}{6634}$	○	90%	54)	$\frac{1300}{2149}$	○	60%
10)	$\frac{8068}{8314}$	○	95%	25)	$\frac{4221}{7159}$	○	60%	40)	$\frac{418}{2204}$	○	20%	55)	$\frac{1149}{2276}$	○	50%
11)	$\frac{3700}{6666}$	○	55%	26)	$\frac{2665}{6841}$	○	40%	41)	$\frac{2426}{4432}$	○	55%	56)	$\frac{7594}{7888}$	○	95%
12)	$\frac{2706}{3880}$	○	70%	27)	$\frac{1776}{9002}$	○	20%	42)	$\frac{787}{2717}$	○	30%	57)	$\frac{5264}{8485}$	○	60%
13)	$\frac{5877}{7371}$	○	80%	28)	$\frac{6284}{9112}$	○	70%	43)	$\frac{869}{7710}$	○	10%	58)	$\frac{3003}{6713}$	○	45%
14)	$\frac{693}{3382}$	○	20%	29)	$\frac{3055}{6950}$	○	45%	44)	$\frac{2808}{9696}$	○	30%	59)	$\frac{588}{6558}$	○	10%
15)	$\frac{1104}{5593}$	○	20%	30)	$\frac{1721}{4646}$	○	35%	45)	$\frac{1918}{7303}$	○	25%	60)	$\frac{2977}{3864}$	○	75%

■ 답안지

01)	67.04%	16)	18.96%	31)	28.96%	46)	79.73%
02)	22.04%	17)	56.27%	32)	46.27%	47)	50.50%
03)	66.27%	18)	41.27%	33)	86.27%	48)	63.96%
04)	27.04%	19)	44.73%	34)	10.50%	49)	16.27%
05)	73.96%	20)	67.04%	35)	63.96%	50)	30.50%
06)	59.73%	21)	32.04%	36)	89.73%	51)	83.96%
07)	30.50%	22)	26.27%	37)	67.04%	52)	36.27%
08)	42.04%	23)	52.04%	38)	90.50%	53)	93.96%
09)	21.27%	24)	53.96%	39)	89.73%	54)	60.50%
10)	97.04%	25)	58.96%	40)	18.96%	55)	50.50%
11)	55.50%	26)	38.96%	41)	54.73%	56)	96.27%
12)	69.73%	27)	19.73%	42)	28.96%	57)	62.04%
13)	79.73%	28)	68.96%	43)	11.27%	58)	44.73%
14)	20.50%	29)	43.96%	44)	28.96%	59)	8.96%
15)	19.73%	30)	37.04%	45)	26.27%	60)	77.04%

계산연습 3-04 (분수값 읽기)

■ 문제지

[※ 심심하시면, 분모의 영향을 이용하여 정밀한 분수값도 확인해보세요. 단, 여러분의 멘탈을 책임지지 않습니다.]

문제지	어림셈	정밀셈	문제지	어림셈	정밀셈
01) $\frac{890}{5523}$ =			16) $\frac{5174}{5776}$ =		
02) $\frac{3917}{4909}$ =			17) $\frac{4098}{6071}$ =		
03) $\frac{3958}{8502}$ =			18) $\frac{3032}{4181}$ =		
04) $\frac{3076}{7672}$ =			19) $\frac{3552}{3735}$ =		
05) $\frac{1802}{5624}$ =			20) $\frac{949}{2846}$ =		
06) $\frac{1727}{7399}$ =			21) $\frac{469}{1797}$ =		
07) $\frac{2258}{3215}$ =			22) $\frac{8601}{9705}$ =		
08) $\frac{3572}{5420}$ =			23) $\frac{3496}{4565}$ =		
09) $\frac{7742}{8800}$ =			24) $\frac{8739}{9179}$ =		
10) $\frac{7649}{9303}$ =			25) $\frac{1747}{5302}$ =		
11) $\frac{1492}{2285}$ =			26) $\frac{1205}{1356}$ =		
12) $\frac{7980}{8875}$ =			27) $\frac{3076}{6923}$ =		
13) $\frac{6778}{8174}$ =			28) $\frac{453}{4309}$ =		
14) $\frac{2586}{8739}$ =			29) $\frac{4648}{6449}$ =		
15) $\frac{1991}{3796}$ =			30) $\frac{1167}{2509}$ =		

■ 답안지

01)	16.11%	11)	65.28%	21)	26.12%
02)	79.80%	12)	89.92%	22)	88.62%
03)	46.55%	13)	82.92%	23)	76.58%
04)	40.10%	14)	29.59%	24)	95.21%
05)	32.05%	15)	52.44%	25)	32.95%
06)	23.34%	16)	89.58%	26)	88.86%
07)	70.24%	17)	67.50%	27)	44.43%
08)	65.90%	18)	72.51%	28)	10.51%
09)	87.98%	19)	95.09%	29)	72.07%
10)	82.22%	20)	33.35%	30)	46.52%

계산연습 3-04 (정보 찾기 연습)

■ 문제지 〈표〉의 값을 이용하여 〈설명〉을 해결하시오. (최대한 머리를 통해 해결)

〈표〉 계산연습 문제

	A	B	C	D	E
갑	6025	6346	7025	8158	9049
을	3797	3050	3681	4275	4528
병	5868	5007	4792	4367	3752
정	4338	3701	3172	2891	2484
전체	8439	8720	9043	9417	9786

※ 전체는 갑~무의 합이 아님.

설명

1. 갑의 비중이 가장 큰 알파벳과 가장 낮은 알파벳은?

2. 을의 비중이 가장 큰 알파벳과 가장 낮은 알파벳은?

3. 병의 비중이 가장 큰 알파벳과 가장 낮은 알파벳은?

4. 정의 비중이 가장 큰 알파벳과 가장 낮은 알파벳은?

〈표〉 계산연습 문제

	A	B	C	D	E
전체	4793	4947	5117	5324	5584
갑	786	827	665	739	605
을	3509	2815	2264	2175	1781
병	2155	2160	2493	2519	3070
정	1096	1318	1323	1337	1229

※ 전체는 갑~무의 합이 아님.

설명

1. 갑의 비중이 가장 큰 알파벳과 가장 낮은 알파벳은?

2. 을의 비중이 가장 큰 알파벳과 가장 낮은 알파벳은?

3. 병의 비중이 가장 큰 알파벳과 가장 낮은 알파벳은?

4. 정의 비중이 가장 큰 알파벳과 가장 낮은 알파벳은?

■ 답안지

〈표〉 전체 대비 갑~정의 답안

	A	B	C	D	E
갑/전체	71.39%	72.77%	77.68%	86.64%	92.47%
을/전체	44.99%	34.98%	40.71%	45.40%	46.27%
병/전체	69.53%	57.42%	52.99%	46.37%	38.34%
정/전체	51.40%	42.45%	35.08%	30.70%	25.38%

〈표〉 전체 대비 갑~정의 답안

	A	B	C	D	E
갑/전체	16.40%	16.72%	13.00%	13.87%	10.83%
을/전체	73.22%	56.90%	44.25%	40.85%	31.89%
병/전체	44.96%	43.65%	48.72%	47.31%	54.98%
정/전체	22.87%	26.64%	25.86%	25.12%	22.00%

계산연습 3-04 (정보 찾기 연습)

■ 문제지 〈표〉의 값을 이용하여 〈설명〉을 해결하시오.

〈표〉 계산연습 문제

	갑	을	병	정	전체
A	3072	1525	3261	2169	5740
B	3101	1463	2640	1972	5966
C	2488	1759	2118	1977	6159
D	2022	2133	2251	2002	6421
E	2022	2347	2139	2003	6616

※ 전체는 갑~무의 합이 아님.

설명

1. 갑의 비중이 가장 큰 알파벳과 가장 낮은 알파벳은?

2. 을의 비중이 가장 큰 알파벳과 가장 낮은 알파벳은?

3. 병의 비중이 가장 큰 알파벳과 가장 낮은 알파벳은?

4. 정의 비중이 가장 큰 알파벳과 가장 낮은 알파벳은?

〈표〉 계산연습 문제

	전체	갑	을	병	정
A	3273	1933	1247	2599	2155
B	3384	1651	1127	2480	1840
C	3540	1925	1033	3016	1502
D	3655	1929	1190	3173	1580
E	3766	1737	952	3333	1265

※ 전체는 갑~무의 합이 아님.

설명

1. 갑의 비중이 가장 큰 알파벳과 가장 낮은 알파벳은?

2. 을의 비중이 가장 큰 알파벳과 가장 낮은 알파벳은?

3. 병의 비중이 가장 큰 알파벳과 가장 낮은 알파벳은?

4. 정의 비중이 가장 큰 알파벳과 가장 낮은 알파벳은?

■ 답안지

〈표〉 전체 대비 갑~정의 답안

	갑/전체	을/전체	병/전체	정/전체
A	53.52%	26.57%	56.82%	37.79%
B	51.98%	24.52%	44.25%	33.06%
C	40.40%	28.56%	34.39%	32.10%
D	31.48%	33.22%	35.05%	31.18%
E	30.57%	35.48%	32.33%	30.27%

〈표〉 전체 대비 갑~정의 답안

	갑/전체	을/전체	병/전체	정/전체
A	53.52%	26.57%	56.82%	37.79%
B	51.98%	24.52%	44.25%	33.06%
C	40.40%	28.56%	34.39%	32.10%
D	31.48%	33.22%	35.05%	31.18%
E	30.57%	35.48%	32.33%	30.27%

계산연습 3-05 (플마 찢기)

■ 문제지 (플마 찢기를 통해서 대소를 비교하세요.)

번호	분수		비교	번호	분수		비교	번호	분수		비교	번호	분수		비교
01)	$\frac{2447}{3209}$	○	75%	16)	$\frac{2630}{8208}$	○	30%	31)	$\frac{3805}{6855}$	○	55%	46)	$\frac{770}{5224}$	○	15%
02)	$\frac{1560}{2646}$	○	60%	17)	$\frac{1233}{7238}$	○	15%	32)	$\frac{1571}{7664}$	○	20%	47)	$\frac{3167}{5105}$	○	60%
03)	$\frac{6744}{7581}$	○	90%	18)	$\frac{1444}{6554}$	○	20%	33)	$\frac{637}{1400}$	○	45%	48)	$\frac{2618}{9683}$	○	25%
04)	$\frac{1764}{6092}$	○	30%	19)	$\frac{1054}{2507}$	○	40%	34)	$\frac{2713}{5863}$	○	45%	49)	$\frac{2268}{6389}$	○	35%
05)	$\frac{4968}{7125}$	○	70%	20)	$\frac{1564}{5128}$	○	30%	35)	$\frac{992}{9443}$	○	10%	50)	$\frac{1643}{8667}$	○	20%
06)	$\frac{1250}{3997}$	○	30%	21)	$\frac{1697}{9958}$	○	15%	36)	$\frac{8221}{8749}$	○	95%	51)	$\frac{795}{1623}$	○	50%
07)	$\frac{5607}{9964}$	○	55%	22)	$\frac{1987}{9343}$	○	20%	37)	$\frac{4850}{8862}$	○	55%	52)	$\frac{1251}{5676}$	○	20%
08)	$\frac{1135}{3631}$	○	30%	23)	$\frac{2649}{7151}$	○	35%	38)	$\frac{3973}{9626}$	○	40%	53)	$\frac{5857}{7139}$	○	80%
09)	$\frac{3523}{4084}$	○	85%	24)	$\frac{2013}{3147}$	○	65%	39)	$\frac{2076}{5978}$	○	35%	54)	$\frac{2098}{5911}$	○	35%
10)	$\frac{1584}{2586}$	○	60%	25)	$\frac{3833}{5852}$	○	65%	40)	$\frac{1893}{2234}$	○	85%	55)	$\frac{6507}{8161}$	○	80%
11)	$\frac{6788}{7939}$	○	85%	26)	$\frac{613}{1960}$	○	30%	41)	$\frac{1740}{2182}$	○	80%	56)	$\frac{2849}{7171}$	○	40%
12)	$\frac{1183}{2690}$	○	45%	27)	$\frac{1850}{2825}$	○	65%	42)	$\frac{5227}{7496}$	○	70%	57)	$\frac{6963}{9130}$	○	75%
13)	$\frac{9124}{9710}$	○	95%	28)	$\frac{759}{4664}$	○	15%	43)	$\frac{3973}{9811}$	○	40%	58)	$\frac{2811}{3160}$	○	90%
14)	$\frac{4943}{5509}$	○	90%	29)	$\frac{3463}{4634}$	○	75%	44)	$\frac{2764}{4912}$	○	55%	59)	$\frac{5461}{8437}$	○	65%
15)	$\frac{2007}{2326}$	○	85%	30)	$\frac{8716}{9714}$	○	90%	45)	$\frac{1059}{1417}$	○	75%	60)	$\frac{1623}{3693}$	○	45%

■ 답안지

번호	답	번호	답	번호	답	번호	답
01)	76.27%	16)	32.04%	31)	55.50%	46)	14.73%
02)	58.96%	17)	17.04%	32)	20.50%	47)	62.04%
03)	88.96%	18)	22.04%	33)	45.50%	48)	27.04%
04)	28.96%	19)	42.04%	34)	46.27%	49)	35.50%
05)	69.73%	20)	30.50%	35)	10.50%	50)	18.96%
06)	31.27%	21)	17.04%	36)	93.96%	51)	48.96%
07)	56.27%	22)	21.27%	37)	54.73%	52)	22.04%
08)	31.27%	23)	37.04%	38)	41.27%	53)	82.04%
09)	86.27%	24)	63.96%	39)	34.73%	54)	35.50%
10)	61.27%	25)	65.50%	40)	84.73%	55)	79.73%
11)	85.50%	26)	31.27%	41)	79.73%	56)	39.73%
12)	43.96%	27)	65.50%	42)	69.73%	57)	76.27%
13)	93.96%	28)	16.27%	43)	40.50%	58)	88.96%
14)	89.73%	29)	74.73%	44)	56.27%	59)	64.73%
15)	86.27%	30)	89.73%	45)	74.73%	60)	43.96%

계산연습 3-05 (분수값 읽기)

■ 문제지

[※ 심심하시면, 분모의 영향을 이용하여 정밀한 분수값도 확인해보세요. 단, 여러분의 멘탈을 책임지지 않습니다.]

문제지	어림셈	정밀셈	문제지	어림셈	정밀셈
01) $\frac{8017}{8200}$ =			16) $\frac{4977}{9372}$ =		
02) $\frac{1071}{9288}$ =			17) $\frac{6710}{7947}$ =		
03) $\frac{1254}{4500}$ =			18) $\frac{6091}{8588}$ =		
04) $\frac{3569}{8680}$ =			19) $\frac{934}{8008}$ =		
05) $\frac{1919}{3008}$ =			20) $\frac{4144}{8526}$ =		
06) $\frac{1974}{3113}$ =			21) $\frac{2808}{5250}$ =		
07) $\frac{1436}{7220}$ =			22) $\frac{2528}{9146}$ =		
08) $\frac{260}{1180}$ =			23) $\frac{1067}{3205}$ =		
09) $\frac{1085}{1480}$ =			24) $\frac{2575}{3366}$ =		
10) $\frac{4320}{5746}$ =			25) $\frac{1803}{3028}$ =		
11) $\frac{892}{1905}$ =			26) $\frac{2257}{4883}$ =		
12) $\frac{3212}{5023}$ =			27) $\frac{1637}{2408}$ =		
13) $\frac{9007}{9557}$ =			28) $\frac{4942}{5285}$ =		
14) $\frac{4347}{5386}$ =			29) $\frac{341}{1589}$ =		
15) $\frac{654}{1398}$ =			30) $\frac{1807}{4758}$ =		

■ 답안지

01)	97.77%	11)	46.84%	21)	53.49%
02)	11.53%	12)	63.94%	22)	27.64%
03)	27.87%	13)	94.24%	23)	33.29%
04)	41.12%	14)	80.71%	24)	76.51%
05)	63.78%	15)	46.76%	25)	59.53%
06)	63.42%	16)	53.10%	26)	46.22%
07)	19.89%	17)	84.44%	27)	67.97%
08)	22.04%	18)	70.92%	28)	93.51%
09)	73.29%	19)	11.66%	29)	21.47%
10)	75.19%	20)	48.60%	30)	37.97%

계산연습 3-05 (정보 찾기 연습)

■ 문제지 〈표〉의 값을 이용하여 〈설명〉을 해결하시오. (최대한 머리를 통해 해결)

〈표〉 계산연습 문제

	A	B	C	D	E
갑	1867	1709	1733	2111	1921
을	2258	2067	2406	2690	2448
병	3781	4217	4276	4780	5306
정	516	627	573	555	532
전체	6054	6329	6607	6924	7201

※ 전체는 갑~무의 합이 아님.

설명

1. 갑의 비중이 가장 큰 알파벳과 가장 낮은 알파벳은?

2. 을의 비중이 가장 큰 알파벳과 가장 낮은 알파벳은?

3. 병의 비중이 가장 큰 알파벳과 가장 낮은 알파벳은?

4. 정의 비중이 가장 큰 알파벳과 가장 낮은 알파벳은?

〈표〉 계산연습 문제

	A	B	C	D	E
전체	6083	6350	6554	6872	7144
갑	4112	4992	6001	5212	5262
을	660	570	571	639	549
병	5166	4204	3372	2761	3063
정	330	384	442	428	497

※ 전체는 갑~무의 합이 아님.

설명

1. 갑의 비중이 가장 큰 알파벳과 가장 낮은 알파벳은?

2. 을의 비중이 가장 큰 알파벳과 가장 낮은 알파벳은?

3. 병의 비중이 가장 큰 알파벳과 가장 낮은 알파벳은?

4. 정의 비중이 가장 큰 알파벳과 가장 낮은 알파벳은?

■ 답안지

〈표〉 전체 대비 갑~정의 답안

	A	B	C	D	E
갑/전체	30.84%	27.01%	26.23%	30.48%	26.67%
을/전체	37.30%	32.66%	36.42%	38.85%	33.99%
병/전체	62.45%	66.63%	64.72%	69.04%	73.69%
정/전체	8.52%	9.91%	8.67%	8.01%	7.39%

〈표〉 전체 대비 갑~정의 답안

	A	B	C	D	E
갑/전체	67.60%	78.61%	91.56%	75.84%	73.65%
을/전체	10.85%	8.98%	8.72%	9.30%	7.69%
병/전체	84.92%	66.21%	51.46%	40.17%	42.87%
정/전체	5.42%	6.04%	6.75%	6.23%	6.95%

∴ 계산연습 3-05 (정보 찾기 연습)

■ 문제지 〈표〉의 값을 이용하여 〈설명〉을 해결하시오.

〈표〉 계산연습 문제

	갑	을	병	정	전체
A	1948	3582	562	741	8063
B	2256	2895	454	599	8369
C	1843	2365	507	519	8764
D	1497	2393	488	473	9131
E	1273	2395	464	450	9413

※ 전체는 갑~무의 합이 아님.

설명

1. 갑의 비중이 가장 큰 알파벳과 가장 낮은 알파벳은?

2. 을의 비중이 가장 큰 알파벳과 가장 낮은 알파벳은?

3. 병의 비중이 가장 큰 알파벳과 가장 낮은 알파벳은?

4. 정의 비중이 가장 큰 알파벳과 가장 낮은 알파벳은?

〈표〉 계산연습 문제

	전체	갑	을	병	정
A	6922	1920	5046	5509	1454
B	7132	1537	4544	5786	1382
C	7460	1331	3934	5878	1681
D	7823	1156	4008	4812	1460
E	8065	1331	4613	4336	1315

※ 전체는 갑~무의 합이 아님.

설명

1. 갑의 비중이 가장 큰 알파벳과 가장 낮은 알파벳은?

2. 을의 비중이 가장 큰 알파벳과 가장 낮은 알파벳은?

3. 병의 비중이 가장 큰 알파벳과 가장 낮은 알파벳은?

4. 정의 비중이 가장 큰 알파벳과 가장 낮은 알파벳은?

■ 답안지

〈표〉 전체 대비 갑~정의 답안

	갑/전체	을/전체	병/전체	정/전체
A	24.16%	44.43%	6.97%	9.19%
B	26.95%	34.59%	5.43%	7.15%
C	21.03%	26.99%	5.79%	5.92%
D	16.39%	26.21%	5.34%	5.18%
E	13.53%	25.45%	4.93%	4.78%

〈표〉 전체 대비 갑~정의 답안

	갑/전체	을/전체	병/전체	정/전체
A	27.74%	72.90%	79.58%	21.01%
B	21.55%	63.70%	81.12%	19.38%
C	17.84%	52.74%	78.80%	22.53%
D	14.78%	51.23%	61.52%	18.66%
E	16.50%	57.19%	53.76%	16.31%

자료통역사의
통하는 자료해석

②권 풀이편 (PART Ⅲ) 체크리스트

베타테스터의 후기

베타테스터의 후기

Q Q. 최OO의 후기

자료해석에는 유형이 없다고 생각했었습니다.
그러다보니 어떻게 대비해야 할지도 몰랐고 그저 빨리 계산하는 것만이 점수를 올리는 방법이라 생각했습니다.
그러나 베타테스터를 참여하면서 저에게도 자료의 전략이라는게 생겼습니다!!
자료해석에도 유형이 있다는 것을 알게 되었고 각 유형별로 접근방법을 배우고 문제에 적용하다보니 이전보다 더 빠르고 체계적인 공부할 수 있게 되었습니다.
특히나 평소에 어려워하던 가중평균의 개념을 정확하고도 더 쉽게 배우고 이해하게 되어서 이전에는 보자마자 무조건 도망가는 문제, 손도 못대는 그런 문제들을 지금은 빠르게 풀고 넘어갈 수 있게 되었습니다.
접근방법을 모르던 이전에는 설명 하나하나 버벅거리던 제가 지금은 "이상이면 최솟값!!" 이러면서 무엇을 구해야 하는지 빠르게 접근하는 모습을 보며 스스로도 신기합니다.
이전의 저처럼 자료해석 공부에 있어 방향성을 못잡고 있으신 분들, 쉬운 개념들로 어려운 문제도 빨리 풀고 싶으신 분들 등 모두에게 추천합니다!!! 강추□□

Q 연OO의 후기

본편은 세팅편의 연장선, 즉 앞서 배웠던 것들을 토대로 문제에 하나하나 적용해보는 편이라고 소개 드릴 수 있을 것 같습니다.
특징을 간략히 소개하자면
첫 번째, 유형을 수험에 적합하게 나누어 최적화된 풀이를 제시합니다.
두 번째, 설명의 정오를 판단하는 최단 루트로 수포자들도 쉽게 접근할 수 있도록 해줍니다.
마지막으로 본편은 숫자에 대한 감각 및 수험에 필요한 스킬들에 대해 끊임없이 상기시켜 독자로 하여금 스스로 자료해석이라는 과목을 극복하게끔 유도시켜 줍니다.
저는 자료해석이라는 과목에 두려움은 없었으나 잘못된 습관으로 인해 정확도가 매우 낮았습니다.
그러나 본 교재를 접하고 난 후 제가 특정 유형에서 어떤 실수를 하고 있었는지를 파악할 수 있게 되었고, 이를 개선하면서 점점 나아지는 제 모습을 볼 수 있었습니다. 양질의 교재를 만들어주셔서 감사합니다.
자료해석의 점수가 고민이라면 무조건 추천입니다!

Q 이OO의 후기

시중에 다른 대체재가 없는 교재입니다!!!!
여러 교재를 접해봤지만 시중에 이런 교재는 없다고 단언합니다.

숫자에 대한 감각을 길러주고, 계산을 어떻게 해야 하는지 알려주며,
궁극적으로 자료해석이 무엇인지 알게 해줍니다..!

"혼자 공부해서 자료해석 80점 맞을 수 있겠다", 싶은 교재는 진짜 유일무이합니다!
강사님을 이제서야 만난 것이 슬프지만, 이제라도 알게 되어 감사하고 있다고 하면 전달이 될지 모르겠네요..!
글로 전달하는 후기에는 한계가 있다는 점이 정말 안타깝습니다ㅠㅠ
통하는 자료해석으로 딱 한 번만 공부하시면, 제가 하는 말을 이해하실 겁니다!!

Q 홍OO의 후기

세팅편에서 분수암기, 숫자감각, 계산스킬 등을 익혔다면, 풀이편은 이를 실제로 써보면서 자료해석의 전반적인 부분을 공부할 수 있도록 체계적으로 구성되어 있다는 느낌을 받았습니다. 또한 체크리스트를 통해 체계적으로 집중해야 하는 포인트를 알게 되었습니다. 또한, 간단 퀴즈를 통하여 생각지도 못했던 부분을 보충함으로써 자료해석에 대한 자신감이 생기게 되었습니다.
특히 해설이 단순 계산식 해설이 아닌 선생님의 관점을 담아놓아 배운 것을 어떻게 사용할 수 있는지 확인하도록 상세히 구성되어 학습하는데 큰 도움을 받았습니다.
마지막으로 소단원별로 중요한 개념설명이 상세하게 되어 있고, 세팅편 복습 등을 통하여 관점을 정립할 수 있도록 구성되어 있습니다. 따라서 이를 반복 숙달 후 체화하고, 자신이 편한 접근법을 찾아갈 수 있게 노력한다면 이 책으로 공부하시는 수험생 모두 좋은 결과를 얻을 수 있을 것이라 생각합니다

Q 봉OO의 후기

작년에도 '수포자도 이해하는 PSAT 자료해석' 교재를 이용하면서 많은 도움을 받았었습니다.
올해 새롭게 개정된다는 소식을 듣고 "설마 더 개정될 부분이 있으려나??"라는 생각으로 새로이 개정된 교재를 보게 되었습니다.
개정된 교재를 보고 느낌 점을 요약하면...
체계는 이전에 비해 더욱 구체화 되어 혼자서도 학습하기에 용이해졌고, 이론과 문제에 대한 설명은 더욱 풍부해지고 친절해졌습니다. 이제는 정말 '완전체 자료해석 교재'가 된 것 같았습니다.
자료해석 올인원 교재가 있다면 아마 새롭게 개정된 통하는 자료해석을 두고 하는 말이 아닐까 싶습니다.
실질적인 자료해석 점수 향상을 위한 체계적인 단계별 구성이 매우 마음에 들었습니다.
자료해석에서 트레이닝해야 하는 부분을 크게 3가지 파트로 나눠서 설명하는데
이 교재의 구성만 따라가면 혼자서도 단계별 체계적인 학습을 할 수 있다는 점이 독학하는 입장에서 매우 만족스러웠습니다.

다음은 각 파트별로 개인적으로 느낀 점들을 간단하게 적어보았습니다.
파트 1. 관점 익히기
- 자료통역사님이 강조하는 정오판단의 계산량을 줄이기 위해 필요한 4가지 관점에 대해 집중적으로 다룹니다. 개인적으로는 '세팅편'교재에서 배운 내용들을 한번 더 복습한 이후에 '파트 1. 관점익히기'에 있는 각종 테크닉들을 이어서 학습한 것이 실력 향상에 많은 도움이 되었습니다.
  문제를 푼 이후에 상세하게 적힌 해설을 읽으며 내가 배운 관점들을 제대로 사용하고 있는지 한번더 확인할 수 있었습니다.

파트 2. 관점 적용하기
- 파트1에서 배운 내용들을 문제들을 통해서 실제로 적용하는 파트입니다.
  제가 생각하기에 이 파트2.에서의 백미는 '가중평균'에 대한 설명이라고 생각합니다. 여타의 자료해석 교재들과 비교해서 '가중평균'을 조금 다른 시각에서 서술하는데, 이것이 처음에는 어색할 수 있겠으나 교재에 쓰인 설명과 예제들을 차근차근 따라가다 보면 어느새 가중평균이 더 이상 두려움의 대상이 아님을 알 수 있게 될 것입니다.

파트 3. 체크리스트
- 파트 3은 실제로 출제되는 문제에 있는 장치들에 어떠한 것이 있는지를 알려주는 파트입니다.
  파트 3를 학습한 이후부터는 주어진 장치를 먼저 바라볼 수 있게 되는 점이 좋았습니다.

Q 전OO의 후기

책의 특징을 요약하자면 다음과 같습니다.
강의 없이 독학이 가능할 수 있도록 설명의 구조와 흐름이 탄탄합니다. 뿐만 아니라 강의와 책의 연계성도 매우 뛰어난 구성이기에 강의를 듣기에도 좋은 형태입니다. 페이지 대비 분량이 매우 알차며, 필요한 것은 모두 알려주는 형태입니다. 가장 중요한 부분은 수험에 매우 적합한 형태로 구성됐습니다.
통하는 자료해석을 한 줄로 요약하자면 딱 필요한 것만 딱 흡수에서 딱 써먹을 수 있도록 만들어주는 책입니다.

Q 이OO의 후기

단언컨대 현존하는 PSAT 자료해석 교재 가운데 가장 수험적합적인 교재 중 하나입니다.
기초강의에 해당하는 〈세팅편〉이 무엇(What)을 해야 하는지에 대해서 다루었다면, 기본강의 교재에 해당해 당하는 〈풀이편〉은 어떻게(How) 문제를 풀어나갈 것인지에 대해서 중점적으로 다루었습니다.
가장 마음에 들었던 점은 개별 문제들에 접근함에 있어서 일관되게 활용할 수 있는 하나의 범용 툴(General Tool)을 제시하고 있다는 것입니다.
초심자에 해당하는 수험생이라면 우선 ① 최근 기출문제를 3개년 정도 풀어보고, ② 자신이 위치한 점수대를 객관적으로 파악한 후, ③ 본 교재를 통하여 자신의 강점과 약점을 분석하여 시험장까지 지니고갈 문제 풀이 전략을 세워가길 추천합니다.
문제를 풀이함에 있어 유일한 풀이법(One best way)는 없습니다.
다만, 본 교재에 실린 실용적인(Practical) 풀이의 원칙(Principle)들이 자료해석 고득점을 향한 여정에서 길을 잃어버리지 않도록 해주는 지침이 되어 줄 것이라고 확신합니다.
아무쪼록 간절하게 공부하셔서 합격 하시길 바라겠습니다.

Q 김OO의 후기

자통쌤의 책은 개인 실력에 관계없이 모두에게 수험적합적인 교재라고 생각합니다.
숫자감각이 다소 좋지 못한 학생들에게는 감각을 만드는 방법을,
이미 감각이 있는 학생들에게는 그 감각을 더 심화해서 다지는 방법을 배울 수 있는 교재입니다.
특히 숫자를 찢는다는 관점, 사각 테크닉 등 자통쌤만의 기술은 숫자를 쉽고 간단하게 변형하게 도와주는 마법의 열쇠라고 생각합니다. 뿐만 아니라 체크리스트 편은 수험생들이 실수할 수 있는 사항들을 지속적으로 점검하도록 도와줍니다.
책을 완독하고 나면 자료해석을 통역할 수 있는 능력이 길러지리라고 확신합니다.
자료 통역사 쌤의 책 강력 추천합니다.

Q 구OO의 후기

이 책은 진리입니다. 사실 머리 나쁜 제게 자료해석은 그냥 숫자 놀음인줄 알았습니다.
타 교재를 보았을 때도 그냥 유형별로 세심한 포인트를 잡지 못해서 실력이 늘지 못했습니다,
그러나 이 교재는 달랐습니다.
단순히 유형별로 나누는 것을 넘어서 해당 유형별 특징이 정확히 무엇인지를 알려주고
유형별 특징을 알려주는 것을 넘어서 체화 할 수 있도록 체계화된 과정을 제공합니다.
또한 문제를 효율적으로 접근 할 수 있게 길을 제시하여 자료해석의 점수를 올려줄 수 있다는 희망을 주었습니다.
단순히 분류를 넘어 체계화된 학습 방법이 제공된 것이 다른 교재와의 가장 큰 차이점이자 이 책의 장점입니다.

Q 박OO의 후기

Psat 자료해석에서 고득점을 받기 위한 방법으론 크게 세 가지가 있습니다.
출제자가 제시한 키워드를 통해 문제에 적용해서 분석하는 능력, 수치적 비교와 해석을 통해 '수 적 감각' 인지할 수 있는지에 대한 능력, 수치를 여러가지 방안으로 분석할 수 있는지에 대한 분석력이 있습니다.
고등학교 때 배웠던 사회문화의 표분석에 적성검사에 주로 나왔던 숫자감각을 합쳐놓은 유형이라고 할 수 있는데 이러한 출제경향에 맞게 모든 부분을 면밀하게 분석함으로서 자료해석에 대한 접근을 가능하게 만들어줍니다.
수학적 사고가 이미 있는 사람들에게도 사칙연산들에 대한 구조틀을 제시함으로서 단순계산, 단순비교로 그쳤던 인식을 분석의 영역으로 한 발 나아가게 만들어 줄 수 있는 좋은 교재라고 생각합니다.
책을 읽고 문제를 볼 수록 강사님이 문제 하나를 얼마나 열심히 뜯어서 분석해보고 이를 전달하기 위해 노력했는지에 대한 진심을 엿볼 수 있는 교재였습니다.
앞으로도 좋은 교재로 자료해석시장의 상향평준화를 이뤄주시길 바랍니다. 감사합니다.

PSAT 자료통역사의 통하는 자료해석 ②권 풀이편(PART Ⅲ) 체크리스트

초판발행 | 2022년 12월 5일
편 저 자 | 김은기
발 행 처 | 오스틴북스
등록번호 | 제 396-2010-000009호
주　　소 | 경기도 고양시 일산동구 백석동 1351번지
전　　화 | 070-4123-5716
팩　　스 | 031-902-5716

정　　가 | 45,000원
I S B N | 979-11-88426-55-3(14320)
979-11-88426-52-2(14320) (전3권 세트)